教育部人文社会科学研究
“基于提升企业参与职业教育校企合作积极性的财税激励政策研究”
（No. 17YJC880112）项目资助

.esearch on Financial and Tax Policies to Encourage Enterprises to Participate in

VOCATIONAL EDUCATION

财税政策激励企业参与职业教育办学研究

许世建 —— 著

中国财经出版传媒集团

图书在版编目（CIP）数据

财税政策激励企业参与职业教育办学研究．许世建著．—北京：经济科学出版社，2021.7
ISBN 978－7－5218－2668－5

Ⅰ．①财…　Ⅱ．①许…　Ⅲ．①财政政策－影响－职业教育－产学合作－研究－中国 ②税收政策－影响－职业教育－产学合作－研究－中国　Ⅳ．①G719.2

中国版本图书馆 CIP 数据核字（2021）第 128496 号

责任编辑：宋艳波
责任校对：王肖楠
责任印制：范　艳

财税政策激励企业参与职业教育办学研究
许世建　著
经济科学出版社出版、发行　新华书店经销
社址：北京市海淀区阜成路甲 28 号　邮编：100142
总编部电话：010－88191217　发行部电话：010－88191522
网址：www.esp.com.cn
电子邮箱：esp@esp.com.cn
天猫网店：经济科学出版社旗舰店
网址：http://jjkxcbs.tmall.com
北京季蜂印刷有限公司印装
710×1000　16 开　15.75 印张　250000 字
2021 年 10 月第 1 版　2021 年 10 月第 1 次印刷
ISBN 978－7－5218－2668－5　定价：78.00 元
（图书出现印装问题，本社负责调换。电话：010－88191510）
（版权所有　侵权必究　打击盗版　举报热线：010－88191661
QQ：2242791300　营销中心电话：010－88191537
电子邮箱：dbts@esp.com.cn）

序　言

教育与生产劳动相结合是马克思主义教育观的核心内容。产教融合、校企合作是马克思主义教育观在职业教育领域的重要体现。2021 年，习近平总书记在对职业教育工作的重要批示中明确指出，要优化职业教育类型定位，深化产教融合、校企合作，深入推进育人方式、办学模式、管理体制、保障机制改革。与普通教育不同，职业教育承担“使无业者有业，有业者乐业”的使命，是以就业为导向的教育类型，职业教育必须通过产教融合、校企合作的方式与产业发展和就业市场相适应。国内外的大量实践证明，推进校企合作是提升职业教育人才培养水平最有效也是最根本的途径。然而，如何有效调动企业参与职业教育办学的积极性，形成校企良性互动的局面，是近些年来我国职业教育发展面临的难题之一。许世建博士的新著《财税政策激励企业参与职业教育办学研究》就是对破解这一难题的理性探索。

政府作为职业教育制度调控的重要供给主体，调控机制设计决定了职业教育的发展方向、轨迹与结果。近年来，为了调动企业参与职业教育办学的积极性，国家持续发力出台了一系列政策。2019 年国务院印发的《国家职业教育改革实施方案》进一步强调“发挥企业重要办学主体作用”，政府角色“由办职业教育向管理与服务过渡”。各地方立足自身优势，积极配合，多措并举，积极探索激励企业参与职业教育的综合改革，加速完善现代职业教育体系。需要指出的是，这些措施大多通过规划、项目等行政方式推进，刚性的调控机制虽取得了较为突出的成效，但同时忽略了职业教育与产业发展之间的市场衔接机制，办学成果与企业需求适配度较低，严重影响了企业在参与职业教育办学中的活跃性，造成企业深入职业教育办学全过程的主体功能和地位缺失，对职业教育办学质量和学生就业状况产生消极影响。这些问题，需要政府通过优化财税政策进行科学干预、精准施策。

许世建博士发挥了自己曾在财政系统工作的专业优势，通过三年的艰辛努力完成了财税政策激励企业参与职业教育办学研究，并经过一年多的打磨完善，形成专著。该专著采用文献研究法、访谈法、问卷调查法、数据分析法和系统论研究法，从以下四个方面就财税政策激励企业参与职业教育办学展开研究：(1) 通过文献综述回顾以往学者对有关企业参与职业教育办学及财税政策激励的研究，了解我国财税政策激励企业参与职业教育办学的现状和问题；(2) 将企业参与职业教育办学动力机制放在企业人力资本投资的系统中进行研究，揭示财税政策在系统中存在的重要性和必要性，并将财税政策激励置于企业行为系统中，通过分析企业参与职业教育办学行为的影响因素，构建相应的概念模型；(3) 通过问卷调查方法获取数据，对概念模型和研究假设进行了验证，分析出财税政策对企业参与职业教育办学的激励路径和效应，并通过横向多维分组对比进行财税政策效果评价；(4) 总结典型国家基本经验，并结合实证分析结果，分政策利用和优化两个维度，提出完善我国激励企业参与职业教育办学的财税政策体系相关建议。

与其他一些探讨职业教育校企合作的研究成果相比较，该专著有以下几个较为明显的创新点。

第一，理念创新。将研究视角由学校转向企业、由纯粹企业行为态度转向由财税政策激励形成的主观规范，区别当前对职业教育校企合作的政策支持主要针对院校，即使是针对企业，也只是注重企业自身投入的现状；从微观层面探析财税政策对企业参与职业教育办学的具体路径，扩展当前主要集中于优惠政策制定的面上研究。

第二，观点创新。主张从企业入手“由内而外”对如何确立企业参与职业教育办学主体地位开展研究，区别于目前多“由外而内”的思辨性研究。与此同时，关注校企合作中企业态度结构性“冷”的新问题；财税政策通过影响要素投入机制，进而激励企业参与职业教育办学，区别于现有研究直接提出“大而全”的财税优惠政策；为制定遵循市场规律、符合各类型企业发展实际的精准、可行的财税政策提供科学范式。

第三，方法创新。行动研究贯穿始终，实现了研究主体的主观能动性；运用了定性、定量相结合的研究方法，并将系统论方法引入其中，突破现有以教育论教育的学术思维藩篱；利用不同学科的理论和工具进行协同创新，保障了研究成果的理论深度和实践操作性。

总之，许世建博士的这本专著是对调动企业参与职业教育办学积极性的机制性观察和理性分析，也是对职业教育校企合作基本规律的深入思考和务实探索，职业教育政策制定者、研究者和广大实践者一定能够从这本专著中得到启迪与鼓励。期待国家通过财税政策和机制，使企业真正成为职业教育办学主体，发挥企业在制订培养目标、专业设置、课程计划、评估标准及开展实践教学、就业实习等教育教学过程中的重要作用，切实把工作实践中的新技术、新工艺和新方法纳入职业教育教学内容，有效促进职业教育教学与生产实践、技术推广、社会服务紧密结合，从根本上提高职业教育的适应性。

是以为序。

中国常驻联合国教科文组织代表

天津大学兼职博士生导师

杨进

2021 年 6 月 16 日于法国巴黎

目录

第一章 绪　论

习近平总书记强调，构建完整的内需体系，关系我国长远发展和长治久安。[①] 大国经济的优势就是内部可循环，我国有 14 亿多人口，人均国内生产总值已经突破 1 万美元，只有把我国超大规模市场潜力充分释放出来、把我国强大生产能力有效利用起来，形成需求牵引供给、供给创造需求的更高水平动态平衡，才能激发经济发展的强大内生动力，推动经济长期持续健康发展，更好地满足人民日益增长的美好生活需要。[②] 职业教育不同于普通教育，是以就业为导向的教育类型。《中华人民共和国国民经济和社会发展第十四个五年规划和 2035 年远景目标纲要》（以下简称《纲要》），对“十四五”时期“建设高质量教育体系”做出整体部署，明确要求“增强职业技术教育适应性”。因此，职业教育要适应我国高质量发展、数字化转型、中高端制造的发展要求，需要企业参与职业教育办学并实现与就业市场和产业发展需求的同频共振。《国家职业教育改革实施方案》在“改革目标”中明确，职业教育要“由参照普通教育办学模式向企业社会参与、专业特色鲜明的类型教育转变”。由此可见，“企业社会参与”是职业教育的重要特征之一。企业参与办学作为职业教育发展的重要形式，同时也是必要形式，在提升职业教育质量、为区域经济发展提供人力支撑过程中发挥着不可替代的作用。政府作为职业教育制度调控的重要供给主体，调控机制设计决定了职业教育的发展方向、轨迹与结果。近年来，国家持续发力出台一系列政策，各地方

① 本报评论员．集中力量办好自己的事 打造未来发展新优势——论学习贯彻习近平总书记在企业家座谈会上重要讲话［N］．人民日报，2020－07－26（1）．

② 刘昆．积极发挥财政职能作用 推动加快构建新发展格局［N］．学习时报，2020－12－11（1）．

立足自身优势，积极配合，多措并举，积极探索激励企业参与职业教育办学的综合改革，加速完善现代职业教育体系。然而，这些措施大多通过规划、项目等行政方式推进，刚性的调控机制虽取得了较为突出成效，但同时忽略了职业教育与产业发展之间的市场衔接程度，二者适配度较低，严重影响了企业参与职业教育办学的活跃性，目前大部分企业还未形成主动参与职业教育办学的责任感与使命感，育人意识较为淡薄，参与办学渠道不畅、程度不深，主体功能和地位缺失，导致职业院校“职业”属性缺乏，人才培养“产销”不对路，对办学质量和学生就业状况产生消极影响，需要政府针对重点领域短板优化财税政策干预科学施策，精准破解企业参与职业教育办学问题，使职业教育校企协同育人朝着形成新发展格局聚焦发力。①

第一节　研究背景与意义

一、研究背景

（一）时代召唤：职业教育的使命担当

党的十九大召开，标志着中国特色社会主义进入新时代，经济发展步入新常态。我国改革已经进入深水区、攻坚期，国民经济正处在转变发展方式、优化经济结构、转换增长动力的攻关期②。《纲要》提出，要加快构建以国内大循环为主体、国内国际双循环相互促进的新发展格局，把发展经济着力点放在实体经济上，坚定不移地建设制造强国、质量强国、网络强国、数字中国，推进产业基础高级化、产业链现代化，提高经济质量效益和核心竞争力。按照马克思主义的观点，人是生产力中最活跃的、具有主导作用的因素。实现第二个百年奋斗目标，统筹推进“五位一体”总体布局和协调推进“四个全面”战略布局，贯彻落实创新、协调、绿色、开放、共享的新发展理念，深入实施“创新驱动发展”“一带一路”倡议、“中国

① 杨进．职业教育校企合作双主体办学：治理创新与实现路径［M］．北京：高等教育出版社，2019：75－77.

② 编写组．党的十九大报告辅导读本［M］．北京：人民出版社，2017：176.

制造2025”“互联网+”等国家重大战略，推动大众创业、万众创新，支撑国民经济新常态下的一系列转轨、转型与转换，尤其在数字经济、知识经济的“量产时代”，加快发展现代产业体系、推动经济体系优化升级，关键在人才，需要现代技术技能人才作为支撑。2019年4月至2020年7月，人力资源社会保障部联合市场监管总局、国家统计局分三批正式向社会发布了区块链工程技术人员、智能制造工程技术人员、人工智能工程技术人员等38个新职业。2020年7月，人力资源社会保障部中国就业培训技术指导中心发布《新职业在线学习平台发展报告》，认为未来5年新职业人才需求规模庞大，首批13个新职业未来5年人才需求规模单个均超百万人。①

马克思主义的观点还告诉我们，教育是劳动力再生产的必要手段。在整个教育事业中，职业教育与经济发展的关系更为密切、更为直接，职业教育发达程度，在很大程度上标志着一个国家或地区的经济社会发展水平。目前，我国经济社会发展急需四类人员：高端研究人才、科技成果转化人才、转化成果行业应用人才、生产服务一线的技术人才，职业教育承担了后两种人才的培养，占整个高等教育结构的70%。② 据统计，“十三五”期间，全国职业院校开设了1200余个专业和10余万个专业点，基本覆盖了国民经济各领域，每年培养1000万名左右的高素质技术技能人才。③ 同时，我们也要清醒看到，当前我国人才尤其是技术技能人才的教育供给，无论从数量还是结构上都不能完全适应产业发展需求，经济社会发展中人才供需的结构性矛盾突出。人力资源社会保障部的数据显示，截至2020年底我国技能劳动者超过2亿人，其中高技能人才超过5000万人，占比仅为20%，从整个就业和经济发展需求看，我国技术技能人才总量仍然不足，劳动力市场中的用工数总体上大于求职数的用工短缺现象越来越明显，2015年以来我国的岗位空缺与求职人数比率一直保持在1以上，并呈现“W”型的发展变化趋势，

① 人力资源社会保障部．首份新职业在线学习平台发展报告发布：数字化技能受追捧［EB/OL］.（2020－07－23）［2020－12－11］. http：//society. people. com. cn/gb/n1/2020/0723/c1008－31794624. html.

② 邓晖，唐芊尔．智能制造如何补齐人才缺口［N］. 光明日报，2019－12－26（8）.

③ 张烁．我国职业教育迈入高质量发展新阶段［N］. 人民日报，2020－12－09（14）.

2017 年第二季度以来呈现明显稳定上升态势，2018 年第四季度达到历史最高位 1.27（见图 1－1）。进一步地，劳动力市场对用工技术技能要求越来越高，尤其是对高级技术技能人才需求则更为迫切，岗位空缺与求职人数落差悬殊，比率达到 2 以上。然而，职业教育作为培养技术技能人才的重要载体，办学规模不但没有随着需求形势大幅扩张，反而与普通教育差距越来越大。近十年来，高中阶段在校生职普比由 2008 年的 45.6：54.4，下降到 2018 年的 39.5：60.5；高等职业教育（专科）在校生人数占普通本专科高等教育比例也由 45.36% 下降至 40.05%。① 因此，大力培养数以亿计的高素质劳动者，弘扬工匠精神，建成技能型社会，职业教育肩负着重要的历史使命，同样前途广阔、大有可为。

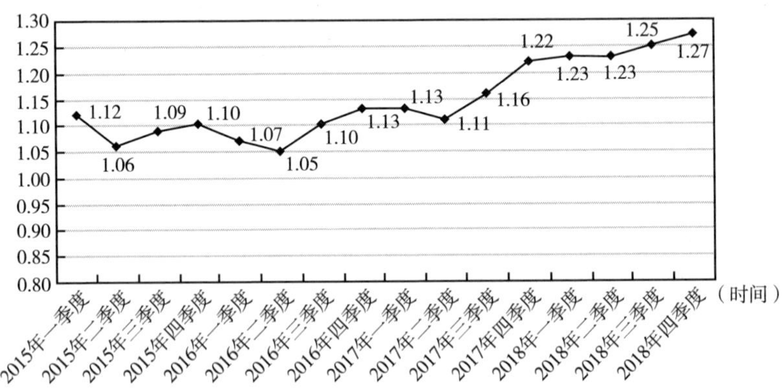

图 1－1　2015～2018 年分季度岗位空缺与求职人数比率变化趋势

资料来源：人力资源社会保障部．2018 年第四季度部分城市公共就业服务机构市场供求状况分析报告［R/OL］.（2019－02－01）［2020－04－11］. http：//www. mohrss. gov. cn/SYrlzyhshbzb/zwgk/szrs/sjfx/201902/t20190201_310090. html.

（二）政策导向：企业在职业教育办学中主体地位的趋势回归

1985 年，教育改革文件《中共中央关于教育体制改革的决定》颁布，拉开了教育体制全面改革序幕，指明了职业教育改革方向，提出要充分调动企事业单位和业务部门的积极性，并且鼓励集体、个人和其他社会力量办学。党的十三届七中全会再次提出要大力发展职业教育，并于 1991 年出台

① 国家统计局．中国统计年鉴［M］. 北京：中国统计出版社，2009－2019.

《国务院关于大力发展职业技术教育的决定》，指出我国职业技术教育必须采取大家来办的方针，要在各级政府的统筹下，发展行业、企事业单位办学和各方面联合办学。1996 年，《中华人民共和国职业教育法》正式施行，以法律的形式规定“企业可以单独举办或者联合举办职业学校、职业培训机构”“政府主管部门、行业组织应当组织、协调、指导本行业的企业、事业组织举办职业学校、职业培训机构”。但随着国有企业改革的深化，企业办校政策随之调整。在 1998 年印发《国务院关于调整撤并部门所属学校管理体制的决定》、2002 年国家经济贸易委员会等八部门印发《关于国有大中型企业主辅分离辅业改制分流安置富余人员的实施办法》等政策文件的引导下，且受国有企业改制、经营效益下滑、自负盈亏等因素影响，行业企业降低了举办职业学校的积极性，开始关停并转一些职业院校，并减少甚至取消了对职业教育办学的投入。

进入 21 世纪，社会主义市场经济体制基本确立，推进企业在职业教育办学主体地位的调控机制改革上升为国家战略高度，政府相继出台了一系列政策和措施，积极引导和鼓励企业参与职业教育办学。2005 年，《教育部关于加快发展中等职业教育的意见》鼓励支持企业单独举办职业学校，要求各地在土地使用、教师待遇等方面给予与公办学校相同的政策，并予以税费等方面的优惠。2010 年《国家中长期教育改革和发展规划纲要（2010—2020 年）》中提出建立健全政府主导、行业指导、企业参与的办学机制。

党的十八大以来，以习近平同志为核心的党中央坚持把教育摆在优先发展的战略位置，全面深化教育领域综合改革，高度重视职业教育的发展。2014 年，习近平总书记对职业教育作出重要指示，强调要牢牢把握服务发展、促进就业的办学方向，努力让每个人都有人生出彩的机会。2019 年，习近平总书记在甘肃考察山丹培黎学校时指出，做强实体经济需要大量技能型人才，需要大力弘扬工匠精神，发展职业教育前景广阔、大有可为。2021 年，习近平总书记对职业教育工作作出重要指示，要优化职业教育类型定位，深化产教融合、校企合作，深入推进育人方式、办学模式、管理体制、保障机制改革，增强职业教育适应性，加快构建现代职业教育体系，培养更多高素质技术技能人才、能工巧匠、大国工匠。习近平总书记关于职业教育工作的系列重要指示，为职业教育改革发展指明了努力方向、提供了根本遵循。2014 年，教育部等六部门联合印发《现代职业教育体系建设规划(2014—2020)》，要求发挥企业在职业教育办学中的作用，推动校企合作，要打破学校办职业教育的单一主体模式，鼓励企业积极参与，推行“双主体”办学模式。同年，《国务院关于加快发展现代职业教育的决定》明确指出，“健全企业参与制度”“深化产教融合，鼓励行业和企业举办或参与举办职业教育，发挥企业重要办学主体作用”。至此，“企业是职业教育的重要办学主体”的命题正式提出，职业教育办学中企业主体地位重新回归。2015 年 6 月，教育部印发了《关于深入推进职业教育集团化办学的意见》，鼓励多元主体组建职业教育集团，深化职业教育办学体制机制改革，推进现代职业教育体系建设。2016 年 4 月，教育部等五部门联合印发《职业学校学生实习管理规定》，进一步规范和强化了职业院校实习全过程管理，对企业参与职业教育办学长期以来存在的突出问题予以规范。2017 年，中共中央办公厅、国务院办公厅印发《关于深化教育体制机制改革的意见》，要求健全行业企业参与职业教育办学的体制机制和支持政策，支持行业企业参与人才培养全过程，促进职业教育与经济社会需求对接。2018 年，教育部等六部门印发《职业学校校企合作促进办法》，明确要建立校企主导、政府推动、行业指导、学校企业双主体实施的合作机制。2019 年，国务院发布《国家职业教育改革实施方案》，进一步强调“发挥企业重要办学主体作用”，政府角色“由办职业教育向管理与服务过渡”。2020 年，中共中央、国务院印发《深化新时代教育评价改革总体方案》，明确将“产教融合、校企合作”纳入职业学校评价重点领域，并要求“扩大行业企业参与评价”。同年，教育部等九部门印发《职业教育提质培优行动计划（2020—2023 年)》，提出“深化职业教育供给侧结构性改革”“深化校企合作协同育人模式改革”“完善校企合作激励约束机制”三项深化职业教育产教融合、校企合作的具体任务。

（三）现实阵痛：财税政策激励企业参与职业教育办学的缺失

1994 年，实施以调整税收结构、解决中央集权与地方分权问题的分税制改革以来，国家相继出台了一系列推动企业积极参与职业教育办学的财税政策，主要涉及企业职工教育培训、社会职业培训、校企合作、产教融合型企业建设培育试点等方面。例如，2004 年《财政部 国家税务总局关于教育税收政策的通知》，2006 年财政部、全国总工会等 11 部门印发《关于企业职工教育经费提取与使用管理的意见》，2006 年《财政部 国家税务总局关于企业支付学生实习报酬有关所得税政策问题的通知》，2013 年《国务院办公厅关于政府向社会力量购买服务的指导意见》及财政部令第 102 号《政府购买服务管理办法》，2017 年财政部、人力资源社会保障部印发《就业补助资金管理办法》，2018 年《财政部 税务总局关于企业职工教育经费税前扣除政策的通知》，2019 年《财政部关于调整部分政府性基金有关政策的通知》等，这些文件中有关财税政策为我国企业参与职业教育办学提供了一定的支持与保障。2018 年《国务院办公厅关于进一步调整优化结构提高教育经费使用效益的意见》，2019 年《财政部关于印发现代职业教育质量提升计划资金管理办法的通知》，都提出规范和加强现代职业教育质量提升计划资金管理，提高资金使用效益，逐步提高中职学校和高职院校生均财政拨款水平，完善政府、行业、企业及其他社会力量依法筹集经费的机制，鼓励企业参与职业教育办学，深化产教融合、校企合作。2019 年，为积极落实《国家职业教育改革实施方案》提出的“产教融合型企业给予‘金融 + 财政 + 土地 + 信用’的组合式激励”要求，教育部印发《职业教育改革成效明显的省（区、市）激励措施实施办法》的通知，将“给予校企合作成绩显著的企业‘金融 + 财政 + 土地 + 信用’组合式激励”“按规定落实相关税收政策到位”列为职业教育改革成效明显的省（区、市）落实激励政策的自评指标，分别给予 8% 和 5% 的分值权重。同年，财政部、教育部联合印发《现代职业教育质量提升计划资金管理办法》，明确在 2020 ~ 2022 年，将“支持有条件的地方探索通过政府和社会资本合作模式等加强职业院校实训基地建设，以及推进产教融合、校企合作等职业教育改革发展相关工作”纳入提升计划资金重点支持范畴。2021 年，人力资源社会保障部、财政部、教育部共同印发《关于扩大院校毕业年度毕业生参加职业技能培训有关政策范围的通知》，将职业技能提升行动专账资金补贴性培训对象扩大到普通本科高校、中高职院校（含技工院校）毕业年度毕业生，将符合条件的学校、职业教育培训评价组织、职业技能等级证书纳入“两目录一系统（培训项目目录、培训和评价机构目录，补贴性培训实名制信息管理系统）”。

地方政府通过出台产教融合、校企合作的促进政策，在更为广泛的领域激励企业参与职业教育办学。(1) 税收优惠或减免。例如，河南、深圳等省市规定，与职业院校合作产生的研究开发费用、接收实习生所产生的工资性支出、用于职业教育事业的公益性的捐赠支出等按国家相关规定享受税收优惠政策，校企合作所需经费可以在教育费附加用于职业教育部分中进行列支等。(2) 资金和项目支持。例如，江苏、宁波、唐山等省市规定，县级以上地方人民政府设立校企合作专项资金用于支持产教融合实训基地建设、学生和教师实习实践、专兼职教师培养培训、学校与企业合作教学资源建设等。(3) 政府购买服务支持。例如，广东省鼓励通过政府购买服务、协议托管等方式支持社会力量参与办学，并且允许各地根据实际办学成本、同类公办学校的生均经费情况，制定政府购买服务的具体标准。(4) 专项资金奖励。例如，江西、沈阳、唐山等省市规定，职业院校开展的企业委托技术改造、产品研发、科技攻关和促进科技成果转化进行奖励资助，并对于参与职业教育办学成效明显、业绩突出的企业进行专项奖励。

可以看出，现行有关职业教育办学的财税优惠政策大多是针对职业院校进行项目推动，对企业的激励效果并不理想，出现较为严重的供需错配与供需失衡。首先，政策大多属于倡导性的文件，或只是停留在鼓励引导层面，表述较为模糊，缺乏强制性、针对性和操作性。其次，现有政策尚未触及企业的核心诉求，难以从根本上提高企业参与职业教育办学的积极性。例如，企业参与办学固定资产的加速折旧、办学经费支出的税前扣除或税收抵扣、办学收入的减免或税收返还、场地土地出让及出让金优惠、生产要素使用价格优惠等都未直接涉及。最后，政策本身缺乏约束力，加上政府监督以及相应措施的缺失，使政策的激励效果不佳，企业参与职业教育办学的调控机制亟须从减轻企业负担、释放企业活力的供给侧寻找改革契机。①

总之，无论从现实状况还是从发展趋势看，尤其是在新形势下应对新挑战、创造新优势、建设新格局、重塑产业链、完善供应链，发展实体经济，建设制造强国、质量强国、网络强国、数字中国，提高经济质量效益和核心竞争力，无不显示出对技术技能人才的强烈渴求。另外，企业需要人才而同

---

① 梁卿，刘根润，韦玮. 促进企业参与校企合作的政策取向：反思与重构 [J]. 职教论坛，2014 (7)：15－17.

时参与职业教育办学态度消极，社会责任意识淡薄。有需求而无实现组织目标所要求的行为，这就需要激励。[①] 企业作为生产活动的基本单位，参与职业教育办学的行为和成果具备市场性，决定了企业参与职业教育办学实现路径的构建，必然要求充分发挥市场在资源配置中的决定性作用，并更好地发挥政府作用，推动有效市场和有为政府更好的结合，即明确中央和地方政府事权与支出责任，健全省以下财政体制，完善现代税收制度，深化税收征管制度改革，通过市场驱动和政府干预双轨机制来管理与规范，这也是解决当前为什么企业有利益诉求而办学积极性仍然不高，为什么从中央到地方有政策、措施、保障，但企业在职业教育办学中的应有主体地位仍无法实现的关键所在。

二、研究意义

（一）理论意义

本研究力图解决财税政策激励企业参与职业教育办学“为什么（why）”“是什么（what）”和“该如何（how）”的问题，并构建相应的系统理论体系。以“拉弗曲线”为代表的供给学派财税激励理论倡导供给决定经济增长，财税优惠增加并改善经济供给，将生产要素的机会成本作为财政税收优惠的传导机制，通过削减边际税率提升生产要素的税后收益（即降低机会成本），改善企业的生产经营环境，从而实现生产要素供给量的增加和高效配置。[②] 政府通过财税政策手段激励企业参与职业教育办学的整个过程中，政府与企业形成“委托—代理”的“有效协调”关系，[③] 政府成为职业教育产品供给的委托人，而企业则成为获得报酬行使办学的代理人。委托人通过财税补偿这个外在条件，促使代理人努力地实施参与职业教育办学行为，并使之达成一致的政策目标。本研究探讨分析供给侧结构性改革背景下企业参与职业教育办学的目的、特征，办学动力的形成、传导、循环机制，以及财税政策在其中的影响机理，阐述了财税政策干预的必要性和有效性，在此基础

---

① 索柏民，王天崇．组织行为学［M］．北京：北京理工大学出版社，2017：81－86.

② 刘蓉，祖进元，王雯．供给学派理论对当前我国减税政策的启迪［J］．税务研究，2016（2）：18－23.

③ 尚可文，孟丽．政府、市场与财政［M］．兰州：兰州大学出版社，2009：14.

上构建财税政策激励企业参与职业教育办学的概念模型，揭示财税政策对企业参与职业教育办学的激励路径与效应，研究结论将丰富现有研究成果，为推动有效市场和有为政府更好结合发展职业教育提供新的视角。

（二）实践意义

本研究通过企业访谈了解到，企业在职业教育校企合作中呈现出由普遍性的“一头冷”向短期培训“热”、长期育人“冷”的结构性“冷”转变，深度参与职业教育办学全过程的主体功能和地位缺失，职业教育办学与产业结构错位、市场供需脱离现象较为严重。究其原因，主要是企业在参与职业教育的办学过程中，市场化运作的效率不高，缺乏政府有效宏观调控，使企业在参与职业教育的办学过程中权利、义务、责任和利益等主体地位不明确。目前，虽然国家和地方政府密集出台了一系列支持政策，但在精准对接企业核心诉求提升企业积极性方面，尚未出台明确成熟的办法措施，对激励企业参与职业教育办学的力度有限、效果有限，难以形成长效机制。本研究力争梳理总结已有政策文本和国内外实践经验，分析企业的核心诉求及其影响因素，通过个案访谈和问卷调查获取数据，对所构建的概念模型进行实证验证，厘清财税政策的激励路径和效应，分析不同类型财税政策对于企业参与职业教育办学激励效果的差异，以及在不同规模、产权性质、技术结构、生命周期、行业分布企业和不同政策目标的不同表现，为促进企业参与职业教育办学提供一个有价值的思路。在此基础上，构建更加精准、科学、可行的激励企业参与职业教育办学的财税政策体系，为各级政府制定相关政策法规提供借鉴与参考，以激发职业教育的发展活力和办学质量。

（三）社会意义

1991 年卡罗尔（Carroll）提出企业社会责任金字塔（pyramid of corporate social responsibility）的概念，认为企业在追求最为基础的经济因素时，还必须履行社会所赋予的法律、商业道德和慈善责任。企业承担职业教育社会责任主要是通过整合社会各类资源参与培养各类各级技术技能人才，以及促进行业技术创新与发展。① 当前我国经济正处于结构调整阵痛期和前期刺

① 霍丽娟．论现代职业教育中企业社会责任的实现［J］．中国职业技术教育，2015（33）：101－104.

激政策消化期叠加的阶段，尤其受新冠肺炎疫情全球蔓延影响，企业发展面临不少矛盾和困难。据浙江大学管理学院研究结果显示，中国企业普遍处于“亚健康”状态，其中企业竞争力薄弱环节集中体现在人才开发、成本控制和核心技术优势三个方面①。另外，企业参与职业教育办学的主体地位在法律与制度层面的不明确，以及缺乏有效的激励机制，导致企业缺乏主动承担职业教育社会责任的意识和能动性。② 从企业的核心诉求视角构建财税激励机制，激发企业参与职业教育办学的内在潜力，缩小职业教育办学主体间的需求差异，让企业体会到力有所用、才有所展、劳有所得、功有所奖，从而增强企业的获得感和使命感，是推进职业教育办学模式改革纵深发展的关键所在。本研究力争通过构建激励企业参与职业教育办学的财税政策体系，在提高职业教育办学质量，提升学生就业水平的同时，为满足企业对技术技能人才需求，提高企业履行社会责任的自觉性和能动性发挥积极作用。

第二节 国内外相关研究综述

一、国内研究综述

本研究对于国内文献综述遵循如下逻辑：企业参与职业教育办学有何必要？有哪些因素影响企业参与职业教育办学？职业教育的产品属性有何特征，其产品供给又有怎样的特点？在此基础上，如何通过财税政策激励企业积极参与职业教育办学？

（一）企业参与职业教育办学的重要性研究

2014 年，《国务院关于加快发展现代职业教育的决定》正式提出“企业是职业教育的重要办学主体”命题后，学术界对企业参与职业教育办学的内

① 钱江晚报．中国企业普遍处于“亚健康”状态［N/OL］.（2016－06－20）［2020－04－29］. http：//www. Chinadaily. com. cn/interface/yidian/161776/2016－06－20/cd_257 68786. html.

② 喻忠恩．企业如何成为职业教育的办学主体［J］. 职业技术教育，2015（10）：52.

涵开展了较为丰富的研究。[①] 在这之前主要是从职业教育发展需求、企业参与职业教育办学优势及特征等三个维度，对企业参与职业教育办学的重要性进行讨论，主要形成以下观点：（1）职业教育职业性和实践性类型特征决定了其与产业发展的天然联系，企业参与办学是职业教育发展的基本规律。（2）企业所具有的技术优势、信息优势、人力优势和物质优势，成为职业学校办学的有益补充。（3）构建职业教育人才培养模式，要突出学校和企业两个办学主体的地位和作用，而不是学校一方的单打独拼。[②③]

长期以来，我国职业教育办学关注“谁设立”“所有权”的问题，办学主体很大程度上被理解为投资主体。随着职业教育由外延式发展向内涵式发生转变，企业在职业教育发展中的地位与角色，也从“被合作者”甚至“旁观者”转向“重要办学主体”，职业教育办学“谁经营”“管理权”的问题逐步得到关注，[④] 甚至认为企业参与职业教育办学的轨迹必然从参与办学渐进发展为自主办学阶段。[⑤] 但是，很多学者更倾向于在校企“双主体”视域下讨论企业参与职业教育办学的责任与内涵。例如，邵腾伟（2017）认为，企业参与职业教育办学的主体责任是指企业有义务深度参与职业教育人才培养过程，引导职业教育按照行业企业需求培养人才和提供技术服务。[⑥] 马廷奇（2020）认为，建设命运共同体是推进职业教育发展及人才培养模式改革的必然选择。不能仅仅将校企共同体建立在利益性、情感性、资源性关系的基础上，要更多地关注共同体对校企双方的意义，以及共同体所承载的共同信念和价值取向。[⑦]

从已有研究成果来看，虽然对于企业参与职业教育办学的主体价值和认同度存在差异，但总体上都表达了企业理应在职业教育举办与管理中发挥不

---

① 祁占勇，王志远．企业作为重要办学主体的机制障碍与政策设计［J］．高教探索，2018（10）：22－29.

② 周稽裘．教育现代化：一个特定历史时期的描述［M］．北京：教育科学出版社，2009：5，15，28.

③ 廖建华，刘慧娟．高职院校“工学结合”人才培养模式的构建［J］．职业技术教育，2009（16）：48.

④ 潘海生，马晓恒．职业教育中企业办学主体地位的内涵解读及政策启示［J］．职教论坛，2014（22）：9－10.

⑤ 喻忠恩．企业如何成为职业教育的办学主体［J］．职业技术教育，2015（10）：52.

⑥ 邵腾伟．现代职业教育中的企业主体责任［J］．职教论坛，2017（4）：68.

⑦ 马廷奇．命运共同体：职业教育校企合作模式的新视界［J］．清华大学教育研究，2020（5）：118－126.

可或缺的主角作用，原因主要体现在：（1）由职业教育的类型特征所决定。（2）企业是职业教育的直接受益者，理应支持和参与职业教育的发展。（3）企业参与职业教育属于企业社会责任的承担。但是，现有研究成果也存在一些不足，主要体现在要么囿于传统的企业管理理念，将“利润最大化”脱离于影响因素而简单强加于企业参与职业教育办学的行为之中，难以实现理论上的突围和实践中的创新；要么出现了理解的极端化，强调企业单一主体功能，忽略了现代职业教育多元主体的共同治理，缺乏从现代职业教育治理理念出发诠释企业参与职业教育办学的内涵。本研究将职业教育办学置于政府、行业、企业、学校多元治理体系下的校企双主体结构之中进行分析，在“价值最大化”而非“利润最大化”的现代企业管理理念框架中研究企业参与职业教育办学行为及其对应的财税政策干预机制。

（二）企业参与职业教育办学的影响因素研究

作为事物发展原因和动力的基本范畴，现有研究成果中有关企业参与职业教育办学的影响因素，可归结为企业内部因素和外部因素两个方面。其中，内部因素主要包括：（1）企业管理理念因素。企业缺乏战略发展理念，学校的扩张使企业对学生培养成本难以承受，企业的短视行为使职业教育办学无法深入。[①]（2）企业社会责任意识因素。企业参与职业教育内驱力和人才培养社会责任意识不够，企业发展不成熟，人力资本投资战略尚未形成，缺乏参与职业教育培养人才的基本动力和能力。[②]（3）企业的内在特征因素。例如，企业规模、产权性质、技术结构、生命周期、行业分布，以及员工的技能程度、文化特征和培训时间等，对企业参与职业教育办学的具体形式和内容产生较为显著的影响。[③④] 杨广俊等（2020）基于广东、浙江等地

---

① 韩秋黎．我国职业教育中企业主体缺失的原因及改进策略［J］．江西教育科研，2007（8）：60－61.

② 和震．建立现代职业教育治理体系推动产教融合制度创新［J］．中国职业技术教育，2014（21）：138－142.

③ 吴红宇，杨群祥．影响企业开展校企合作的因素研究——基于910份调查问卷的分析［J］．职业技术教育，2012（16）：15－20.

④ 冉云芳，石伟平．企业参与职业院校实习是否获利——基于109家企业的实证分析［J］．华东师范大学学报（教育科学版），2020（1）：43－59.

企业调查显示，国有企业和特大民营企业参与职业教育办学的比例较高，参与形式更为多样。[①] （4）办学成本收益因素。研究者们多从经济学视角出发，认为企业从参与职业教育办学中的收益所获与成本和费用的支出，直接决定了企业的积极性。[②]

从企业外部因素来看，具有代表性的研究观点包括：韩秋黎（2007）认为劳动力市场不规范给人才培养制造了障碍，企业价值补偿要求使其对职业教育办学产生困惑，同时，社会变革中面临的困难牵制了职业教育人才培养模式改革的步伐，经济发展水平直接制约着职业教育的发展。[③] 杨进等（2017）认为，企业在职业教育办学中的地位、责任、权力、利益、义务等不明确，造成企业缺乏足够的动力和积极性，存在的问题主要包括政策上落实不力、体制上模式乖离、管理上政府缺位、实践上缺乏突破。[④] 吴金铃（2020）从校企合作初期、中期和后期三个时期分析得出政府政策导向及扶持方式、行业的服务意愿及服务能力、校企合作的规模及周期、职业院校服务企业的能力、学生参与校企合作的诚信度等五个方面对企业参与职业教育办学具有显著影响。[⑤] 王为民（2020）认为，校企合作问题直接原因是校企之间互补性需求不匹配，主要根源在于合作产权保护不足导致校企合作缺乏有效的激励机制。[⑥] 但同时，也有学者通过调查与实证分析，认为行业和政府优惠政策对企业参与职业教育办学并无显著影响。[⑦]

可以看出，现有研究关于企业参与职业教育办学影响因素达成了一些共识。但从总体上看，对于这些影响因素的梳理大多基于思辨性、经验性分

---

① 杨广俊，周凤华．从企业参与职业教育现状谈产教融合型企业建设——基于广东、浙江等地企业的调查分析［J］．职业技术教育，2020（28）：52－57.

② 王永莲．高职教育中校企合作问题的经济学分析［J］．教育与职业，2009（12）：13－15.

③ 韩秋黎．我国职业教育中企业主体缺失的原因及改进策略［J］．江西教育科研，2007（8）：60－61.

④ 杨进，张健．职业教育校企双主体合作的问题、博弈与整合对策［J］．中国高教研究，2017（3）：88－89.

⑤ 吴金铃．企业参与职业教育校企合作的成本构成及补偿机制构建［J］．教育与职业，2020（2）：48－54.

⑥ 王为民．合作产权保护与重组：职业教育校企合作机制创新［J］．教育研究，2020（8）：112－120.

⑦ 张利庠，杨希．企业参与校企合作职业教育影响因素的实证研究［J］．中国职业技术教育，2008（33）：56－59.

析，缺乏系统性的理论依据，以致针对相同研究对象，不同研究者得出的研究结论大相径庭。另外，在研究视角上，大多倾向于宏观层面的政策研究或者微观层面的企业测算，缺少通过微观问题发现，进而开展中观层面政策设计的研究；在研究方法上，大多侧重于在文献梳理基础上开展面上研究，研究者与研究对象直接接触较少，缺乏对企业参与职业教育办学内部现象的解构。目前，职业教育办学体制机制研究已经进入探究内在因素和机理的深水区，迫切需要更深入、更细微的视角去探索企业参与职业教育办学的内部结构。[①] 本研究试图以计划行为理论为基础，将零散繁多的影响因素系统归类、梳理，更加准确地研判企业到底需要什么，核心诉求在哪里，以构建更加准确的财税政策激励概念模型。

（三）职业教育的产品属性及其供给模式研究

根据消费非竞争性和受益非排他性，社会产品可以划分为公共产品、私人产品和混合产品。对于职业教育的产品属性，当前学术界并未形成完全一致的看法，持纯公共产品或私人产品抑或是产品属性具有不稳定性等观点的学者均存在。[②③] 但其中，大多数学者倾向认为职业教育产品是介于纯公共产品和私人产品之间的准公共产品。[④] 原因是：（1）由于职业教育普遍提高了公民素质，为国家培养了技术技能人才，从而促进经济社会发展，具有明显的非排他性和非竞争性，因而具有公共产品的属性。（2）受教育者可以从中获得明确、清晰的内在化和私人化利益，而使职业教育产品具有明显的私人产品特征。[⑤⑥]

职业教育的产品属性决定了其供给形式。鲁瑶、张万朋（2007）认为，基于职业教育准公共产品的属性特征，由政府作为唯一的供给与生产主体并不符合职业教育发展要求，提供方式应适当由市场机制决定。[⑦] 但是，这并

---

① 张健．高职教育改革：如何涉过“深水区”［J］．职教论坛，2014（28）：42－48.

② 匡远配，陈红颖，夏金星．农村职业教育的公共产品特征分析［J］．农村经济，2007（2）：115－118.

③ 匡绪辉．公共财政下教育财政投入模式选择［J］．江汉论坛，2002（12）：13－15.

④⑥ 吴松江，夏金星．职业教育和政府责任［J］．职教论坛，2006（1）：15－17.

⑤ 王震，王新．财政方向关于我国职业教育财政政策及其改革问题的报告［J］．职业技术教育，2008（5）：27.

⑦ 鲁瑶，张万朋．公共选择理论视角下的职业教育管理［J］．职教论坛，2007（12）：9.

不意味着政府在职业教育的办学过程中可以完全推脱责任，[①] 政府要充分发挥宏观调控作用，对企业参与职业教育办学过程中可能受到的利益损失进行补偿，通过政策干预优化环境，促进有限资源更为有效的配置，对其办学行为的积极性予以鼓励。[②] 陈丽君等（2020）采用 Nvivo 软件对 45 部政策文件分析，发现政府实施的激励企业参与职业教育办学政策，在最优契约理论的主体共担风险、内容详细具体、激励手段与主体结构相容三个原则上着力不够。[③]

可以看出，学术界对职业教育是否属于公共产品的问题并没有达成共识，但大多数学者根据非排他性和非竞争性的产品属性划分标准，将职业教育定义为准公共产品。基于此，对于职业教育产品的供给，较为一致的观点是政府与市场在厘清各自责任边界的基础上共同供给。现有研究成果也存在一些不足，对于职业教育产品属性的界定大多局限于经济学的路径依赖，缺少结合职业教育类型特征和公共支出规模展开探讨。本书力图从以下几个方面予以突破：（1）在分析职业教育产品特点时，不止于其是否具有非排他性和非竞争性的属性特征，为政府使用财税政策干预手段提供更多的理论与实证依据。（2）搞清楚企业与政府在职业教育产品供给上的分工，明确企业是主体，而政府通过激励企业积极行为履行监管服务责任。（3）明晰政府、市场的责任边界仍是研究重点，通过调查分析与实证研究，找准政府科学精准施策点位。

（四）企业参与职业教育办学的财税政策激励研究

我国教育财政学起源于教育经济学，研究起步较晚。其中，关于职业教育财政问题，经费的多元投入一直是研究者们讨论的热点问题。尤其是对职业教育财税政策存在的体制机制问题、总量投入问题和区域差异问题讨论比较热烈。罗音（2014）基于职业教育准公共性特征及投入成本进行了较为成熟的研究，认为不能单独依靠政府的财政拨款和项目经费，应该通过政策设

---

① 董仁忠．职业教育供给：在政府与市场之间的选择［J］．教育学报，2009（4）：123－124.

② 陈玺名．职业教育校企合作中的计划与市场［J］．现代教育管理，2015（1）：110.

③ 陈丽君，曾雯珍．企业参与职业教育办学的动力分析与政策建议［J］．职业技术教育，2020（13）：34－41.

计充分调动企业积极性，利用“汲水政策”发展职业教育。[①] 张立彦等（2015）针对目前我国激励企业参与职业教育办学财税政策存在立法缺位、制度安排不够细化、激励手段较少、缺乏针对小企业和弱势群体的优惠政策等问题，建议综合运用多种财税激励手段、丰富税收优惠形式和种类、健全财税政策管理。[②] 吴金铃（2020）建议，政府在制定校企合作企业补偿机制时，应考虑行业的不同特点，合理制定企业补偿机制；针对不同行业、不同企业、不同区域设计不同的补贴体系。同时，对企业参与产教融合、校企合作项目进行专项补贴。[③] 但也有学者具体以职业教育“学历证书+若干职业技能等级证书（1+X证书）”制度试点工作中培训评价组织为对象，研究得出仅对市场发展不充分、需要给予培育的行业，可以考虑对职业教育培训评价组织的标准开发、学习资料库建设等采取补助的方式，并且建议对X证书的相关投入不宜采用专项投入形式，强调应将其作为职业教育教学与人才培养投入处理。[④]

具体而言，中国人民大学教育发展与公共政策研究中心课题组（2014）提出从以下六个方面完善税收政策促进职业教育发展：一是适当提高针对职业教育的社会捐赠的超额扣除比例；二是允许民间职业培训机构购买用于培训的机器设备等费用的纳税扣除；三是提高企业提供实习的税收激励，规范税收减免范围；四是针对企业聘用职业院校学生提供税收激励；五是适当提高企业培训支出的限额税收扣除；六是允许个人接受职业教育、在职参加职业培训费用的纳税扣除。[⑤] 教育部职业技术教育中心研究所课题组（2015）在财政部委托课题“职业教育改革发展面临的主要问题及建议”研究报告建议：（1）国有企业举办的职业学校应当纳入公办学校范畴，享有与公办职业院校同等待遇，由财政拨付生均经费。（2）地方政府对参与职业教育办学企

---

① 罗音．浅议职业教育校企合作的财税政策规划［J］．中国成人教育，2014（10）：75.

② 张立彦，孙善学．促进企业参与职业教育的财税政策分析［J］．职业技术教育，2015（34）：19－23.

③ 吴金铃．企业参与职业教育校企合作的成本构成及补偿机制构建［J］．教育与职业，2020（2）：48－54.

④ 郭建如，杨钋，田志磊．职教X证书制度的财政支持政策探析［J］．职业技术教育，2020（27）：7－12.

⑤ 教育部教育规划与战略研究理事会秘书处．建设中国特色、世界水平的现代职业教育体系［M］．北京：教育科学出版社，2014：206－207.

业缴纳的教育费附加，根据在校学生规模给予一定比例的返还，对企业承担社会公共实训基地建设所需建设用地，给予划拨土地等优惠政策。(3) 明确企业办职业学校的公益性，依法享受相关教育、财政、土地、金融等优惠政策。(4) 企业参与职业教育办学产生所有费用，全额列入企业成本进行税前扣除等。①

可以看出，强调通过财税政策激励扭转职业教育边缘化，以及在投入中存在的总量不足、机制不活、分工不明、布局不均和效果不佳等问题，并在此基础上提出的增加总量、提升绩效、多元投入、税收优惠等策略，这些方面均在已有研究成果中基本达成共识。存在的不足主要体现在：(1) 未将财税政策激励作为一个相对独立的体系加以系统论证分析。(2) 研究多集中在经验性面上的对策和做法，理论研究薄弱，滞后于实践发展。(3) 在广泛调查取证基础上的数据分析、定量实证、归纳分析的多学科交叉研究还远远不够。这些问题凸显出财税政策激励企业参与职业教育办学的途径方面，尚有很大的研究空间和余地，尤其以跨学科视角，借用计量分析模型，从理论层面厘清财税政策对企业的激励路径和方式，以及针对路径设计精细化、可操作的政策框架具有必要性。

二、国外研究综述

在国外，德国、加拿大、法国、英国、日本和澳大利亚等国家对企业参与职业教育办学进行了较为丰富的研究，也有一些学者对经济合作与发展组织（OECD）国家情况进行了相关的研究。但关于财税政策激励研究则主要集中在德国、英国、日本等企业参与职业教育办学历史较长的工业发达国家，这些国家正是建立了较为完备的企业激励体系，职业教育对本国制造业及工业化发展才起到了巨大的推动作用。本书主要对德国、英国、日本在财税政策激励企业参与职业教育办学相关领域的研究成果进行梳理，以从中借鉴好的研究思路和方法。

---

① 课题组．职业教育改革发展面临的主要问题及建议研究报告［R］．北京：教育部职业技术教育中心研究所，2015：16－26.

（一）企业参与职业教育办学重要性研究

在德国，以“双元制”为代表的职业教育体制，从法律上确立了企业在职业教育办学中的主体地位，而成为现代职业教育发展的典范。1985年，联邦德国学者海因茨·G·格拉斯在所著的《职业教育学与劳动教育学》中系统分析了企业在职业教育双元制中的发展历程、法律体系、运行过程、评价考核等基本特征和表现形式。[①] 葛洛曼等（Grollmann et al.，1998）通过开展大样本调查，了解企业在“双元制”职业教育中发挥办学主体作用的情况，建议企业在学生培训过程中要进一步加大与实际生产过程的结合。[②] 不过，随着世界范围内高等教育扩张对劳动力培养的影响，学生进入学术性高等院校的比例逐渐提高，一些研究者对企业在“双元制”职业教育中的角色挑战开展了研究，认为“双元制”职业教育过分依赖企业，学校的办学地位被边缘化，建议进一步优化企业与学校的职能划分，增进更宽口径和更深层次的交流合作，以提升人才培养质量。[③]

相对于德国企业在职业教育中的长期传统重要地位，英国真正认识到企业在职业教育办学中的重要意义则相对较晚。20世纪末21世纪初，在英国经济严重下滑、失业率不断上升的背景下，2004年，英国政府委托利奇（Leitch）对英国的长期技能需求进行独立审查，研究报告《利奇技能报告》（Leitch Review of Skills）认为，应该更加重视企业在提升各层次劳动者技能的重要性，寻求企业在职业教育办学主体间的制度平衡点，这一建议直接推动了英国政府开展“培训即获利”（train to gain）计划等一系列的旨在鼓励企业增加技能培训的学徒制改革。[④] 2011年，沃尔夫（Wolf）关于英国职业教育状况的报告《沃尔夫职业教育报告》（Wolf Review of Vocational Education）进

---

① ［德］海因茨·G·格拉斯．职业教育学与劳动教育学（上、下卷）［M］．陈用仪，陈国雄，刘漠云，译．（内部发行），1985：1－3.

② Grollmann P，Rauner F. Exploring innovative apprenticeship：quality and costs［J］. Education Training Vol. 49Iss：6，1998：426－451.

③ Smith E，Deissinger T，Hellwig S. Apprenticeships In Germany：Modernising the Dual System［J］. Education and Training，2005，47（4/5）：312－324.

④ HM Treasury Stationery Office. Leitch Review of Skills：Prosperity for all in the global economy-world class skills（Final Report）［R/OL］.（2016－05－10）［2020－04－11］. http：//webarchive. nationalarchives. gov. uk/ + /http：/www. hm-treasury. gov. uk/independent_reviews/leitch_review/review_leitch_index.

一步论证了企业参与职业教育办学可以产生可观的经济效益，建议企业更加紧密、更长时间地参与技能培训，以提高学生培养质量。① 2012 年，理查德（Richard）关于该建立什么样的学徒制、如何建立学徒制的一项独立审查报告《理查德学徒制评论》（Richard Review of Apprenticeship）中再次强调了企业在职业教育人才培养中的重要性，认为应该赋予企业在人才培养过程中的话语权，并使企业参与职业教育办学的结果评价。② 这些研究成果直接引发了英国政府对现代学徒制职业教育的不断深入持续性改革。

在日本职业教育体系中，无论是传统的"产学官"合作教育、企业内培训，还是职业生涯教育，均体现了企业在职业教育办学中的主体地位。③ 宫地诚哉等（1951）认为，企业在"产学官"合作教育的主体地位不仅有利于宏观层面解决日本经济带来的青年就业问题，还利于微观层面提升企业员工职业技术技能、基础理论水平和经营管理能力，并更为有效地接受企业文化熏陶和社会学习。④ 小池和男（1991）运用证据积累研究方法，解析大样本调查结果，详细分析了日本企业的培训状况，对企业培训在员工技能形成与积累的重要性与必要性进行了系统的理论归纳。⑤ 到 20 世纪 90 年代，日本构建了以实践性为主要特征的现代职业教育体系。中央教育审议会（2011）的研究报告提出，无论在学科建设、课程编制、师资建设，还是教育评估，都需要建立与企业的紧密合作，以最新教学内容和方法构建贯穿个人持续的职业生涯教育。⑥ 富山和彦（2014）认为，基于日本部分产业劳动

---

① Alison Wolf. Review of Vocational Education-The Wolf Report [R/OL]. (2016 - 07 - 20) [2020 - 04 - 11]. https://www. gov. uk/government/uploads/system/uploads/attachment_data/file/180504/DFE-00031-2011. pdf.

② Doug Richard. The Richard Review of Apprenticeships [R/OL]. (2016 - 07 - 20) [2017 - 03 - 13]. https://www. gov. uk/government/uploads/system/uploads/attachment _ data/file/34708/richard-review-full. pdf.

③ 陆素菊，寺田盛纪. 在经济性与教育性之间：职业教育的基本定位与未来走向——陆素菊与寺田盛纪关于职业教育发展中日比较的对话［J］. 华东师范大学学报：教育科学版，2019（2）：151 - 156.

④ ［日］宫地诚哉，仓内史朗. 职业教育［M］. 河北大学日本研究所教育研究室，译. 天津：天津人民出版社，1951：165 - 166.

⑤ 小池和男. 仕事の経済学［M］. 東京：東洋経済新報社，1991：65 - 76.

⑥ 中央教育审议会. 今后の学校におけるキャリヤ教育. 职业教育に在り方について［EB/OL］.（2011 - 07 - 21）［2020 - 4 - 11］. http://www. mext. go. jp/component/b _ menu/shingi/giji/icsFiles/afieldfile/2011/02/22/1302048_1. pdf.

生产率低的现状，建议更多大学将企业合作纳入职业教育办学核心要素，更加专注学生“实践能力”培养。[①]

从上述德国、英国、日本等国有关学者的研究成果来看，较为一致地从人力资本视角探讨企业参与职业教育办学的合理性与重要性。但各国研究者关注的侧重点又有所不同，德国研究者在强调企业参与的同时关注与学校实现平衡；英国很多研究成果直接推动了政府在相关领域的立法与政策制定；日本研究者不再主张企业与学校的平衡问题，而是更多强调企业在职业教育体系相对独立的主体地位。研究中存在的不足之处与国内研究情况基本类似，这些国家尤其是德国学者的实证研究，主要集中在企业的短期用工需求上，即便是日本研究者所涉及的企业在未来职业教育发展（如职业生涯教育体系）中的重要作用，也同样缺少从企业价值实现的现代企业管理视角审视其合理性与重要性。本书力图突破企业的短期劳动力需求，而以实现企业价值最大化作为企业参与职业教育办学的行为目标，紧密结合当前经济社会发展环境特别是职业教育发展的政策趋势，在研究企业在职业教育办学主体地位的同时厘清与其他办学主体之间的职能关系。

（二）企业参与职业教育办学影响因素研究

通过对德国已有研究成果的梳理，可以看出，企业之所以在职业教育办学中具有较高的投入积极性，其主要原因是企业可以从中招收到合适的员工，有效避免在劳动力市场进行人才筛选的机会成本，减少针对性的岗位额外培训与适应性训练，降低企业因劳动力缺乏而产生的减产停工风险。早在20世纪70年代，林德利（Lindley，1975）就提出只有职业教育办学为企业创造的收益大于企业所付出的成本时，企业才能持续性参与其中。[②] 而后，大量实证研究也论证了这一结论，例如，2009年4月，联邦职业教育研究所（BIBB）基于3000个企业样本的调查，发布了2007年度“职业教育的成本

---

① 富山和彦．我が国の产业构造と労働市场のパラダイムシフトから见る高等教育机関の今后の方向［EB/OL］.（2014－10－07）［2020－4－11］. http：//www. mext. go. jp/b_menu/shingi/chousa/koutou/061/gijiroku/__icsFiles/afieldfile/2014/10/23/1352719_4. pdf.

② Lindley R M. The Demand for Apprentice Recruits by the Engineering Industry, 1951－1971［J］. Scottish Journal of Political Economy, 1975, 22（1）：1－24.

与收益”的调查报告。研究显示，企业参与职业教育办学虽然承担了高昂的办学成本，但其收益也是同样可观的。① 除了成本与收益因素促进了德国企业积极性，企业参与职业教育办学的社会责任感也普遍较高，因此存在大量符合《联邦职业教育法》（BBiG）规定并经过行业协会认定的具有开展职业教育办学资格的“教育企业”，由于不允许这些企业在办学过程中盈利，因此办学积极性与其规模、技术类型等企业内在特征因素，以及劳动力市场稳定性、商会工会职能等外在环境因素有较大的关联性。②③

与德国的现有研究成果相类似，英国一些研究机构和学者也非常关注企业在职业教育办学中的影响因素，并试图从投入产出视角探寻企业参与职业教育办学的原因。华威大学就业研究所通过大量的面对面访谈，分行业对众多不同类型企业在学徒制培训的成本与收益进行了一系列的详细案例研究。英国学习与技能委员会（Learning and Skills Council）是一家以确保 16 岁后人群的教育质量，并使其满足雇主、个人和社区的需要作为主要职能的机构，在 2007 ~ 2009 年，该机构采用电话访谈的方式，连续 4 次对企业参与学徒制培训的成本收益进行大样本的调查与评估。④ 施韦里等（Schweri et al. , 2007）认为，任何经济体制和环境下，企业在学徒制培训中都会存在“搭便车”问题（free rider problem），只有在成本可以足额收回的情况下，企业才愿意参与其中。⑤ 但也有一些学者则认为影响企业参与职业教育办学的因素，除了办学成本与收益，还包括企业自身对学徒培训和关注职业资格框架的意愿，以及与学徒制有关部门、年轻学徒的沟通机制是否顺畅等因素有关，劳动力市场因素、工会的存在和政府政策因素也在一定程度上影响企业参与职业教育办学的积极性。例如，布鲁内罗等（Brunello et al. ,

---

① 姜大源. 当代世界职业教育发展趋势研究［M］. 北京：电子工业出版社，2012a：294.

② Mohrenweiser J, Backes-Gellner U. Apprenticeship training-What for? Investment in human capital or substitution of cheap labour［R］. Leading House Working Paper, 2008：17.

③ Mühlemann, S. , Pfeifer, H. , Walden, G. , Wenzelmann, F. and Wolter, S. C. “The financing of apprenticeship training in the light of labor market regulations”［J］. Labour Economics, 2010, 17, (5)：799 – 809.

④ 冉云芳. 企业参与职业教育办学的成本收益研究［M］. 上海：华东师范大学出版社，2019：39 – 42.

⑤ Schweri J, Mueller B. Why has the share of training firms declined in Switzerland?［J］. Journal for Labour Market Research, 2007, 40 (2/3)：149 – 167.

2004）通过数据分析发现地方劳动力密度与企业提供培训的积极性呈负相关关系；[①] 格林等（Green et al.，1999）通过调查发现，工会的存在推动了企业在现代学徒制中的办学积极性。[②]

日本学者对企业参与职业教育办学的影响因素研究，大多关注历史文化传统与企业人力资本需求两个方面。明治维新以来，随着近代科学传播与普及，以主张知识产权市场化、科学技术全球化、人力资源弥补自然资源为代表性观点的"教育优先""技术立国"理念，以及以终身雇用和资历工资为主要特征的传统雇佣制度，极大影响着企业与普通院校和职业院校的紧密合作办学。[③④] 纵观发展历程，企业对人力资本的需求决定了参与职业教育办学态度的变迁。第二次世界大战后日本工业高速发展，大企业包揽近 80% 的毕业生，中小企业为了解决招工难问题，与职前正规职业教育合作办学。20 世纪 70 年代以后，随着经济稳定增长和产业结构升级，企业除了对劳动力数量的需求外，更需要层次更高、稳定性更强的高素质员工，而当时学校学历教育无法满足企业的这一要求。[⑤] 所以，企业与职前职业教育的合作逐渐向企业内教育转变。除此之外，政府通过立法与制度干预等手段也在一定程度上促进了企业参与职业教育办学的积极性。[⑥]

可以看出，德国、英国、日本的学者均研究了各国不同历史文化传统、人力资源状况、政府宏观政策，以及教育发展水平对企业参与职业教育办学的影响。例如，德国"崇尚技术、以工业为美"的传统对"双元制"的影响，英国企业在学徒制不同发展时期中的不同表现，日本"教育优先、技术立国"治国理念对产学官合作教育、企业内教育的影响等。这些研究所采用

---

① Brunello G, Gambarotto F. Agglomeration Effects on Employer – Provided Training: Evidence from the UK [R]. CESifo Working Paper, 2004: 1150.

② Green F, Wilkinson M D. Trade Unions and Training Practices in British Workplaces [J]. Industrial and Labor Relations Review, 1999, 52 (2): 179 – 195.

③ 川村降氏. 高度イノベーション人材育成の必要性 [J]. 産学官連携ッャーナル, 2012 (6): 2.

④ 後藤芳一. 大阪大学・共同研究講座産学官連携「第4の潮流」に向けて [J]. 産学官連携ジャーナル, 2011 (9): 9 – 11.

⑤ 宫地诚哉，仓内史朗. 职业教育 [M]. 河北大学日本研究所教育研究室，译. 天津：天津人民出版社，1951: 91.

⑥ 寺田盛纪. 日本职业教育和训练的研究状况及其课题 [J]. 华东师范大学学报：教育科学版，2001 (1): 44 – 55.

的方法与国内多为思辨性研究形成鲜明对比，大多基于大样本数据采用调查访谈、数量模型分析等进行实证研究，与此同时，这些研究方法也不可避免地暴露出一些弊端，那就是有限数量的案例和访谈所得出的研究结论只能作为有限的证据与评估指标，影响了研究的科学性和普适性。另外，研究视角与国内研究相似，缺少微观问题发现与宏观问题解决相结合的中观层面研究。本书力争将翔实的定量分析结论融合于定性研究之中，从企业参与职业教育办学的全过程出发深入挖掘影响因素，在此基础上构建财税政策激励的概念模型。

（三）企业参与职业教育办学的财税政策激励研究

德国“双元制”职业教育中，虽然企业的投入比例大大高于联邦政府、州政府和地方政府，但企业的积极程度依然很高，其中原因除了企业具有较强的社会责任感，意识到人力资本积累的重要性外，与政府对职业教育的高度重视和大力支持密不可分。联邦职业教育研究所的一些学者从职业教育非竞争性与非排他性特征出发，研究了企业人才需求“搭便车行为”。这些研究成果为联邦政府与相关组织加强对职业教育介入，通过制定一系列法律与措施激励企业保障职业教育办学经费提供了理论基础与实证依据。实践中，德国各级政府政策干预除了对不提供培训企业实施以增加惩罚性税收为主要手段外，对提供培训的企业则实施鼓励性的减税与补贴，受到企业界的普遍欢迎。[①]

英国受自由经济思想影响，政府是否应该实施财税激励政策介入企业参与职业教育办学，伴随学徒制系列改革成为学术界长期争论的课题。香格里亚尼等（Chankseliani et al.，2015）认为，政府对企业的经费资助可能存在一厢情愿，企业在学徒制中的合作办学根本没有需求，即便是一般性的参与也是兴趣有限。[②] 不过，也有学者提出不同的主张，哈耶克认为，政府在教育管理上应该介入干预，这已经成为多数国家教育成功的不争经验，只是干预的程度与形式应该有所区别罢了。[③] 史帝文斯（Stevens，1994）基于可迁

---

① 党洁．欧洲一体化形势下德国双元制发展趋势——访教育部职教中心研究所德国顾问君德·瓦格纳博士［J］．职业技术教育，2002（15）：58-62.

② Chankseliani M，Relly S J. From the provider-led to an employer-led system：implications of apprenticeship reform on the private training market［J］. Journal of Vocational Education and Training，2015，67（4）：515-528.

③ ［英］哈耶克．自由宪章［M］．杨玉生，冯兴元，陈茅，译．北京：中国社会科学出版社，1999：550-561.

移技能概念引申出迁移性技能外部性的存在，为哈耶克的观点提供了理论依据。[①]《理查德学徒制评论》（*Richard Review of Apprenticeship*）认为，雇主路径经费资助（employer routed funding）让企业掌握学徒制培训公共资金的控制权，可以实现政府资金投入效益实现价值最大化。贺加斯等（Hogarth et al.，2014）提出政府对学徒制的改革要体现出对企业需求的紧密对接，通过构建财税政策激励在内的政策调控机制，使企业更大力度地投入学徒制办学。[②]

日本已有研究文献中，主要倾向于运用现代主流经济学范式讨论财政问题，如本间正明的《公债的中立命题：理论与实证分析》（1987）、井堀利宏等的《财政赤字与经济活动：中长期的考察》（2002）及貝塚啓明等著的《财政赤字与日本经济》（2005）等。后来，一些研究者通过大量的经济数据分析，证实了日本20世纪80年代以来财政重建的有效性。竹川陽介等（2005）研究得出财政补贴与税收优惠等扩张性政策发挥了显著的刺激作用；[③] 宫崎骏（Miyazaki，2010）建议日本政府采取更为持久性的财税政策来应对经济衰退。[④] 也有学者认为扩张性财税政策的激励效应仅具有短期正面影响，缺乏持续实施扩张性政策的必要条件，可能会存在非凯恩斯效应。[⑤] 上述成果为本研究提供了重要参考，但直接涉及职业教育财税政策问题较为稀少。不过，日本政府宏观决策通过有利环境创建对企业参与职业教育办学起到较大推动作用。[⑥] 日本企业参与度高的分割主义职业教育模式，就反映

---

① Stevens M. A Theoretical Model of On-the-Job Training with Imperfect Competition [J]. Oxford Economic Papers, 1994, 46 (4): 537 -562.

② Hogarth T, Gambin L. Employer investment in Apprenticeships in England: an exploration of the sensitivity of employers in the construction sector to the net costs of training [J]. Construction Management and Economics, 2014, 32 (7 -9): 845 -856.

③ 竹川陽介，小巻之和失岭康次．期待形成の異質性とでクロ経済政策［M］．東洋経済新恨社，2005：56 -76.

④ Miyazaki T. The effects of fiscal policy in the 1990s in Japan: A VAR analysis with event studies [J]. Japan and the World Economy, 2010, 22 (2): 80 -87.

⑤ 中澤正彦，大西茂樹和原日泰．90年代の財政金融政策と景気動向：VARそデルによる分析［J］．財務合政策研究所デスカフンョンベーパー，2002（1）：1 -38.

⑥ 石伟平．比较职业技术教育［M］．上海：华东师范大学出版社，2001：173.

了政府对企业内职业培训的激励是非常有效果的。[①]

通过对德国、英国、日本有关研究成果梳理可以看出，已有成果直接涉及企业参与职业教育办学的财税政策激励研究相对较少，研究思路和研究内容与国内学者也存在较大差异，这些成果大多集中于“成本—收益”定量测算或是财税政策有效性验证。各国学者们虽然因所处社会体制不同使研究角度有所区别，但均认为在职业教育发展不同阶段应不同程度地实施财税政策干预与激励。存在的不足之处主要体现在：（1）实证分析数据主要源于国家层面的版面数据，很少从企业行为视角开展研究。（2）缺少财税政策与企业参与职业教育办学行为内在机理的研究。（3）财税政策研究要么局限于教育学要么局限于财政学，导致成果所属学科相对孤立、视野相对狭窄，教育研究与其他学科间缺少良性互动。本书力争在上述研究成果基础之上，综合教育学、经济学、心理学、管理学等多学科理论与研究方法，厘清企业参与职业教育办学的动力运行机制及与财税政策激励之间的内在逻辑机理，以设计精准、可操作的激励政策框架。

第三节　关键概念界定

研究问题提出以后，在已有研究成果梳理与分析的基础上，为精准锁定研究对象，清晰框定研究范围，本书对职业教育办学、办学主体、财税激励等关键概念的内涵和外延做出界定。

一、职业教育办学

本书中的“职业教育办学”是指在政府、行业、企业、学校多元治理结构视角下，企业与学校“双主体”共同参与职业学校教育和职业培训的办学模式。职业教育“产品观”和“顾客观”是本研究界定“职业教育办学”概念的基础。杨进（2005）认为，职业教育的“产品”并非学生，而是为满足“付费者”

---

① 厚生劳动省．人才开发助成金［EB/OL］．（2017－04－01）［2020－04－11］．http：//www.mhlw.go.jp/stf/seisakunitsuite/bunya/koyou_roudou/shokugyounouryoku/training_employer/index.html.

即“顾客”需求提供的教育和培训服务。[①] 企业作为职业教育的顾客，为了提升享受职业教育产品的匹配程度和质量，通过与职业院校紧密联系，将具有自身优势的生产设备、劳动实践、工作岗位等资源有效嫁接于职业教育产品“生产”过程之中。在这一过程中，企业与学校优势互补、协同合作、共同发展，而不是相互淘汰和替代，最终达到“生产”与市场接轨、“产品”应社会所需的目标。其中，企业在参与职业教育办学过程中，既是市场经营主体，也是合作办学主体，结合现代企业管理理念，这样的企业不能仅仅追求“利润最大化”的功利性目标，还要兼顾“关注人”以实现企业价值最大化的综合性目标。

二、办学主体

“办学主体”涉及“办学”和“主体”两个关键概念。“办学”中的“办”，是指“立”和“办”，前者反映“谁设立”“所有权”的问题，后者反映“谁经营”“管理权”的问题。[②] “主体”既是哲学名词又是法学用语，哲学上指对客体有认识和实践能力的人，法学中指享受权利和负担义务的公民或法人。[③] 因此，“主体”的存在一般应具备三个基本要素：（1）独立且相对于客体存在；（2）具备创造和主宰之意欲；（3）具备创造和主宰之能力。[④] 随着职业教育由外延式向内涵式发展转变，职业教育办学主体得到越来越多的关注，各办学主体按照约定的利益分配机制，共同参与职业教育的运行管理，实现职业教育质量的有效提升。基于此，本书主要关注企业在职业教育办学中主体作用如何体现、怎样实现的问题，实质也就是如何提升企业参与职业教育主观能动性与活力的问题。主体是认识活动和实践活动的担当者，个体是社会的个体，社会是个体的社会。脱离社会的个体，就不成其为个体。个体和社会主体相比，社会主体是根本。[⑤] 因此，企业作为一个开

---

① 杨进．论职业教育创新与发展［M］．北京：高等教育出版社，2005：5.

② 潘海生，马晓恒．职业教育中企业办学主体地位的内涵解读及政策启示［J］．职教论坛，2014（22）：9－10.

③ 杨进．职业教育校企合作双主体办学：治理创新与实现路径［M］．北京：高等教育出版社，2019：75－77.

④ 潘志恒．主体与存在［M］．厦门：厦门大学出版社，2015：34.

⑤ 韩玉敏，韩莉．关于主体、客体及其关系的辨析［J］．河北师范大学学报：社会科学版，1996（3）：41.

放的社会系统，办学能动性与活力既存在于内部元素相互作用之中，也存在于企业与外部环境的演化之中，这也为外部因素激励企业参与职业教育办学提供了可能性。

三、财税激励

“激励”一词是心理学术语，是指激发个体行为动机的心理过程，即通过各种客观因素的刺激，引发和增强个体行为的内在驱动力，使其处于兴奋的状态之中。[①] 激励以需要为基础，由需要产生动机，动机即需求满足驱使个体去寻找目标。[②] 激励分为内在激励与外在激励两种形式，前者来自行为本身驱动，具有稳定性与持续性，后者是基于某种行为目的而做某事，对于行为具有调节作用。[③] 企业行为是放大了个体行为，财税政策激励作为企业参与职业教育办学行为的外在激励形式，通过调整财政与税收政策这个外部因素来调节企业行为，从而使其参与职业教育办学处于高度的激活状态。其中，财政政策激励主要是指政府采用补贴、购买、项目委托等公共支出方式，引导和鼓励企业参与职业教育办学；税收政策激励是指在宏观税负既定的情况下，采取税收减免、税率优惠、即征即退、先征后退、固定资产加速折旧、费用加计扣除等方法，减少企业参与职业教育办学税收负担，改变或影响企业行为的机制。

第四节　研究目的与方法

一、研究目的

本研究旨在职业教育空间跨界、功能整合、目标重构的理论框架下，基于企业参与职业教育办学的市场不确定性、行为外部性和产品公共性特征，探究

① 陈天祥．人力资源管理［M］．广州：中山大学出版社，2001：195.

② 杨丽．企业科技人才技术创新激励研究［M］．北京：中国经济出版社，2009：27.

③ Jerry A. Jacobs, Jerry A. Jacobs. Commentaries on “The ‘What’ and ‘Why’ of Goal Pursuits: Human Needs and the Self-Determination of Behavior”［J］. Psychological Inquiry, 2000, 11 (4): 269－318.

财税政策激励企业参与职业教育办学的具体路径和效应，并综合评价我国现行财税政策的作用效果，在此基础上提出精准、可操作的财税激励政策建议，使职业教育产品供给达到社会最优水平，改变企业参与职业教育办学积极性结构性缺失的局面，以促进职业教育办学活力，适应经济社会新发展阶段、新发展理念、新发展格局的需求。具体包括：(1）解构行为，通过分析企业参与职业教育办学的行为目标与特征，建立企业行为动力机理系统，分析财税政策激励在其中的功能特征；(2）构建模型，在教育学、经济学、心理学、管理学等多学科理论及国内外学者在该领域已有研究成果基础上，打破学科界限、整合知识体系，构建财税政策激励企业参与职业教育办学的概念模型；(3）掌握诉求，通过个案访谈和问卷调查准确了解企业的核心诉求，厘清财税政策激励企业参与职业教育办学的具体路径和效应；(4）评价政策，通过分析不同类型财税政策对不同规模、产权性质、技术结构、生命周期、行业分布企业及不同政策目标作用效果的差异，对我国企业参与职业教育办学的现行财税激励政策进行综合评价；(5）提出建议，在上述研究基础之上，提出精准、可操作的企业参与职业教育办学的财税激励政策建议。

二、研究方法

一般而言，以应用为主的综合性研究要提供问题研究的理论基础和架构，更为重要的是在理论的指导下对问题进行科学解释，在经验研究基础上提出解决问题的建议和对策，即遵循“理论经验对策”的研究过程。基于此，本研究采用社会科学研究的基本方法，主要运用文献分析法、访谈法、问卷调查法、数据分析法等，确保研究成果建立在深入系统的理论研究、定性和定量有机结合的综合研究基础之上。

（一）文献分析法

本研究需要收集的理论、政策等文献资料，涵盖了中国、德国、英国、法国、日本等国家，有关政策资料既有国家层面的，还有地方层面，并且时间跨度较长。因此，不仅需要通过传统的文献收集方法，大量阅读相关著作、论文与政策文本，通过大量文献爬梳，整理可能的研究资源，还要适应文献资料馆藏数字化、网络化的特点，对传统的文献收集方法进行改进，一方面，通过中国知网、Web of Science 等数据库广泛查阅相关资料；另一方面，对于现代文献资料尤其是国外文献资料收集，各大档案馆与图书馆等学术机构都已经将馆藏文献进行数据化处理，即便不能提供全文，也能索引到文献目录。善于运用现代文献收集方法，能大大提高文献收集与研究效果。通过现代文献收集，对已有文献和理论、国内外现有政策文本充分梳理、概括，归纳分析相关研究成果，明确当前国内外理论研究与实践经验的现状与不足。

（二）访谈法

本研究采用半结构化访谈法，即按照一个粗线条式访谈提纲而进行的非正式的访谈。访谈对象为三类人群：（1）企业负责人、企业人事财务部门负责人、一线员工；（2）地方教育、财政、人力资源社会保障等有关部门负责人；（3）职业教育学界和财政学界的知名学者专家。访谈形式以面访调查为主，兼顾个别面谈和小组座谈，访谈结束后，为了深入、持续了解相关动态情况，通过电话访谈和邮件访谈持续关注。访谈内容主要涉及企业参与职业教育办学的基本情况、影响因素及财税政策影响等方面，访谈提纲详见附录1。另外，在开展访谈及其后续资料整理阶段，本研究实施了三角验证策略，即通过访谈获得新的信息后，再通过访谈其他人尤其是合作学校负责人和一线教师，或文献查询其他档案材料并进行交叉比对，整个访谈过程涉及3位研究者，不同研究者之间对获取的访谈资料也进行交叉比对，以此避免访谈获取信息的误差，提升访谈信度。① 通过访谈，对企业参与职业教育办学的核心诉求及财税政策激励问题有更加深入理解，为设计大样本调查问卷提供针对性资料和解决策略。

（三）问卷调查法

问卷调查法是国内外社会调查中广泛使用的一种研究方法。本书通过问卷控制式测量对所研究的问题进行度量，从而收集到所需的可靠资料。具体包括以下几个步骤：（1）量表设计，运用现代文献收集法系统梳理教育学、经济学、心理学、管理学等学科相关理论研究成果，尤其是参考现有研究中

---

① Siggelkow N. Persuasion with Case Studies［J］. Academy of Management Journal，2007，50（1）：20－24.

较为成熟的量表，设计出财税政策激励企业参与职业教育办学研究量表，结合对企业与学界有关人员的半结构化访谈，形成《财税政策激励企业参与职业教育办学调查问卷》初稿；（2）样本预测试，选取小规模样本实施预测试，根据回收问卷的效度分析、因子分析与信度检验结果，对变量测量题项做最终的筛选与完善，形成问卷终稿；（3）大样本调查，本研究的大规模问卷调查历经5个多月的时间，问卷发放主要通过微信、QQ等线上形式推送。期间，主要采取了以下策略：（1）依托中国职业技术教育学会城市职业技术教育委员会，重点向北京、上海、广州、杭州、南京、福州、厦门等职业教育发展情况较好的城市中相关职业院校合作企业推送；（2）依托宁波市职业技术教育学会向宁波市职业院校合作企业推送；（3）依托历届中国中青年职教论坛会务组、各级职业技术教育学会年会秘书处，以及职业教育类学术刊物杂志社向各会员职业院校合作企业推送；（4）选择微信、QQ联系人中有相关资源的同事、朋友、同学，以微信、QQ聊天形式进行问卷投放。

（四）数据分析法

本研究重点探讨财税政策与企业参与职业教育办学之间的内在逻辑与客观规律，因此通过问卷调查获取数据后，实证分析贯穿研究的全过程。主要包括：（1）变量描述性统计，对统计变量进行频数、集中趋势、离散程度与分布进行描述性统计分析，概括性描述各变量数据特征；（2）问卷量表检验，通过量表项目分析和效度、信度检验对问卷所编制量表指标的适切性或可行性进行检验；（3）结构方程拟合，运用结构方程对概念模型进行拟合，通过验证性因子分析探讨各变量之间的因果关系，对各模型进行参数估计；（4）模型拟合结果检验，对模型拟合结果进行组合效度、平均方差抽取率检验，从绝对适配度检验、增量适配度检验和简效适配度三个方面进行模型适配度检验；（5）变量回归分析，通过横向多维分组，运用相关性、多元回归分析不同类型财税政策对不同规模、产权性质、技术结构、生命周期、行业分布企业及不同政策目标激励效果的差异。

（五）系统论研究法

党的十九届五中全会把“坚持系统观念”作为我国“十四五”时期经济社会发展必须遵循的重要原则。一切事物、过程，乃至整个世界，都是由无数相互联系、相互依赖、相互制约、相互作用的事物和过程所形成的统一整体，企业参与职业教育办学的行为过程也不例外。本研究将问题放在系统中进行研究，从整体上、联系上、结构的功能上，精确考察研究对象整体与部分（要素）之间、部分与部分之间、整体与外部环境之间的关系，以求获得处理问题的最优解。[①] 本书涉及的系统分析主要包括两个方面：（1）将企业参与职业教育办学的动力机制放在企业人力资本投资的系统中进行分析，并通过系统解构，揭示财税政策激励企业参与职业教育办学行为动力系统的有序平稳循环运动和动态平衡的重要性和必要性；（2）以计划行为理论为基础，将财税政策激励放在企业参与职业教育办学的行为系统中进行分析，并构建三个概念模型，分析政府通过构建与企业的“委托—代理”关系，实现财税政策对企业参与职业教育办学的有效协调作用。

第五节　研究内容及框架

本研究根据研究目的与方法设计，跳出教育看教育，对财税政策激励企业参与职业教育办学进行跨学科、多视角研究，总体上按照“提出问题→分析问题→解决问题”的思路展开，具体研究技术路线如图 1 – 2 所示。

一、提出问题

本部分为研究提供一个内容梗概和逻辑框架，明确研究视角和方法，即本书的第一章绪论。具体内容：研究背景与意义、国内外相关研究综述、关键概念界定、研究目的与方法、研究内容及框架。其中，相关研究综述的国内部分主要包括企业参与职业教育办学的重要性、影响因素研究，职业教育的产品属性及其供给模式研究，企业参与职业教育办学的财税政策激励研究；国外部分主要包括德国、英国、日本等在该领域具有代表性的国家在企业参与职业教育办学的重要性、影响因素研究和财税政策激励研究，以期通过对相关研究成果的回顾性综述，为本书提供理论基础、方法借鉴和创新依据。

---

① 李秉德．教育科学研究方法［M］．北京：人民教育出版社，2005：302 – 308.

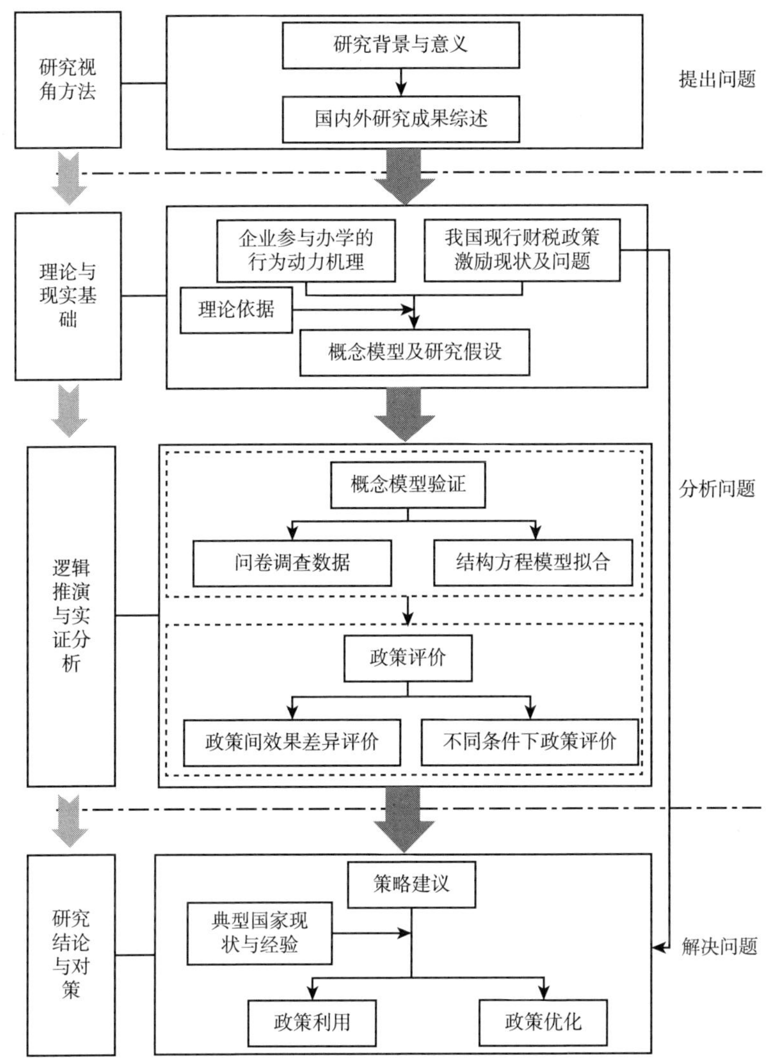

图 1－2　研究技术路线

二、分析问题

本部分根据图 1－3 所示的科学量化研究过程，设计本书的分析问题部分。主要包括理论与现实基础、逻辑推演与实证分析两部分，即本书的第二章现实基础、第三章模型构建、第四章实证验证、第五章政策评价。具体内容：第二章分析企业参与职业教育办学的目的和特点，建立企业行为动力系统，并通过系统解构，观察其内部现象，把现象抽象化，变成若干构念（概念），揭示财税政策激励在企业参与职业教育办学的行为动力系统中存在的重要性和必要性，在此基础上梳理我国企业参与职业教育办学现行财税政策激励的现状和存在的问题。第三章首先基于职业教育的跨界、整合、重构理论，以及企业参与职业教育办学市场的不确定性、行为的外部性和产品的公共性理论，解释财税政策激励企业参与职业教育办学现象。在此基础上，运用计划行为理论、委托—代理理论、期望理论、财税政策的作用机理进行构念之间的关系解释，构建财税政策激励企业参与职业教育办学的概念模型。与此同时，基于必然性和排他性原则从概念模型中推导若干研究假设，即如果理论是对的，一定会看见假设的结果（必然性），并且只有该理论才会产生预期的结果，看见结果就知道理论是真的（排他性）。第四章通过问卷调查方法获取相关资料与数据，并采用统计分析和结构方程对提出的概念模型和相应研究假设进行验证，从而分析财税政策对企业参与职业教育办学的激励路径和效应。第五章在概念模型验证的基础上，把建立的概念模型进行实际应用，通过横向多维分组，分析不同类型财税政策对不同规模、产权性质、技术结构、生命周期、行业分布企业，以及不同政策目标作用效果的差异，对我国企业参与职业教育办学现行财税激励政策进行综合评价。

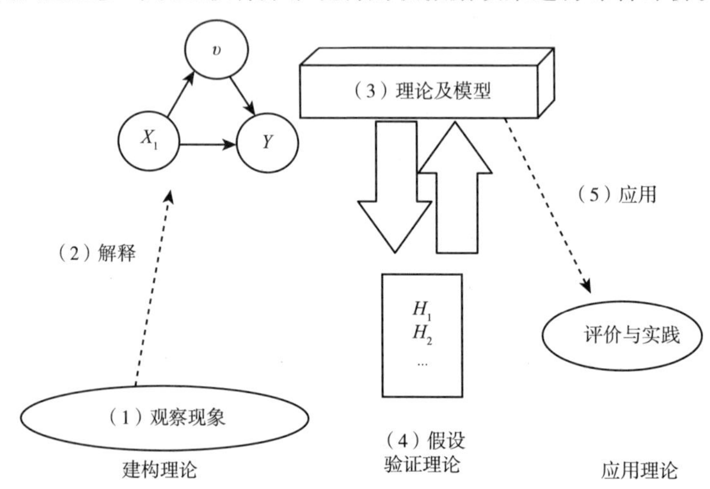

图 1－3　科学的量化研究过程

资料来源：罗胜强，姜嬿．管理学问卷调查研究方法［M］．重庆：重庆大学出版社，2004：11－12.

三、解决问题

本部分为研究的结论与对策，也是整个研究的归宿，即本书的第六章策略建议、第七章结论与展望。具体内容：第六章首先系统梳理了德国、英国、日本、法国等典型国家企业参与职业教育办学运行机制及财税激励政策体系构成，在第四、第五章实证分析结论的基础上，从政策利用和政策优化两个维度，提出完善我国企业参与职业教育办学财税激励政策的相关建议。第七章归纳本研究的主要创新点与结论，并与相关研究对比分析，找出本研究存在的局限性，在此基础上提出未来进一步研究的建议。

第二章　财税政策激励企业参与职业教育办学：现实基础

本章从企业人力资本投资的视角出发，分析企业参与职业教育办学的目的和特点，建立企业行为动力系统，并通过系统解构，观察其内部现象，把现象抽象化，变成若干构念（概念），揭示财税政策激励在系统中存在的重要性和必要性，并梳理我国现行财税政策激励的现状和问题。

第一节　企业参与职业教育办学行为分析

企业行为是企业作为市场主体对经营环境变化的刺激所作出的现实反应，由特定的外部环境和内部结构两个方面因素决定。[①] 因此，理解企业参与职业教育办学的行为应注意以下两点：（1）企业参与职业教育办学是为获得人力资本实现企业保值增值的主导性行为决策。供给侧结构性改革下企业发展新旧动能的转换，促使企业对人力资本要求的更新与提升。在此背景下，企业在职业教育办学中的角色定位，贯穿于预测、目标、执行、控制和考核等办学的全过程，并从办学的旁观者、参与者上升为领导者和实践者，逐步确立在职业教育办学中的主体地位。（2）企业不是仅仅作为职业教育办学主体孤立存在，而是处于外部经营环境和内部治理结构有机联系的闭环系统之中。企业作为经济社会发展的基本单元，既是职业教育产品的需求方，又是供给方，同时，在需求与供给之间的持续性生产过程中提供动力源和质

① 周扬明．中国企业行为的经济分析［M］．北京：经济管理出版社，2002：3.

量保障。因此，企业参与职业教育办学的行为分析不仅需要关注企业所处的外部客观环境、内部人力资本存量及其构成，还必须以此为基础，合理制订战略和计划，并有效组织实施，以增加人力资本存量、优化人力资本结构，最大限度地发挥企业自身优势。

一、企业参与职业教育办学的目标

近年来，随着我国职业教育的快速发展，办学体制更加健全、育人机制更加完善、内涵质量更加提升、服务能力更加增强，企业在职业教育办学中的主体地位日益显现。据统计，截至2020年底，已将常州、郑州、景德镇等21个城市列入国家首批产教融合试点城市，将宝武集团、光大集团、海尔集团等20余家中央企业和特大型民营企业纳入首批国家产教融合型企业建设试点，组织各地培育产教融合型企业约800家，构建了以城市为节点、行业为支点、企业为重点的产教融合新模式，成立1500个职业教育集团，3万多家企业参与了职业教育，分4批遴选了300家职业教育培训评价组织，绝大多数是行业龙头企业、“小巨人”企业，证书获5000家以上企业认可，现代学徒制试点参与企业达2200多家。①

根据莱瑟姆等（Latham et al.，1979）对目标设置理论的阐述，② 企业参与职业教育办学行为目标的设定，是研究财税政策激励企业参与职业教育办学的前提。作为本研究的逻辑起点，假设所研究对象——企业是“理性”的。惠丰延（2014）引用罗宾斯（Robbins）的观点“用正确的方式做正确的事情”来定义“理性”，并把理性区分为基本理性和经济理性，前者是指为生存和繁衍的目的而行为，而后者则是用高效率的方式来做正确的事情。③企业行为是放大了个体行为，企业要想生存与发展，其基础只能是利润，没有利润，企业根本无法生存，没有利润转化为投资，企业也根本不可能发展。在传统经济学理论中，企业已被模型化为以利润最大化为目标。而现代企业管理认为，企业经营活动的目的并不仅仅停留在短期的经济利润，而必

---

① 张烁．我国职业教育迈入高质量发展新阶段［N］．人民日报，2020－12－9（14）．

② Latham G P，Locke E A．Goal setting：A motivational technique that works！［J］．Organizational Dynamics，1979，8（2）：68－80．

③ 惠丰延．理性与企业行为［M］．上海：上海交通大学出版社，2014：211，215．

须具备知识经济时代所要求的多元目标融合，即追求价值的最大化，也就是将未来所有的预期利润折算为现值，最终通过企业的保值增值持续提升竞争力①

根据人力资本理论，教育是社会再生产和扩大再生产的必要前提，而教育投资是社会劳动力再生产的必要物质基础之一。② 企业参与职业教育办学作为一种生产性教育投资行为，通过与其他主体深入、持久合作办学，从中获得人力资本的高回报和高收益，包括最为基础的经济利益需求、通过体力与智力元素实现产品增值的技术需求、生存与发展的社会环境资本需求，以及生产实践经验方法与创新需求等。虽然这种投资回报时间可能较长，但这是能最大化地提升企业持续竞争力，实现企业增值的有力方式。那么，企业参与职业教育办学既然是投资行为，就必然存在投资价值问题，只有当收益大于成本，投资才能体现价值，投资决策才能得以持续，采取实际行动的可能性也才会越大，否则将在市场环境中自行终止或被其他的投资形式所替代。在现代企业管理理论中，企业人力资本投资收益的分析方法包括净现值法、现值指数法、内含报酬率法、投资回收期法、会计收益法以及经验公式法等，其中净现值法由于体现了企业人力资本投资过程中的现金流量情况而广泛适用。③ 企业参与职业教育办学价值用净现值法表示如下：

假设企业参与职业教育办学第 t 期的现金流出量 C_t，风险调整后的投入贴现率 r，办学总期数 n，现金流出总量 TC，得：

$$TC = C_1 + \frac{C_2}{1+r} + \frac{C_3}{(1+r)^2} + \cdots + \frac{C_n}{(1+r)^{n-1}} = \sum_{t=1}^{n} \frac{C_t}{(1+r)^{t-1}} \tag{2-1}$$

企业参与职业教育办学可以产生效益后即预期回收期限内第 i 期的现金流入量 R_i，风险调整后的收益贴现率 g，预期回收期限 N，现金流入总量 TR，得：

---

① 安佳．管理经济学［M］．北京：北京邮电大学出版社，2007：8－9.

② 林荣日．教育经济学［M］．上海：复旦大学出版社，2001：97.

③ 张文贤．人力资本［M］．成都：四川人民出版社，2008：205－207.

$$TR = \frac{R_1}{(1+g)^{n+1}} + \frac{R_2}{(1+g)^{n+2}} + \cdots + \frac{R_N}{(1+g)^{n+N}} = \sum_{i=1}^{N} \frac{R_i}{(1+g)^{n+i}} \tag{2-2}$$

由式（2-1）和式（2-2）可得企业参与职业教育办学的净现值 π：

$$\pi = \sum_{i=1}^{N} \frac{R_i}{(1+g)^{n+i}} - \sum_{t=1}^{n} \frac{C_t}{(1+r)^{t-1}} \tag{2-3}$$

由式（2-3）可以看出，提高企业参与职业教育办学净现值即追求价值的最大化，与以下几个方面因素有关：（1）企业每一期的现金流出量 C_t 及参与办学总期数 n 与净现值 π 之间呈负相关关系。（2）预期回收期限 N 及该时间段内每一期的现金流入量 R_i 与净现值 π 之间呈正相关关系。（3）风险调整后的办学投入与收益贴现率 r、g，分别与净现值 π 之间呈正相关、负相关关系。

其中：C_t 值作为企业每一期的现金流出量，不仅包括企业参与职业教育办学各期以货币形式支付和物质资源直接现金流出，还包括这个过程中的间接成本，即放弃的其他投资途径的最大可能性收益所产生的间接现金流出。

n 值为企业参与职业教育办学的总期数，很大程度上反映了企业参与办学的方式与层次。与净现值 π 呈负相关关系，说明参与办学的时间长度与其价值存在负相关关系。

R_i 值为企业参与职业教育办学在预期回收期限内，所得到的与人力资本投资有关的资金回流的总和。

N 值为企业参与职业教育办学预期回收期限，与净现值 π 呈正相关关系，即企业参与职业教育办学产生效益的时间段越长，其净现值越大。还可以看出，随着 N 取值的增加，第 i 期现金流入量 R_i 折算后的收益价值越小，也就是说随着回报时间的增加，企业参与职业教育办学获得的现金流入量越会出现边际递减效应，这也为企业继续开展企业内培训提供了理论依据。

r 与 g 值为风险调整后的人力资本市场的贴现率，其大小取决于企业承担的风险程度及人力资本市场的条件。一般情况下，以银行存款利率和贷款利率分别作为依据。不过，企业参与职业教育办学作为一种高风险的生产性投资行为，应通过风险调整贴现率法（RADR）采用较高的贴现率计量价值的净现值。通常情况下，企业的投入贴现率较为固定，收益贴现率则由于较高的办学风险溢酬而往往高于办学投入贴现率。例如，在访谈中有企业反映在接收学生实习过程中，基础条件设施投入要求不低，学生无法按照企业的要求同时上班和休假，可能影响正常的生产经营秩序，增加了安全管理风险，带来额外工作量，使企业的成本大幅度提高。

二、企业参与职业教育办学的特征

企业参与职业教育办学是企业在一定的外部环境和内部结构共同作用下，对人力资本需求所作出的现实反应，属于特殊的生产性投资行为。因此，与企业常规性的生产经营投入相比，企业参与职业教育办学具有明显的特性。概括而言，主要体现在以下几个方面。

（一）增加了成本

与普通教育相比，职业教育更强调实践性和合作性，办学成本更高、投入更大，研究表明，职业教育的办学成本超过普通教育的2倍。[①] 如前所述，企业参与职业教育办学成本不仅包括参与办学的直接会计成本，还包括间接的机会成本，并且由于更加强调与其他办学主体合作的深入性和持久性，企业无论在直接支出还是间接支出都将承担更多的办学成本。冉云芳（2019）研究结论显示，企业参与职业教育办学短期内会有盈利，投资回报率、短期净收益现值和短期内部收益率分别可以达到18.6%、4573.2元/人和12.7%，但具体到企业个体，有近50%的企业由于过重的成本投入，短期投资回报率、短期净收益现值和短期内部收益率出现负值或低于基准利率，而处于亏损状态。[②]

（二）提高了收益

在现代化经济条件下，人力资本投资的作用大于物力投资的作用。1900～

① 陈尚，唐斌．我国高等职业教育经费投入现状及对策［J］．职业教育研究，2008（10）：23－24.

② 冉云芳．企业参与职业教育办学的成本收益研究［M］．上海：华东师范大学出版社，2019：319.

1957 年，美国物力资本投资利润增长了 3.5 倍，而教育投资增加的利润远超物力资本投资，增长达到 17.5 倍。[①] 企业通过参与职业教育办学将企业的人才需求与职业教育人才培养自始至终高度融合，获得与企业需求相一致的技术技能人才，提高了企业劳动生产率，获得更多收益。

麦可思研究院《2019 年中国大学生就业报告》显示（见表 2－1），近 5 年来，全国大学毕业生数由 2014 年的 659.37 万人增长至 2018 年的 753.31 万人，增幅 14.25%；毕业生就业率由 2014 年的 92.1% 降低至 2018 年的 91.5%，下降 0.6 个百分点。其中，高职专科毕业生人数由 2014 年的 317.99 万人，增长到 2018 年的 366.47 万人，增幅 15.25%，毕业生就业率由 2014 年的 91.5% 增长到 2018 年的 92.0%，上升 0.5 个百分点。与此对应的是，普通本科毕业生人数由 2014 年的 341.38 万人，增长到 2018 年的 386.84 万人，增幅 13.32%，较高职专科（15.25%）低 1.93 个百分点，毕业生就业率由 2014 年的 92.6% 持续下降到 2018 年的 91.0%，下降 1.6 个百分点，相比之下增幅较高职专科（0.5 个百分点）低 2.1 个百分点。可以看出，具有职业属性的职业高等教育比普通高等教育更能有效地为社会带来人才红利。

表 2－1　　2014～2018 届大学毕业生数与就业率汇总

届别	毕业生数（万人）			就业率（%）		
	全国总体	高职专科	普通本科	全国总体	高职专科	普通本科
2014	659.37	317.99	341.38	92.1	91.5	92.6
2015	680.88	322.29	358.59	91.7	91.2	92.2
2016	704.18	329.81	374.37	91.6	91.5	91.8
2017	735.82	351.64	384.18	91.9	92.1	91.6
2018	753.31	366.47	386.84	91.5	92.0	91.0

资料来源：麦可思研究院．2019 年中国大学生就业报告［M］．北京：社会科学文献出版社，2019.

（三）增加了风险

企业参与职业教育办学的最大特点是投资无法转让，也无法回收残

① 靳希斌．教育经济学［M］．北京：人民出版社，1997：68－69.

值，一旦参与合作，若想再退出就需要付出很高的代价。表现最为突出的是，企业承担了投入成本，但收益却并非由企业独占，培养的技术技能人才往往流动性强，容易造成人力资本外流的风险。科技发展的周期缩短导致职业呈现复合趋势，职业教育人才培养指向不能仅仅限于单一岗位，而是面对岗位群或职业群。企业通过参与职业教育办学，培养与企业岗位更为匹配的技术技能人才，一定程度上有利于人才岗位就业的稳定性，但与此同时，这种高质量的人才培养模式，则在更大程度上提升了人才岗位胜任力和适应力的普适性，企业在获得人才培养高收益的同时，必将伴随着高风险。麦可思研究院《2019 年中国大学生就业报告》显示，2014～2018 年全国大学毕业生工作与专业相关度保持在 66%，其中高职专科仅为 62%，较大幅度低于普通本科毕业生 69%～71% 的水平，工作岗位与所学专业较低的相关度加剧了工作的不稳定性；全国大学毕业生半年内的离职率大约稳定在 33%～34%，其中高职专科达 42%～43%，大幅度高于普通本科毕业生 23%～24% 的水平；2014 年、2015 年全国大学毕业生三年内平均服务的雇主数 2.2 个，而高职专科达到 2.4 个，大幅度高于普通本科 2.0 个（见表 2－2）。如图 2－1 所示，近三年内转换职业和行业情况，2015 年大学毕业生的平均比例分别为 40% 和 43%，而其中高职专科高达 49% 和 50%，大幅度高于普通本科 31% 和 35% 的比例水平。

表 2－2　　2014～2018 届大学毕业生工作与专业相关度、离职率

届别	工作与专业相关度（%）			离职率（%）			三年内平均雇主数（个）		
	全国总体	高职专科	普通本科	全国总体	高职专科	普通本科	全国总体	高职专科	普通本科
2014	66	62	69	33	42	23	2.2	2.4	2.0
2015	66	62	69	34	43	24	2.2	2.4	2.0
2016	66	62	70	34	43	24	—	—	—
2017	66	62	71	33	42	23	—	—	—
2018	66	62	71	33	42	23	—	—	—

资料来源：麦可思研究院．2019 年中国大学生就业报告［M］．北京：社会科学文献出版社，2019.

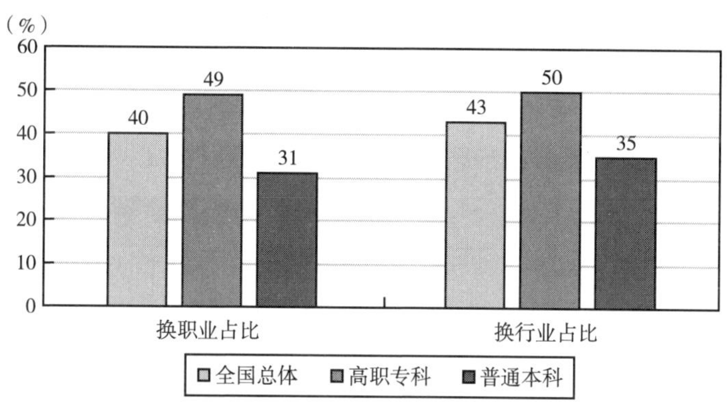

图 2－1　2015 届大学毕业生近三年内转换职业和行业比例

资料来源：麦可思研究院．2019 年中国大学生就业报告［M］．北京：社会科学文献出版社，2019.

（四）更长的时滞性

人力资本是体现在劳动者身上的一种隐形资本，如知识技能和文化技术水平等，生产与积累过程难度要远远超过显性的物质资本。如果要将人力资本转化为实质性效益，产生经济和社会价值，经营和操作复杂性远远超过物质资本。[①]“十年树木，百年树人”，由企业参与职业教育办学的行为目的可以看出，企业从投入到实现预期效益，通常需要一个较长的周期。企业作为职业教育的重要办学主体，最为明显的特点是参与程度更加深入、周期更长，因此投入回收期将更长，收益不可能立竿见影。也就是说，企业参与职业教育办学投入具有投入与产出更长周期的时滞性，通常需要经过多程序的复杂迂回曲折程序，将其转化为实质性的物质资本及物质资本扩张的能力来间接实现收益。

三、企业参与职业教育办学的动力机理

在企业参与职业教育办学行为分析基础上，根据系统思维方法构建企业参与职业教育办学的动力系统，探究其在人力资本投资系统中的动态循环规律。具体结构如图 2－2 所示。

① 高艳．企业人力资本经营研究［M］．北京：中国经济出版社，2011：61.

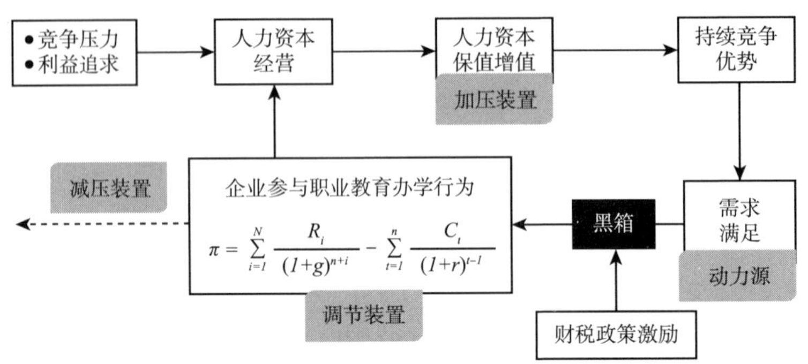

图 2-2　企业参与职业教育办学的行为动力系统

第一，动力系统原动力来自企业参与职业教育办学的需求满足。任何事物的发生、发展，内因是根据，外因是条件，外因只有通过内因才能起作用。因此，在要素自由流动环境下，企业参与职业教育办学动力源于企业内部动能。根据美国心理学家伍德沃斯（Woodworth）关于动力心理学的观点，企业参与职业教育办学的行为动机即需求满足在动力系统中的功能主要包括以下几个方面：（1）激发功能，激发企业参与职业教育办学的活力。（2）指向功能，使企业行为按照图 2-2 中箭头指向方向流动，并实现既定的系统目标。（3）维持和调节功能，使企业行为维持一定的时间，并对其动力强度进行调节。也就是说，企业参与职业教育办学在需求满足的驱动与牵引下，会想尽一切办法提升办学总收益 TR，降低总成本 TC，促使价值 π 实现最大化，增强企业人力资本投资能力，提升企业持久竞争力。（4）风险的客观存在，企业的行为在目的实现过程中，由于办学风险的存在，在客观上存在一部分办学收益不可避免地外溢。

第二，企业具备持续竞争优势是其参与职业教育办学的充要条件。由前文分析可知，企业通过参与职业教育办学提升了持久竞争力。并且，企业只有具备了持续竞争优势，才会进一步刺激企业的需求满足感，提高企业参与职业教育办学的行为能力。图 2-3 显示了企业生命周期与人力资本投资计划类型的关系，在市场经济条件下，市场竞争压力和利益追求驱使不同发展阶段企业，进行着不同的人力资本投资选择。处于形成期的小规模企业，一切都刚刚起步，发展过程中不确定因素多，往往倾向于一些调整方便、期限短的、见效快的方式，并不会选择像参与职业教育办学这种高成本、高风险、长时滞性的形式，即使是与职业院校开展合作，也多为成本低、见效快的用工招聘或员工培训。随着企业的成长，企业内部逐渐形成了某些固定的特征，尤其是到成熟期，企业在市场中具备持续的竞争力，可以较清楚地预见多种可能情况的发生，在此基础上形成长期人才战略规划，这时企业参与职业教育办学并发挥办学主体作用的行为才有可能形成。

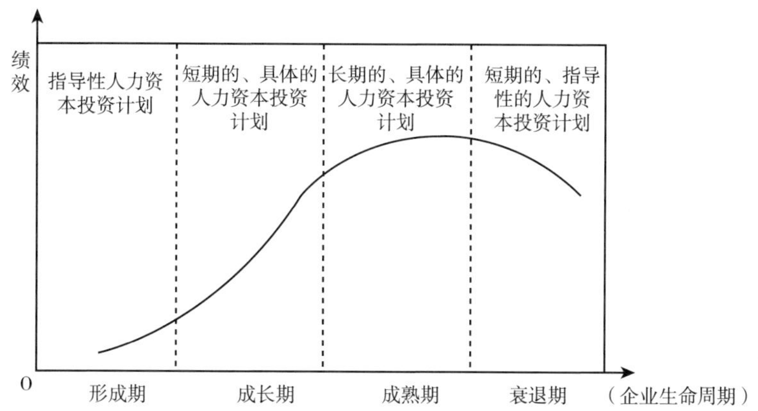

图2－3　企业生命周期与人力资本投资计划类型关系

资料来源：吴国存．企业人力资本投资［M］．北京：经济管理出版社，1999：48.

第三，企业参与职业教育办学动力系统内各组成要素即“装置”的相互联系、协调配合，保障了办学动力在系统内的畅通循环运行。根据功能的不同，可将系统内各装置划分为“动力源”“加压装置”“减压装置”“调节装置”，具体功能如下：（1）动力源来自企业内在的需求满足，为整个循环系统提供动力；（2）加压装置产生于企业参与职业教育办学，提升了人才培养质量，进一步促进人力资本保值增值，进而对企业动力进行补充；（3）减压装置是企业参与职业教育办学的过程中由于风险的客观存在使企业的人力资本投资出现收益外溢，办学动力流失减弱；（4）调节装置是企业基于理性适时调整自身参与职业教育办学的行为与方式。

第四，系统内形成了一个强者愈强、弱者愈弱的具有“马太效应”（Matthew Effect）的动力循环。在完全竞争市场条件下，动力源可以保障动力在系统内的畅通循环运行，实现人力资本市场资源配置的帕累托最优。但实际上，由于减压装置的客观存在，使企业参与职业教育办学一部分收益外溢，帕累托最优的资源配置状态被打破，系统内动力减弱。在这种情况下，企业在理性驱使下会极力保证向人力资本经营的收益输出，为解决这一矛盾，调节装置只有通过调低 n 值来提高系统内动力，调低 n 值即办学总期数减少，人才培养质量受到影响，使得加压装置功能降低，企业的持续竞争力降低，动力源与办学动力将进一步减弱。此时，系统内的动力循环需要政府政策干预支持。当政府通过财税政策激励手段使系统内动力得到显著增强时，调节装置在保证向人力资本经营输出收益充足的前提下，开始通过增大 n 值适当调低动力，增加 n 值即提升了办学层次，促进了人力资本的更大增值，进一步激活了加压装置，这样企业获得更强的需求满足感，最终使得动力源更为强劲。

第五，企业内部动能转化为参与职业教育办学的实际行为，需要经历一个看不透的“黑箱”过程。根据前面分析，仅仅了解到企业只有具备持续竞争力才有可能参与职业教育办学，处于成熟期的企业相比形成期和成长期的企业，参与职业教育办学的意愿更强。至于企业内部动能转化为办学实际行为的内部结构是什么？受哪些因素影响？财税政策激励的干预手段在其中扮演了怎样的角色？路径又是怎样的？对于不同类型激励方式，财税政策作用效果又有何差异？这些问题则不得而知。根据系统论思想，这就需要在企业参与职业教育办学这个动力系统中设计一个模型，对企业内部动能向办学实际行为的转化进行模拟，使在同样输入作用下，输出与模拟对象相同或相似的结果。

第二节　我国现行财税政策激励现状分析

解开企业参与职业教育办学动力系统财税政策激励“黑箱”之谜，财税政策的梳理分析是必备环节。近年来，我国各级政府出台了一系列政策措施，不断加大财政投入和实施税收优惠，提升企业在职业教育办学中的主体地位。“十三五”期间安排中央投资 200 亿元、地方政府专项债券 7 批次，带动社会投资 1600 多亿元，支持建设了 1000 多个产教融合实训基地，扩充了约 400 万名学生的实训需求。本部分对这些政策文本进行收集整理，并从利益相关者视角对政策材料开展文本分析，探讨我国企业参与职业教育办学现行财税政策激励的现状和基本特征。

一、政策文本收集与处理

本研究运用 NVivo11 软件对我国企业参与职业教育办学现行有效的财税激励政策文本进行特征词量化，并通过比较分析与综合提炼，挖掘及检索政策文本信息。收集整理现行有效财税政策文本的途径，主要是通过对国家税务总局税收法规库①、财政部财政法规数据库②及全国除港澳台外 31 个省份政府部门网站中所列税收与财政政策文本条款进行逐一比对筛选。截至 2021 年 5 月，收集整理到相关有效政策文本 70 余份。其中，以国务院及其直属机构、中央各部委为发文单位的国家层面财税政策文本 20 余份，省级及以下财税政策文本 50 余份。从出台时间看，这些政策的出台发布时间主要集中在 2015 年和 2018 年，如图 2－4 所示。

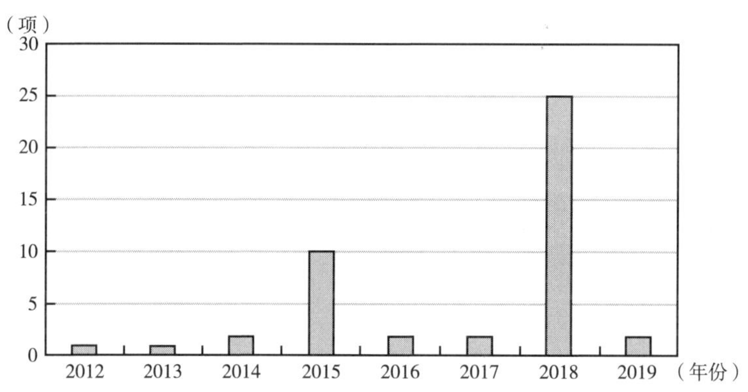

图 2－4　2012～2019 年政策文本出台时间统计

NVivo 软件是美国 QSR 公司开发的一款定性数据分析软件，应用广泛，主要用于质性研究中的材料分析。NVivo 软件能够助力研究者完成对文字、图片、声音、视频等研究素材的收集、整理、分析及呈现，提高质性研究的严谨性、信实度和趣味性。③ 具体到本研究的政策文本处理实际，首先运

---

① 国家税务总局税收法规库，http：//www. chinatax. gov. cn/chinatax/n810346/n810825/index. Html.

② 财政部财政法规数据库，http：//fgk. mof. gov. cn/law/jsp/firstPage/main. jsp.

③ 刘世闵，李志伟．质性研究必备工具：NVivo 之图解与应用［M］．北京：经济日报出版社，2017：4.

用软件中的聚类分析功能对所收集的政策文本进行分析，按照单词相似性聚类，政策文本被大致分为校企合作、产教融合、职业教育等三类。其次，对政策文本按照三级编码的流程进行材料编码。主要包括手动方式的开放编码（共编码政策文本59项，参考点607项），按照政策涉及的企业、企业员工、学校、学生、教师等利益相关方进行二级编码，按照财税政策的类型进行三级编码等三个步骤。

二、国家层面政策分析

根据政策文本梳理可知，我国支持企业参与职业教育办学现行有效政策主要集中于《国务院办公厅关于深化产教融合的若干意见》和《职业学校校企合作促进办法》两项政策文本之中。对这两项政策文本进行节点编码，结果如图2－5、图2－6所示。可以得出这两项政策文本的特点：（1）政策覆盖面广，包括企业与学校双主体利益相关方的诉求。（2）政策手段丰富，从过去的使用单一的财税政策手段，发展为如今的财政、税收、金融、保险、规费、土地、政府采购等全方面，多维度支持。（3）政策面向全流程，根据职业教育产教融合、校企合作的不同办学形式，从学校举办、校园建设、学生实习，以及企业职工培训、合作开发等方面均设计了针对性的激励措施。

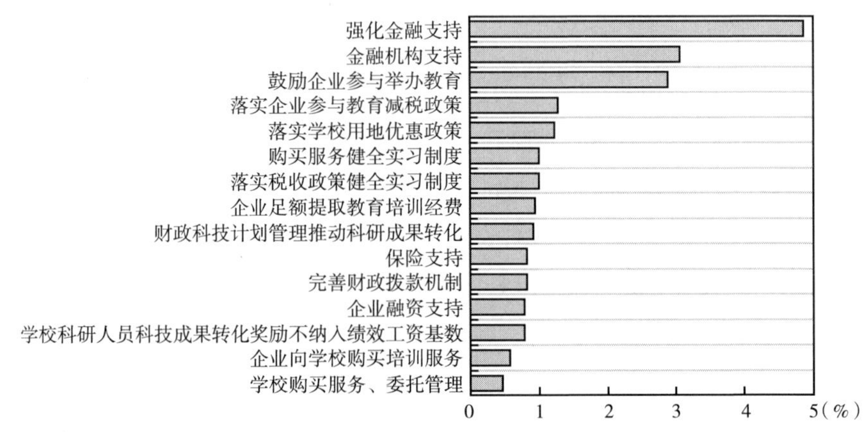

图2－5 《国务院办公厅关于深化产教融合的若干意见》节点编码

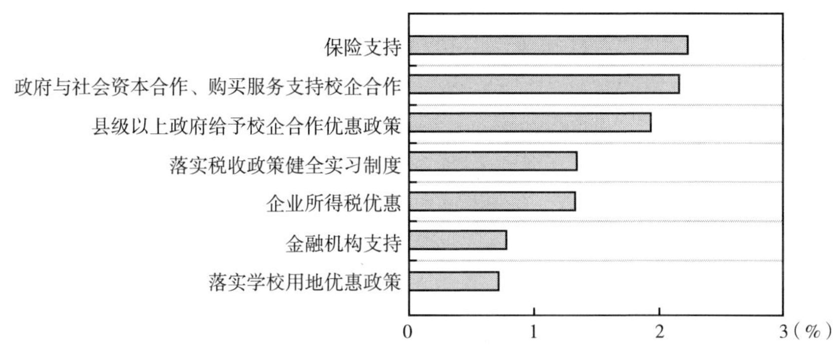

图2-6　《职业学校校企合作促进办法》节点编码

通过对这两项政策文本中有关财税政策的溯源梳理，发现主要包括以下20余项现行有效的财税政策条款，涉及企业职工教育培训、社会职业培训、校企合作、产教融合型企业建设培育试点等多个方面。具体情况如表2-3所示。

表2-3　　我现行国家层面财税政策条款汇总

政策类型	政策名称	政策内容
促进企业职工教育培训的财税政策	财政部、全国总工会等部门关于印发《关于企业职工教育经费提取与使用管理的意见》的通知	切实执行《国务院关于大力推进职业教育改革与发展的决定》（国发〔2002〕16号）中关于“一般企业按照职工工资总额的1.5%足额提取教育培训经费，从业人员技术要求高、培训任务重、经济效益较好的企业，可按2.5%提取，列入成本开支”的规定，足额提取职工教育培训经费。企业应按规定提取职工教育培训经费，并按照计税工资总额和税法规定提取比例的标准在企业所得税税前扣除。当年结余可结转到下一年度继续使用
	财政部、国家税务总局关于企业职工教育经费税前扣除政策的通知	企业发生的职工教育经费支出，不超过工资薪金总额8%的部分，准予在计算企业所得税应纳税所得额时扣除。超过部分，准予在以后纳税年度结转扣除
	财政部、人力资源社会保障部关于实施企业稳岗扩岗专项支持计划的通知	加快落实失业保险稳岗返还政策，支持参保企业不裁员、少裁员。其中，对中小微企业，2020年12月31日前返还标准最高可提至企业及其职工上年度缴纳失业保险费的100%。对中小微企业吸纳就业困难人员、零就业家庭成员、离校两年内高校毕业生、登记失业人员就业，并开展以工代训的，可根据吸纳人数给予企业职业培训补贴。对受疫情影响出现生产经营暂时困难导致停工停业的中小微企业，组织职工开展以工代训的，可根据组织以工代训人数给予企业职业培训补贴。各地可结合实际情况，将受疫情影响较大的外贸、住宿餐饮、文化旅游、交通运输、批发零售等行业补贴范围扩展到各类企业

续表

政策类型	政策名称	政策内容
促进企业社会职业培训的财税政策	中国残疾人联合会、国家发展和改革委员会、民政部、人力资源社会保障部、国家卫生计生委、国家税务总局、国家中医药管理局关于印发《残疾人就业促进"十三五"实施方案》的通知	加大就业资金和残疾人就业保障金对残疾人职业培训的投入，对城乡残疾人参加职业培训的按规定给予职业培训补贴，通过职业技能鉴定取得职业资格证书的，按规定给予职业技能鉴定补贴
	财政部、人力资源社会保障部关于印发《就业补助资金管理办法》的通知	贫困家庭子女、毕业年度高校毕业生（含技师学院高级工班、预备技师班和特殊教育院校职业教育类毕业生）、城乡未继续升学的应届初高中毕业生、农村转移就业劳动者、城镇登记失业人员等五类人员培训后取得职业资格证书或职业技能等级证书的可给予一定标准的职业培训补贴
	人力资源社会保障部、财政部关于全面推行企业新型学徒制的意见	企业在职职工（含见习期）参加新型学徒制培训的，给予企业每人每年4000元以上的职业培训补贴。对参加学徒培训的就业困难人员和毕业年度高校毕业生，按规定落实社保补贴政策
	国务院办公厅关于印发职业技能提升行动方案(2019—2021年)的通知	从就业补助资金、地方人才经费和行业产业发展经费以及失业保险基金结余中拿出经费用于职业技能提升行动
促进企业参与职业教育校企合作的财税政策	财政部、国家税务总局关于校办企业免税问题的通知	校办企业生产的应税货物，凡用于本校教学、科研方面的，经严格审核确认后，免征增值税
	财政部、国家税务总局关于社会力量办学契税政策问题的通知	由企业事业组织、社会团体及其他社会和公民个人利用非国家财政性教育经费面向社会举办的学校及教育机构，承受土地房屋权属于教学、科研的，免征契税等
	财政部、国家税务总局关于教育税收政策的通知	对国家拨付事业经费和企业办的各类学校、托儿所、幼儿园自用的房产、土地，免征房产税、城镇土地使用税。对财产所有人将财产赠给学校所立的书据，免征印花税
	财政部、国家税务总局关于企业支付学生实习报酬有关所得税政策问题的通知	凡与中等职业学校和高等院校签订三年以上期限合作协议的企业，支付给学生实习期间的报酬，准予在计算缴纳企业所得税税前扣除
	国务院关于加快发展现代职业教育的决定	对举办职业院校的企业，其办学符合职业教育发展规划要求的，各地可通过政府购买服务等方式给予支持
	教育部关于深入推进职业教育集团化办学的意见	要落实好教育、财税、土地、金融等政策，支持集团内企业成员单位参与职业教育发展。各地要多渠道加大投入，通过政府购买服务等形式支持职业教育集团发展

续表

政策类型	政策名称	政策内容
促进企业参与职业教育校企合作的财税政策	财政部、国家税务总局关于进一步明确全面推开营改增试点有关再保险、不动产租赁和非学历教育等政策的通知	增值税一般纳税人提供非学历教育服务，可以选择适用简易计税方法按照3%征收率计算应纳税额
	财政部、国家税务总局关于明确金融、房地产开发、教育辅助服务等增值税政策的通知	一般纳税人提供教育辅助服务，可以选择简易计税方法按照3%征收率计算缴纳增值税
	财政部、国家税务总局、科技部关于完善研究开发费用税前加计扣除政策的通知	企业委托外部机构或个人进行研发活动所发生的费用，按照费用实际发生额的80%计入委托方研发费用并计算加计扣除，受托方不得再进行加计扣除
	财政部、国家税务总局关于公益性捐赠支出企业所得税税前结转扣除有关政策的通知	企业通过公益性社会组织或者县级（含县级）以上人民政府及其组成部门和直属机构，用于慈善活动、公益事业的捐赠支出，在年度利润总额12%以内的部分，准予在计算应纳税所得额时扣除。超过年度利润总额12%的部分，准予结转以后三年内在计算应纳税所得额时扣除
	财政部、教育部关于印发《现代职业教育质量提升计划资金管理办法》的通知	现代职业教育质量提升计划资金重点支持职业学校开展“1+X”证书制度试点；支持有条件的地方探索通过政府和社会资本合作模式等加强职业院校实训基地建设，以及推进产教融合、校企合作等职业教育改革发展相关工作
	人力资源社会保障部、财政部、教育部关于扩大院校毕业年度毕业生参加职业技能培训有关政策范围的通知	将职业技能提升行动专账资金补贴性培训对象扩大到普通本科高校、中高职院校（含技工院校）毕业年度毕业生。教育部门要将符合条件的院校、职业教育培训评价组织、职业技能等级证书清单统一提供给人力资源社会保障部门，纳入“两目录一系统”
对纳入产教融合型企业建设培育范围试点企业的财税政策	财政部关于调整部分政府性基金有关政策的通知	自2019年1月1日起，纳入产教融合型企业建设培育范围的试点企业，兴办职业教育的投资符合本通知规定的，可按投资额的30%比例，抵免该企业当年应缴教育费附加和地方教育附加。试点企业属于集团企业的，其下属成员单位（包括全资子公司、控股子公司）对职业教育有实际投入的，可按本通知规定抵免教育费附加和地方教育附加。试点企业当年应缴教育费附加和地方教育附加不足抵免的，未抵免部分可在以后年度继续抵免

三、地方政府层面政策分析

为了深入推进企业参与职业教育办学，多地相继出台了相关文件，加大了政策供给和指导。这些政策文件既体现了国家层面政策的配套落实，也体现了地方区域特色，对促进企业参与办学发挥了积极作用。2009 年，宁波市在全国率先出台了校企合作地方立法《宁波市职业教育校企合作促进条例》，2020 年进行了修改，规定市和区县（市）人民政府应当建立健全产教融合激励机制，通过财政资金投入、政府产业基金引导等方式，支持企业参与产教融合、校企合作，发挥企业在技术技能人才培养和人力资源开发中的主体作用，促进教育和产业体系的资源融合。江苏省于 2019 年出台全国首部省级职业教育校企合作领域的地方性法规《江苏省职业教育校企合作促进条例》，同年，山东省印发《关于完善校企合作办学收费政策促进高等学校创新发展的通知》，明确了校企合作办学全省统一指导收费标准。河北、江西、云南、河南等多个省份也相继针对企业参与职业教育办学制定了《职业学校校企合作促进办法》，深圳、青岛等多个城市出台了《关于促进职业教育校企合作的意见》《职业教育校企合作管理办法》《职业学校学生实习管理规定》等政策文件，指导和管理企业参与职业教育办学。本研究共收集地方政府相关政策文本 50 份，其中省级政策文本 44 份、地市级政策文本 6 份，分别来自 27 个省份。具体情况如表 2 -4 所示。

表 2 -4　　地方政府层面政策文本清单（节选）

地区	省市	文件名称	发文时间	发文单位
华北地区	北京	北京市人民政府关于加快发展现代职业教育的实施意见	2015 -11 -24	北京市人民政府
	天津	关于深化产教融合的实施方案	2018 -9 -30	天津市人民政府办公厅
	内蒙古	内蒙古自治区人民政府办公厅关于深化产教融合的实施意见	2018 -11 -12	内蒙古自治区人民政府办公厅
	河北	河北省职业教育校企合作促进办法（试行）	2018 -7 -26	河北省教育厅、发改委等部门
	山西	山西省职业教育校企合作促进办法（试行）	2015 -7 -27	山西省人民政府办公厅

续表

地区	省市	文件名称	发文时间	发文单位
华东地区	上海	上海市职业教育条例	2019－3－1	上海市人大
	江苏	江苏省职业教育校企合作促进条例	2019－3－29	江苏省人大
		苏州市职业教育校企合作促进办法	2014－9－1	苏州市人大
	浙江省	浙江省人民政府办公厅关于深化产教融合的实施意见	2018－11－14	浙江省人民政府办公厅
		宁波市职业教育校企合作促进条例	2009－3－1	宁波市人大
	福建	福建省人民政府办公厅关于深化产教融合十五条措施的通知	2018－12－11	福建省人民政府办公厅
	安徽	安徽省职业教育校企合作促进办法	2018－10－29	安徽省教育厅、发改委等部门
		安徽省人民政府办公厅关于深化产教融合的实施意见	2018－2－22	安徽省人民政府办公厅
	⋮	⋮	⋮	⋮

通过开放编码（一级编码），对政策文本中涉及财税政策激励企业参与职业教育办学的相关内容进行编码整理，结果如表2－5所示。可以看出，地方政府主要运用财政政策（256个参考点）和税收政策（102个参考点）两种激励手段。

表2－5　　编码统计

节点名称	材料来源	参考点
财政政策激励	42	256
税收政策激励	36	102
金融政策激励	30	39
用地政策激励	24	24

在开放编码的基础上，按照节点所作用的企业、企业员工、学校、学生、教师等利益相关方进行二级编码。最后，按照激励政策的类型进行三级编码，结果如表2－6所示。

表2-6　　　　编码及参考点统计

三级编码	二级编码	一级编码	参考点
财政政策激励	学校	财政支持实训基地建设、完善财政拨款机制、设立职业教育专项经费……	165
	企业	财政补贴企业培训、企业参与开发职业培训包给予就业资金补贴、购买服务健全实习制度……	111
	企业员工	企业足额提取教育培训经费用于一线职工培训……	30
	学生	紧缺、艰苦冷门专业学费减免，学生实习享受见习补贴3个……	15
	教师	财政资金用于教师进企业实践补贴……	1
税收政策激励	企业	落实企业参与教育减税政策、免征印花税、企业接受学生实习支出在应纳税额中扣除……	105
	学校	免征房产税、免征增值税、落实学校开展培训税收优惠政策……	62
	教师/学生	个人所得税优惠……	4
金融政策激励	企业	企业融资支持……	50
	学校	争取上级金融支持、金融机构支持……	38
	学生	保险支持……	25
用地政策激励	学校	落实学校用地优惠政策……	24
其他政策激励	企业	表彰和支持典型企业、鼓励企业参与举办教育、鼓励企业为职业院校提供资助和捐赠、支持非营利性民办职业学校……	89
	学校	简化科研仪器设备采购流程、校企合作收入可按一定比例纳入学校绩效分配、学校教师职业技能竞赛奖励、开展培训劳务收入不纳入单位绩效基数……	57
	教师	学校科研人员科技成果转化奖励不纳入绩效工及资基数、学校教师职业技能竞赛奖励、开展培训劳务收入不纳入单位绩效基数……	17

根据编码及参考点统计表，可以看出：

第一，从政策类型的维度，地方政府出台的激励政策全面且实施手段丰富。财税政策包括完善职业院校拨款机制、设立职业教育专项经费、财政支持学校实训基地建设、直接补贴、政府采购等；税收政策包括企业参与职业教育减税、企业接受职业院校学生实习支出在应纳税额中扣除、免征学校房产税等；金融政策包括争取上级金融支持、支持企业融资、为学生投保实习责任保险等。其他政策如企业投资或与政府合作建设职业院校的建设用地按科教用地管理等。总体来说，政府对企业参与职业教育办学给予重视并实施了全方位政策激励。

第二，从利益相关方的维度，企业与学校双主体利益相关方受到财税政策较为均衡的关注。财政政策方面，与企业直接有关的利益相关方的参考点数量分布为企业 111 个、企业员工 30 个，合计 141 个；与学校直接有关的利益相关方的参考点数量分布为学校 165 个、学生 15 个、教师 1 个，合计 181 个。税收政策方面，与企业直接有关的参考点数量为 105 个；与学校直接有关的参考点数量分布为学校 62 个、教师/学生 4 个，合计 66 个。总体来看，财税政策与企业直接有关的参考点数量总计 246 个，与学校直接有关的参考点数量总计 247 个，两者基本相当。另外，金融政策重点支持企业通过金融市场融资支持产教融合基地建设；用地政策重点支持学校扩大办学规模及企业办学的用地需求。总之，地方政府层面政策实施基本均衡地惠及了企业与学校两大办学主体，并进一步细化分解落实到企业员工、教师、学生等具体利益相关方。

四、政策激励特征分析

根据弗里曼（Freeman，1984）提出的利益相关者分析方法，[①] 结合已有相关研究成果，[②] 从权力、利益两个维度对我国职业教育校企合作现行激励政策中企业与学校双主体利益相关方的作用进行分析，结果如表 2 -7 所示。结合利益相关方权力—利益矩阵，绘制了我国现行激励政策中企业与学校双主体利益相关者的权力—利益矩阵，结果如图 2 -7 所示。

① Freeman R. E. Strategic management：A stakeholder approach［M］. Boston：Pitman/Ballinger，1984：11 -33.

② 逯铮. 利益相关者视角下高职院校产教融合的必然选择与发展路径［J］. 成人教育，2019（5）：75 -80.

表 2 -7　　职业教育办学中利益相关方权力利益分析

政策对象	权力		利益	
	高低	具体表现	高低	具体表现
学校	很高	参与职业教育办学全过程，探索职业教育办学模式，承担职业教育办学工作	很高	提高办学水平、保障招生就业、提升学校知名度和社会影响力
企业	很高	参与职业教育办学实施工作，参与实践教学、学生实习等工作，通过捐赠、资助等手段参与职业教育	较高	满足自身人才需求，提高企业职工技能水平，获得政策支持，了解职业教育发展动态，发现机会
教师	很高	参与职业教育办学各类标准制定，开展职业教育办学任务的实施工作	较高	提升自身专业技术水平，提高工资福利待遇
学生	较高	接受学校与企业的共同培养	很高	提高专业素养，获得更好的就业机会
企业员工	较高	参与职业教育办学工作	较高	提升技术水平，提高福利待遇

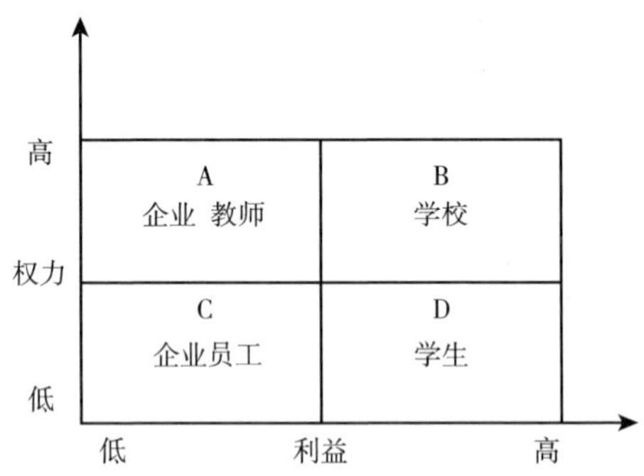

图 2 -7　基于利益相关方的权力—利益矩阵

权力—利益矩阵是根据企业与学校双主体利益相关方在职业教育办学中权力的大小，以及政策激励力度进行分类。这个矩阵呈现了政策激励中的各利益相关方之间的关系种类。

第一，关注处于 A 区的利益相关方：企业、教师。根据权力—利益理论，对 A 区应采取“令其满意”策略，在企业参与职业教育办学动力系统中体现了通过需求满足产生行为动机。从激励政策三级编码参考点统计可以看出，政府在政策激励方面给予了企业极大关注，税收支持、其他政策支持、金融支持方面排在第一位，在财政支持方面排在第二位，符合策略要求。教师作为校企合作的重要实施者，其参与度的高低关系着校企合作办学的质量，同时也有提高自身专业能力、获得相应福利待遇的期望，是关键的利益相关者，但在政策文本的财税支持政策中却较少涉及，且基本上是其他政策支持，与其在校企合作中的地位不符。

第二，关注处于 B 区的利益相关方：学校。根据权力—利益理论，对 B 区应采取“重点管理”策略。学校在职业教育办学中具有很高的权力，是关键财税政策作用对象。学校需要制订职业教育办学方案，负责职业教育办学全过程的实施与管理，是实施职业教育办学成果的重要受益者。从政策文本的分析来看，政府在财税政策中对学校的激励力度很大，财政激励、用地激励方面排在第一位，在税收激励、金融激励、其他政策激励方面排在第二位。政府对学校给予了极大的关注度，符合策略要求。

第三，对于 C 区的利益相关方：企业员工。根据权力—利益理论，应采取“花最少的精力来监督他们”策略。企业员工在职业教育办学中承担指导学生实践的责任，同时也能通过学校获取所需的理论知识，以提高自身能力水平。从对政策文本的分析可以看出，政府在财税政策中对于企业员工有一定的关注，在财政激励、税收激励及其他政策激励方面均有涉及，虽力度不大，但符合预期。

第四，对于 D 的利益相关方：学生。根据权力—利益理论，应采取“随时告知”策略。学生是职业教育办学的直接受益者之一，通过接受职业教育的培养，能够掌握企业所需的技术能力，获得较好的工作岗位和待遇。政府在财政、税收、金融等激励政策中均对学生有所涉及，基本体现了策略要求。

第三节　我国现行财税政策激励存在的问题

近年来，国家持续发力出台系列政策，各级政府立足优势、积极配合，多措并举积极探索，形成了较为完备的财税激励政策体系，据上述分析，与企业和学校直接有关的财税政策参考点数量基本相当，基本符合“令企业满意”的策略要求。然而，由于现行财税体制存在诸多不足之处，在执行过程中面临一些矛盾和问题，难以满足职业教育类型发展要求，如企业参与职业教育办学主体责任意识不强，投入缺乏积极性等。2016 年 11 月、2017 年 4

月，教育部办公厅分两批通报了职业学校违规组织学生顶岗实习的有关问题，指出存在校企合作企业捆绑设备和学习资源、违规向顶岗实习学生收取实习实训费，个别实习实训项目存在安排学生专业不对口、未按时足额发放学生生活补贴、强迫学生加班和上夜班等损害学生合法权益等问题，同时行业组织在实习实训中的中介和指导作用也非常有限。柳光强（2016）认为，政府与市场主体之间、政府职能部门之间的信息不对称，会导致政策效果与政策目标的不一致，[①] 本部分试图基于政府与企业、学校主体之间信息的不对称，结合企业参与职业教育办学特征，以及对企业的访谈调查情况，分析当前我国企业参与职业教育办学现行财税政策激励存在的问题。

一、政策的针对性方面

（一）对企业需求把握不准

通过企业访谈与调查发现，我国企业参与职业教育办学现行财政补贴与税收优惠措施没有很好地抓准企业的核心诉求，政策内容与企业行为需求对接程度不够精准。企业投入包括资产、经费、土地、生产资料等诸多方面，而现行财税政策在这些方面并未涉及或者涉及不深。具体而言：（1）固定资产投入方面，2019 年 4 月，财政部、税务总局联合下发《关于扩大固定资产加速折旧优惠政策适用范围的公告》，已将适用固定资产加速折旧优惠的行业范围扩大至全部制造业领域。然而，企业在参与职业教育办学过程中所使用的厂房、场地、仪器、设备和工具等固定资产则不能享受这一税收优惠政策，不利于提升企业积极性，更不利于企业对投入的教学硬件设备及时升级换代。（2）经费投入方面，如前面分析，企业参与职业教育办学明显提高了企业的经营成本。然而，针对企业高成本的经费支出，仅占其中很小部分的学生实习报酬和委托研发经费可以税前扣除，其余大部分的办学成本则不能享受优惠政策。（3）土地政策方面，企业参与职业教育发挥办学主体作用，区别于浅层次校企合作办学，对土地的需求越来越刚性。但在当前情况下，企业与职业教育办学有关的旧厂房使用抑或是建设新厂房，土地都不能以划

---

① 柳光强．税收优惠、财政补贴政策的激励效应分析——基于信息不对称理论视角的实证研究［J］．管理世界，2016（10）：62－71.

拨或其他优惠的方式取得，出让方式无倾斜支持，出让金缴纳无优惠，无法享受到土地因具有教育属性而应有的优惠。（4）生产要素方面，企业参与职业教育办学过程中发生的水、电、气等生产要素价格一般遵循国家工业用水、用电和非居民用天然气收费标准，而不能享受与学校同等的教育用水、用电、用气价格优惠政策。

（二）对企业特征把握不准

改革开放40多年来，伴随着我国经济体制改革走向全面深化改革的历史进程，财税体制也在不断进行适应性变革。然而，由于缺乏对市场主体的调查研究，“一刀切”政策忽视了企业的差异性特征，导致财税资源由于不能发挥最佳协调效用而造成浪费。[①] 我国企业参与职业教育办学现行财税激励政策同样存在缺乏对不同特征企业精准认定，忽略企业对不同类型财税政策差异化需求的问题。冉云芳（2019）研究结论显示，在参与职业教育办学过程中，不同特征、不同行业类别企业之间的投资回报率、净收益现值和内部收益率都存在较大差异。[②] 在企业访谈与调查中也了解到，处于形成期的小微型企业发展刚刚起步，不确定因素多，需要重点实施传递企业稳定预期的固定税收政策；而对于已经形成了某些固定特征，可以清楚预见未来情况处于成熟期的大中型企业，则适合实施目标性和针对性更强的项目化资金支持。例如，根据《关于企业职工教育经费税前扣除政策的通知》的规定，企业发生的职工教育经费支出，准予在计算企业所得税应纳税所得额时扣除比例，已由不超过工资薪金总额的2.5%提升至8%，然而，这些费用对于企业尤其是技术密集型或者资本密集型企业用于职工培养开支仍是杯水车薪。当前，参与职业教育办学企业在不同程度上存在发展不平衡、培育有待优化、结构存在差异化问题，现有政策优惠条款均未对这些差异化的企业特征充分体现，享受的政策与其他一般企业没有明显区别，这在很大程度上限制了现行政策的激励效果，对提升企业参与职业教育办学积极性造成了一定障碍。

---

① 楚波．摒弃“一刀切”，彰显治理精度［J］．决策探索，2019（1）：11.

② 冉云芳．企业参与职业教育办学的成本收益研究［M］．上海：华东师范大学出版社，2019：321－322.

（三）政策体系构成不合理

企业参与职业教育办学税收激励政策种类构成方面，我国现行政策中除对校办企业和企业举办特殊教育有少许增值税政策优惠外，绝大多数以所得税政策优惠为主。企业参与职业教育办学除了固定资产等物质投入外，还需投入大量的人力成本，这些成本不能作为进项税额抵扣，导致产品的增值额较大，达不到政策的激励目标。同时，这也与我国流转税为主、所得税为辅的税制模式不相符，2019 年，全国税收收入 157992 亿元，其中所得税（企业所得税和个人所得税）收入 47688 亿元，占比 30.18%；流转税（增值税、消费税和关税）收入 90720 亿元，占比 57.42%①。优惠方式构成方面，现行政策以减免房产税、土地使用税和教育费附加，以及企业所得税税前扣除等单一形式的直接性优惠为主，对于企业参与职业教育办学激励政策目标性更强的诸如加速折旧、加计扣除、投资抵免等间接性优惠政策明显不足。政策内容方面，根据前面政策现状分析，虽然《国务院办公厅关于深化产教融合的若干意见》《职业学校校企合作促进办法》等综合性政策文件涉及企业参与职业教育办学的各个方面和环节，但这些激励措施缺乏配套落地措施，部分制度在细化为具体政策、转化为过程实施等方面还需进一步加强，导致企业在具体申请时通常会遇到困难。例如，在相关条款中，要求地方政府在制定产业发展规划、产业激励政策、脱贫攻坚规划时，将促进企业参与校企合作、培养技术技能人才作为重要内容纳入等表述，只是对职业教育法相关条款的复述，并未体现具体激励措施。同时，各地方政府出台的政策，也存在对目标群体和优惠适用界定模糊的问题。例如，“校企合作专项资金”仅仅规定了筹集方式与用途，至于具体管理办法、分配方案、支持力度等均未明确规定。

二、政策的科学性方面

（一）政策立法缺乏统一性

职业教育法虽然以法律的形式规定“企业可以单独举办或者联合举办职

---

① 财政部国库司 . 2019 年财政收支情况［EB/OL］.（2020 - 02 - 10）［2020 - 04 - 29］. http：//www. gov. cn/shuju/2020 - 02/10/content_5476906. htm.

业学校、职业培训机构”“政府主管部门、行业组织应当组织、协调、指导本行业的企业、事业组织举办职业学校、职业培训机构”，但我国至今还没有一部关于企业参与职业教育办学统一专门性的财税法律法规，教育部等六部门出台的《职业学校校企合作促进办法》虽然从顶层设计的角度规定了企业在职业教育办学中的主体地位，但总体上只是一个部门规定性文件，约束性、强制性弱，缺乏制度刚性落实，且相关内涵界定、职责边界不清晰，企业参与职业教育办学的相关利益得不到财政、税收等政策的有效保障。企业参与职业教育办学的大多数激励政策条款分散于其他有关部委颁布的法规和政策性文件之中，这些政策条款不仅数量有限，而且多以通知、规定、办法、批复形式与其他激励政策配套下发，立法层次相对偏低，政策缺乏衔接性、稳定性和权威性，政策执行缺乏强制约束力。以国家有关职业教育战略的配套政策为例，《国务院关于大力发展职业教育的决定》作为指导我国21世纪初职业教育工作的纲领性文件，提出要求完善“政府主导、依靠企业、充分发挥行业作用、社会力量积极参与，公办与民办共同发展”的多元办学格局。然而，与此配套的财税政策仅有《关于企业支付学生实习报酬有关所得税政策问题的通知》《关于企业职工教育经费提取与使用管理的意见》两部。尔后，《关于加快发展现代职业教育的决定》正式提出命题“企业是职业教育的重要办学主体”，但未见国家层面出台相关财税政策激励配套措施。直至2019年4月，为落实《国家产教融合建设试点实施方案》《建设产教融合型企业实施办法（试行）》等文件精神，才随《财政部关于调整部分政府性基金有关政策的通知》出台了关于纳入产教融合型企业建设培育范围试点企业教育费附加优惠配套政策。

（二）部门职能交叉重叠

长期以来，我国教育部门管理地方政府审批设置中等职业学校、职业高中、职业技术学院（大学），人力资源社会保障部门则分级审批设置、管理技工学校、高级技工学校和技师学院，产教融合的牵头单位则是发展改革委，我国政府部门、企业（国有企业）在职业学校设立、教育标准制定、经费投入、政策支持等方面，职能交叉又各自为政、互不沟通[①]，影响了企业

① 陈子季．坚定不移实施好教育强国战略［M］．上海：华东师范大学出版社，2021：216.

参与职业教育办学资源的使用效果和完整职业教育体系的建立。例如，教育部根据《国务院关于加快发展现代职业教育的决定》“开展校企联合招生、联合培养的现代学徒制试点”的要求，于2014年印发了《关于开展现代学徒制试点工作的意见》，部署开展了“招生即招工、入校即入厂、校企联合培养”的现代学徒制试点；人力资源社会保障部则于同年印发了《关于推进技工院校改革创新的若干意见》，决定实施以“招工即招生、入企即入校、企校双师共同培养”为主要内容的企业新型学徒制试点，鼓励技工院校与企业共同合作开展学徒培训，其中涉及的职业技能提升行动专账资金在教育部门的现代学徒制不能互通。又如在“放管服”改革背景下，将技能人员水平评价由政府认定逐步改为实行社会化等级认定，接受市场和社会认可与检验。从2019年开始，在职业院校启动“学历证书+若干职业技能等级证书”制度试点工作。人力资源社会保障和教育部门分别在职责范围内负责管理监督考核院校外和院校内职业技能等级证书的实施（技工院校内由人力资源社会保障部门负责）。2019年，人力资源社会保障部、教育部联合印发《职业技能等级证书监督管理办法（试行）》，进一步明确了职业技能等级证书按照“三同两别”的原则管理，两部门目录内职业技能等级证书具有同等效力和待遇，在学习成果认定、积累和转换等方面具有同一效能。2021年5月，人力资源社会保障部、财政部、教育部共同印发《关于扩大院校毕业生参加职业技能培训有关政策的通知》，将符合条件的院校、职业教育培训评价组织、职业技能等级证书纳入“两目录一系统”，但在具体实施过程中，由于经费总量有限，部门间难以沟通，政策落地困难。

（三）管理体制尚未完全理顺

2002年，《国务院关于大力推进职业教育改革与发展的决定》提出建立职业教育工作部际联席会议制度，2004年由教育部、国家发展改革委、财政部、人事部、劳动保障部、农业部、国务院扶贫办等七部门正式建立职业教育工作部际联席会议制度，进一步加强对职业教育工作的领导，强化统筹协调，形成工作合力，2018年印发《国务院关于同意建立国务院职业教育工作部际联席会议制度的批复》，建立由国务院领导同志牵头负责的国务院职业教育工作部际联席会议制度。与此同时，很多省级行政部门也陆续建立了“职业教育工作厅际联席会议制度”、市县级行政部门建立了“职业教育工作局际（部门）联席会议制度”。这一制度的建立，促进了政府有关职能部门间的沟通与协调，增强了政府对职业教育的统筹管理。联席会议制度虽然各项规则相对明确，但从运行效果来看，各职能部门联合推进企业参与职业教育办学的作用有限，产教融合、校企合作政策执行中缺乏完善的第三方监测机构，不仅对企业未履行义务或履行不彻底没有具体的惩罚措施，而且对企业履行了相关义务条款，其本该享受的相应税收优惠或财政补贴也未能及时兑现。在企业访谈调查环节，很多企业呼吁政府各职能部门要加强沟通联系，出台的财税政策具备更强的可操作性，程序更加简化、申报更加便捷。另外，职业教育法虽然明确了职业教育实行“分级管理、地方为主、政府统筹、行业指导、社会参与”的管理体制，但一些地市级教育行政部门反映，在统筹多部门的培训规划和资金等方面仍存在着困难，需要上级相关部门的助推或国家顶层行政制度设计。

三、政策的公平性方面

（一）未充分体现市场作用

客观上讲，我国职业教育依然是“以政府为主体”的办学体系，职业院校和政府之间存在着严重的依附关系，一部分职业院校尤其是公办职业院校，将学校直接当成政府意志的附属与延伸，导致政府对职业院校内部管理干预过多。[①] 例如，《国家职业教育改革实施方案》规定，职业院校相关专业教师原则上从具有三年以上企业工作经历并具有高职以上学历的人员中公开招聘，特殊高技能人才（含具有高级工以上职业资格人员）可适当放宽学历要求。但在实际操作中，由于缺乏“双师型”教师的统一认定标准，现行财税政策对企业员工激励力度所限，企业中具备生产实践经验的技术技能人才在职业教育办学中很难以平等的身份担任学生实践课程教师。从访谈与调查中也可以看出，很多职业院校并没有建立与行业组织、企业等共同参与的学校理事会或董事会，有的学校虽然建立了理事会或董事会，但绝大多数并无权选举、聘任或者弹劾校长，无权决定学校发展的重大事项，使通过行业组织对企业参与职业教育办学的间接激励难以落实。除餐饮宿卫等后勤服务

---

① 杨进．论职业教育创新与发展［M］．北京：高等教育出版社，2005：6.

外，职业院校的大部分工作没有依靠市场机制进行管理，对股份制、混合所有制体制探索不够，没有制定允许企业以资本、知识、技术、管理等要素参与职业教育办学并享有相应权利的政策措施。

（二）办学事权与财权失衡

职业教育人才培养成本远高于普通教育，虽然中央推动各省在2016年建立了中职学校生均拨款制度，2017年实现了高职院校生均拨款水平达到1.2万元的目标，但未对中职学校生均拨款标准作出规定，各地高职生均拨款制度建设进度不一，职业教育财政性教育经费占教育经费总投入的比例，在各类各级教育中处于较低水平。部分地方没有落实“新增教育经费向职业教育倾斜”要求，职业教育经费增长速度低于同级教育经费增长速度。教育部、国家统计局、财政部发布的《关于2019年全国教育经费执行情况统计公告》数据显示，2019年全国职业教育一般公共预算教育经费3427.82亿元，较上年增长7.22%，增速低于全国教育一般公共预算教育经费8.3%的增速。2019年，全国高中阶段学校共有在校学生3994.90万人，其中中职学校在校生1576.47万人，占高中阶段在校学生总数的39.46%，但中职学校的经费投入仅占高中阶段教育经费总投入的33.85%；高等学校在校生3031.53万人（不含硕士、博士），其中高职在校生为1280.7万人，占高等学校在校生总数的42.25%，但高职学校经费投入仅占高等学校教育经费总投入的17.84%。不难看出，无论从保障水平还是增长速度，职业教育投入水平远低于普通教育。企业作为职业教育的重要办学主体，对于非常有限的财政性教育经费，却无管理与使用权。在现行的政策体系中，无论是以综合定额标准的生均公共财政预算经费支出（教育事业费支出和公用经费支出），还是对办学中各类基地建设、人才培养及特殊地区、行业的专项补助，抑或是其他财政经费的一次性补助，均是以职业院校为拨付对象，与教师学生数挂钩，管理权和使用权都在学校，即便是对于行业组织人才培养的补贴性财政资金，管理与使用权也与企业无关，导致学校发展以学生规模为首要目标，对就业重视不足，与劳动力市场、企业及行业需求联系不足。另外，行业企业举办的职业院校一般得不到公共财政的生均拨款支持，学费以外的办学经费需要企业从主营收入中拨款相助，全国超过60%的行业（企业）属公办高职院校未达到12000元的生均拨款水平。[①] 截至2020年底，除了山东省完善校企合作办学收费政策，以及浙江等省实行职业院校可按一定比例专业在基准标准基础上按不照过15%上浮自主制定收费标准等政策外，校企合作制度配套政策建设总体上较为缺乏，当地学校在校企合作办学制度尤其是收费标准、程序等无实践性指导意见，企业的办学支出得不到及时应有的补偿，背离了人才培养成本与风险分担的公平性。[②]

（三）小企业得不到有效保护

如前面图2-3企业生命周期与人力资本投资计划关系分析可知，处于形成期或成长期的小企业更需要得到培育与支持。《国务院办公厅关于深化产教融合的若干意见》提出要带动中小企业参与职业教育办学。《国家职业教育改革实施方案》进一步明确，2020年初步建成300个示范性职业教育集团（联盟），带动中小企业参与。小规模企业作为我国最大规模的市场主体，在拉动经济发展、促进就业、推动创新等方面具有很强的正外部性，我国小微企业占市场主体总数的90%以上，贡献了全国80%的就业、70%左右的专利发明权、60%以上的GDP和50%以上的税收，[③] 与其处于企业生命周期的形成期或成长期，规模小、资金不足、产品不成熟、品牌认知度低、抗市场风险能力弱的发展特点形成了鲜明的匹配落差。政府行为义理性缺失作为我国小规模企业负担较重的根源所在，亟须厘清政府与市场的资源配置格局与方式，需要通过财税政策稳定市场预期，降低市场主体交易成本，提升小规模企业人力资本生产要素投入，实现结构性转型与成长。[④] 由前面财税政策现状分析可以看出，我国企业参与职业教育办学现行财税激励政策不仅较少专门针对小规模企业，而且申请制度对企业规模设有准入门槛，如不申请或者条件未达到要求，就不能获得优惠政策。现有政策不能普遍适用于大部

---

① 任占营，童卫军．高等职业教育生均拨款制度实施困境与对策探析［J］．中国高教研究，2017（8）：101－105.

② 贾建宇．职业教育产教融合财政政策的国际借鉴研究［J］．职业技术教育，2019（27）：27－31.

③ 易纲．金融机构要考虑覆盖小微企业生命周期各个阶段［N/OL］．［2018－06－14］［2020－04－11］．http：news. cnstock. com/news，bwkx－201806－4234462. htm.

④ 陈旭东．中小企业税费负担根源剖析——基于政府行为目标的视角［J］．国家行政学院学报，2013（2）：99－104.

分市场主体，严重影响了政策普惠性。以国家发展改革委办公厅、教育部办公厅印发的《试点建设培育国家产教融合型企业工作方案》中规定的试点建设培育国家产教融合型企业的基本条件为例，无论从企业规模、经营情况，还是职业教育的带动引领能力，小规模企业都不可能达到，也就不可能享受对应的财税政策优惠。又如2020年6月，国家职业教育指导咨询委员会发布《职业教育培训评价组织遴选与监督管理办法（试行）》，也对职业教育培训评价组织在职业技能培训经验、证书考核规模等方面提出了明确的遴选要求。

第四节　本章小结

本章通过分析企业参与职业教育办学的行为目标和特征，解构行为动力机理，揭示出财税激励政策在动力系统中的功能与作用。在此基础上，结合访谈与调查情况，分析了我国企业参与教育办学现行财税政策激励的现状和问题，得出以下主要结论。

第一，企业参与职业教育办学作为一种企业行为，根据企业理性的假设，其本质上是一种追求价值最大化的市场行为。将企业的这一行为放置在企业人力资本投资的系统中分析，可以发现，系统内不同功能各装置的相互联系、协调配合，保障了企业参与职业教育办学动力的畅通运行与动态平衡。其中，动力源来自企业内在的需求满足，为整个循环系统提供动力；加压装置产生于企业参与职业教育办学，提升了人才培养质量，促进人力资本保值增值，进而对企业动力进行补充；减压装置是由于企业参与职业教育办学风险的客观存在，使企业的人力资本投资出现收益外溢，办学动力流失减弱；调节装置是企业基于理性适时调整自身参与职业教育办学的行为与方式。在完全竞争市场条件下，动力源可以保障企业参与职业教育办学动力在系统内的畅通循环运行，实现企业人力资本市场资源配置的帕累托最优。在实际运行过程中，系统内形成了一个“马太效应”动力循环，减压装置的客观存在使企业参与职业教育办学一部分收益外溢，帕累托最优的资源配置状态被打破，系统内动力越来越弱，动力循环需要财税政策干预，使动力达到越来越强的良性动态运行。

第二，我国激励企业参与职业教育办学现行有效财税激励政策中，国家层面政策文本20余项，涉及企业职工教育培训、社会职业培训、校企合作、产教融合型企业建设培育试点等方面；地方政府层面，截至2021年5月，绝大多数省份出台了专门的校企合作文件。20余个省份通过省政府或省政府办公厅出台相关意见。根据权力—利益矩阵理论可总结我国现行激励政策的基本特征：（1）激励政策对企业给予极大的关注，在税收、政策、金融激励方面排在第一位，在财政激励方面排在第二位，符合理论"令其满意"的策略要求；对教师关注较少涉及，且基本上是除财税政策外其他政策支持，与其在职业教育办学中的地位不符。（2）财税政策对学校的激励力度很大，在财政、用地激励方面排在第一位，在税收、金融、政策激励方面排在第二位，符合理论"重点管理"的策略要求。（3）财税激励政策中对于企业员工有一定的关注，在财政、税收等政策激励方面均有涉及，虽力度不大，符合理论"花最少的精力来监督他们"的策略要求。（4）政府在财政、税收、金融等激励政策中均对学生有所涉及，基本体现了理论"随时告知"的策略要求。

第三，由于职业教育办学主体之间信息不对称，当前我国企业参与职业教育办学现行财税政策激励存在如下问题：（1）政策的针对性方面，对企业的资产、经费、土地、生产资料等方面的需求把握不准，"一刀切"政策忽视了企业的差异性特征，税收种类、优惠方式、优惠内容等方面的政策体系构成不尽合理。（2）政策的独立性方面，政策条款分散、数量有限、立法层次偏低，人力资源社会保障和教育两个系统、两个部门之间职能交叉重叠，职能部门间的统筹管理体制尚未完全理顺，地方主体责任落实不到位。（3）政策的公平性方面，职业教育办学治理机制未充分体现市场作用，财政性经费投入少且企业的办学事权与财权失衡，小企业得不到有效保护，严重影响了政策的普惠性，社会力量参与积极性不高。

第三章　财税政策激励企业参与职业教育办学：模型构建

通过前面分析可以看出，企业参与职业教育办学内部动能转化为具体行动经历了一个“黑箱”过程。在这个过程中，“黑箱”在外部环境和内部结构包含哪些影响因素？财税激励政策在其中扮演什么样的角色？与其他影响因素之间是什么关系？又是通过何种激励路径？要回答这些问题，需要设计模型对“黑箱”进行模拟。基于此，本章在国内外相关领域已有研究成果基础上，梳理财税政策激励企业参与职业教育办学的理论依据，分析企业参与职业教育办学行为的影响因素，构建财税政策激励企业参与职业教育办学的概念模型，并提出包含于其中的若干研究假设。

第一节　财税政策激励企业参与职业教育办学的理论依据

为了构建财税政策激励企业参与职业教育办学的概念模型，本章将从企业参与职业教育办学和财税激励政策干预两个方面系统梳理相关理论依据。前者包括职业教育基于空间维度形态存在的跨界理论、基于功能维度价值存在的整合理论、基于目标维度指向存在的重构理论，后者包括企业参与职业教育办学市场不确定性、行为外部性和产品公共性等相关理论。

一、企业参与职业教育办学的理论依据

职业教育的科学研究包括职业教育学和职业科学两个方面，前者突出职

业对教育的影响，而后者则突出教育对职业的影响。[1] 职业活动是职业教育存在与发展的基础，它通过工作过程的复杂程度体现出岗位的专业化和专门化。职业科学作为整合学习和工作过程的科学，就是从关联学科所阐述的知识和方法及实际岗位工作过程中，系统提炼出符号化的教育职业。而职业教育所要研究的则是通过怎样的教育途径获取合适的工作岗位，即在生成性的教育过程与工作过程定向的职业科学，而非在专业科学基础上构建职业教学论，展开对职业教育学习问题的研究。[2] 职业教育富含的职业、职业科学和职业教学论等职业教育根本属性，是职业教育成为不同于普通教育的教育类型所使然。[3] 在整个过程中，职业教育表现出显著的形态跨界、价值整合和指向重构的类型特征，[4] 这也正是企业参与职业教育办学的本质表征。

（一）职业教育跨界理论

从教育形态存在的空间维度来看，职业教育体现为一种跨界的教育。即结构形式和办学格局由传统普通的学校一元主体独立育人，向现代职业教育学校与企业或其他社会机构双元或是多元主体协同育人转变。也就是说，职业教育在两个及两个以上空间框架下运行，体现为教育系统内部结构与外部结构相互耦合连接的参照系下实施的教育行为，成为企业眼中的教育（反映企业需求）、企业手中的教育（反映企业参与）和企业心中的教育（反映企业满意）。[5] 布尔迪厄等提出了“场”的概念，认为位置间客观关系构成的形构或网络即为“场”。[6] 这意味着，职业教育不仅要关注普通教育所注重的“教育—学校—学习”单侧形构场，还要关注普通教育较少顾及的“职业—企业—工作”另一侧形构场，以最终通过跨界要素对接，形成“工作—专门行业—教育”复合网络场生态。具体表现为：其一，职业教育跨越了企业与学校的主体界限，由此必须关注企业参与职业教育办学的体制机制存在。其二，职业教育

---

① 姜大源．职业科学辨析［J］．高等工程教育研究，2015（5）：155－162.

② 姜大源．职业教育专业教学论初探［J］．教育研究，2004（5）：49－53.

③ 姜大源．职业教育学研究新论［M］．北京：教育科学出版社，2007a：2－4，9.

④ 姜大源．跨界、整合和重构：职业教育作为类型教育的三大特征——学习《国家职业教育改革实施方案》的体会［J］．中国职业技术教育，2019（7）：9－12.

⑤ 杨进．论职业教育创新与发展［M］．北京：高等教育出版社，2005：265.

⑥ ［法］布尔迪厄，［美］华康德．实践与反思——反思社会学导引［M］．北京：中央编译出版社，1998：133－134.

跨越了工作与学习的层面界限，由此必须关注企业参与职业教育办学的表现形式存在。其三，职业教育跨越了职业与教育的领域界限，由此必须关注企业参与职业教育办学的属性规律存在。①

职业教育不是一个简单的事实结构，而应该是将其视为一个历史实体。确定职业教育及其外部经济社会环境的历史印记，是职业教育的文化基础，跨界的“学习模式”则是理解这一问题的关键。当职业技能在工作场所获得时，学习模式则具体表现为学徒模式。可以看出，企业“跳出企业看企业”参与办学成为职业教育的基础性特征，体现了职业教育“跳出教育看教育”的空间跨界，它注重主题导向的学习情境即与项目、案例、问题、任务相关学习情境的创设，充分发挥指导优先与建构优先两者的优点，② 客观上表征了“职业教育来源于企业”的职业教育的起源实质。在生产十分落后的手工业时期，职业教育诞生于“职业”的学徒制形式。《周礼·考工记》云：知者创物，巧者述之，守之，世谓之工。《管子·小匡》记载：是故士之子常为士……工之子常为工……商之子常为商。随着手工业的发展，自给自足的家庭手工业产生了职业分化的趋势。在我国唐代开始出现官办训练手工业工匠的制度，以及在中世纪的欧洲学徒制开始产生于行会之中。18 世纪 60 年代始于纺织工业化的工业革命，促使学徒制走向衰退，职业教育形式才逐渐转变为半工半读的学校教育。但是，职业学校作为一种新型的学校，只有一百多年的历史，还不能满足国民经济发展中所需人才的全部需要，根植于手工作坊的学徒制培养方式，尤其是针对某些特种艺人，还是具有较强的生命力。③ 综上所述，职业教育源于企业的起源实质，在本质上发展了企业参与职业教育办学的学习模式。

（二）职业教育整合理论

从教育价值存在的功能维度来看，职业教育体现为一种整合的教育，即在

---

① 姜大源．跨界、整合和重构：职业教育作为类型教育的三大特征——学习《国家职业教育改革实施方案》的体会［J］．中国职业技术教育，2019（7）：9－12.

② Böttger S. Lernort-Kooperationen-Neues Ausbildungskonzept für Beschichtungsexperten［J］. Jot Journal Für Oberflchentechnik，2002，42（5）：12－13.

③ 华东师范大学教育科学研究所技术教育研究室．技术教育概论［M］．上海：华东师范大学出版社，1985：1－7.

传统普通教育所关注的游离于经济社会发展之外、与职业实践脱节，仅满足个体的单一育人需求基础上，将支撑经济社会发展的产业需求融入其中，综合体现育人的个体价值、社会价值和经济价值。也就是说，不同于主要以升学为导向，通过形成概念、知觉、判断或想象等心理活动获取知识，并在学校范围内完成的普通教育，职业教育则是以适应岗位变化和产业发展需求为导向，与学校外部的经济社会紧密联系，强调通过行动来学习，[①] 在上述知识获取途径基础上，遵循资讯、计划、决策、实施、检查、评估这一完整的行动过程序列[②]，融入动手训练和技能开发，以适应产业结构更新换代的发展需求。这意味着，职业教育需要通过职业整合产业链与教育链，以实现育人的人本需求、社会需求和经济需求。职业之所以成为职业，是因为具有特殊的工作过程。而工作过程是在企业里为完成一件工作任务并获得工作成果进行的一个完整的工作程序。[③] 即企业作为职业的载体，企业参与职业教育办学体现了自然人通过职业成为社会人的社会融入载体、生涯发展媒介和天赋张扬平台功能。[④]

可以看出，职业教育作为技术、劳动与教育之间复杂关系的独立变量，将企业基于经济发展功利性与学校基于个性发展公益性的有机整合，客观上表现了教育与生产劳动相结合的职业教育程序特质。学徒制作为早期培养人的职业教育形式，与非职业的传统教育主要任务是读书、教育与生产劳动相互分离不同，学徒和师傅既是教育者又是劳动者，教育与生产劳动是紧密结合的。越来越多的劳动者今后适应职业变化的能力和生产劳动能力的提高，取决于自己接受进一步教育和培训的能力与机会。[⑤] 裴斯泰洛齐在西方教育史上首次将教育与生产劳动相结合看作和谐发展的基本途径，并付诸实

---

① Hopp M, Frede W. Handlungsorientiert lernen [M]. Konstanz: Dr. -Ing. Paul Christiani Verlag, 2002: 13.

② Sekretariat der staendigen Konferenz der Kultusminister der Laender in der Bundesrepublik Deutschland. Gemeinsames Ergebnisprotokoll betreffend das Verfahren bei der Abstimmung von Ausbildungsordnungen und Rahmenlehrplänen im Bereich der beruflichen Bildung zwischen der Bundesregierung und den Kultusministern (-senatoren) der Länderl) [EB/OL]. (1972-05-30) [2020-04-11]. http://www.kmk.org/fileadmin/veroeffentl-ichungen_beschluesse/1972/1972_05_30-Ergebnisprot-Ausbildungsord-rlpl.pdf.

③ 赵志群．职业教育与培训新概念［M］．北京：科学出版社，2003：97.

④ 姜大源．跨界、整合和重构：职业教育作为类型教育的三大特征——学习《国家职业教育改革实施方案》的体会［J］．中国职业技术教育，2019（7）：9-12.

⑤ 杨进．论职业教育创新与发展［M］．北京：高等教育出版社，2005：34.

践而不断深化认识。[①] 马克思、恩格斯在总结空想社会主义者思想基础上，从三个方面提出教育同生产劳动相结合是实现人的全面发展的根本途径：其一，教育与生产劳动相结合是改造现代社会最有力手段。“由各种年龄的男女组成的结合工人这一事实，尽管在其自发的、野蛮的、资本主义形式中，也就是在工人为生产劳动过程而存在，不是生产劳动过程为工人而存在的那种形式中，是造成毁灭和奴役的祸根，但在适当的条件下，必然会反过来变成人类发展的源泉。”[②] 其二，教育与生产劳动相结合是提高社会生产的一种方法。“科学通过机器的构造驱使那些没有生命的机器、肢体有目的的自动运转起来。”[③] 其三，教育与生产劳动相结合是培养全面发展的人的唯一途径。“当一切专门发展一旦停止，个人对普遍性的要求以及全面发展的趋势就开始显露出来”“自动工厂消除着专业和职业的痴呆”。[④] 德国职业教育奠基人之一凯兴斯泰纳提倡一切活动均应从学生的实践兴趣出发，主张将文科学习与手工劳动相结合，并在慕尼黑发展了职业学校体制。[⑤] 综上所述，教育同生产劳动相结合的程序特质，在本质上孕育了企业参与职业教育办学的理念模式。

（三）职业教育重构理论

从教育指向存在的目标维度来看，职业教育体现为一种重构的教育，即从传统普通教育只关注学科知识积累的一元认知教育指向，向学科知识积累、技能行动积累与职业能力积累的多元认知教育指向转变。也就是说，职业教育活动需综合诸多教育要素，对普通教育内隐的共性规律与职业教育外显的个性规律之间存在的博弈加以辨析，实现共性规律与个性规律从传统普通教育非此即彼指向，向现代职业教育即此即彼指向进行重构，使职业持有者即劳动供给者具有基于自身职业资格的工作能力垄断，并自立于其他职业资格的约束之外，善于在发展与变革中主动应对的定位

---

① ［瑞］裴斯泰洛齐．裴斯泰洛齐教育论著选［M］．夏之莲，译．北京：人民教育出版社，1992（2013 重印）：27.

② 《马克思恩格斯全集》第 23 卷［M］．北京：人民出版社，1971：151 – 153.

③ 《马克思恩格斯全集》第 46 卷［M］．北京：人民出版社，1972：208.

④ 《马克思恩格斯选集》第 1 卷［M］．北京：人民出版社，1972：135.

⑤ ［德］凯兴斯泰纳．凯兴斯泰纳教育论著选［M］．郑惠卿，译．北京：人民教育出版社，2004：3.

能力。[①] 这就需要在职业教育制度构架中充分发挥企业的办学主体作用，将基于存储的仓库式课程结构走向基于应用的工作过程课程结构重构，以达到共性规律与个性规律博弈双方矛盾的辩证统一。具体表现为：其一，从封闭向开放的重构，完善职业教育与培训体系，实现横向多类型、纵向多机会的教育；其二，以类型定层次的重构，健全普职等值而非同类的职业教育制度，实现同层次不同类型的教育；其三，存储到应用的重构，进行职业需求导向的专业建设、课程开发和教学实施，实现从知识存储转向知识应用的教育。[②]

可以看出，职业教育将从以学校为载体的升学目标向以企业为载体的职业目标的过程重构，围绕职业的劳动，从教育规律视域审视个体与典型的职业劳动对象进行资格性交往，客观上表征了多元智能人才观的职业教育能力本位。[③] 个体行为的表层结构，即外在可观察到的行动、对事实确切真相的语言表达及态度，与个体行动的深层结构，即经验上不能直接观察到的层面，如行动模式、思维模式和态度模式是不同的，职业能力的获取不是单纯靠理论，而是通过理论论证与实践经验相结合实现知识的全面建构。[④] 具有不同智能类型和结构的人，对知识的掌握也具有不同的指向性。教育实践证实，职业院校的学生大多形象思维较强，能较快地获取涉及经验、策略方面的过程性知识，而对涉及事实、概念、理解和原理方面的陈述性知识却相对排斥。联合国教科文组织在《2001 年技术和职业教育的修订建议》中提出，职业教育所暗示的并不止于现有工作和社会结构，而应对其发起挑战和改革，为提高工作能力、愉快的职业生涯奠定基础。[⑤] 因此，职业教育要坚持以人为本，重视发挥学生个性，密切与企业联系，把教学活动与生产活动，

---

① Mertens D. Schlüsselqualifikationen. Thesen zur Schulung für eine moderne Gesellschaft [J]. Mitteilungen Aus Der Arbeitsmarkt Und Berufsforschung, 1974, 7 (1): 36 -43.

② 姜大源. 跨界、整合和重构：职业教育作为类型教育的三大特征——学习《国家职业教育改革实施方案》的体会 [J]. 中国职业技术教育, 2019 (7): 9 -12.

③ 姜大源. 基于职业科学的职业教育学科建设辨析 [J]. 中国职业技术教育, 2007 (11): 8 -16.

④ Pittich D, Tenberg R. Development of competences as an integration process that is alternating in the learning venue-current considerations [J]. Journal of Technical Education (JOTED), 2013 (1): 98 -110.

⑤ 西蒙·麦格拉斯, 李玉静. 关于《2001 年技术和职业教育的修订建议》的修订——UNESCO-UNEVOC 网络会议报告 (一)[J]. 职业技术教育, 2014 (36): 76 -80.

与技术开发、推广、应用和社会服务结合起来，创设做中学的条件，重视学生自我价值实现的愿望。[①] 综上所述，多元智能人才观的能力本位，从本质上决定了企业参与职业教育办学的培养模式。

二、财税政策干预的理论依据

企业参与职业教育办学过程中存在市场的不确定性、行为的正外部性以及产品的公共性。根据市场经济原理，这些特征造成市场机制在配置职业教育资源的乏力而不能实现帕累托最优，企业参与职业教育办学的市场失灵（market failure）客观上需要财税激励政策干预。

（一）市场不确定性理论

职业教育的跨界、整合与重构，实质上是教育与经济两个不同系统之间的作用与交融。职业教育办学过程中涉及政府、行业、企业、学校等多元主体，构成成分复杂，各自的利益目标、利益冲突和协调机制各不相同。因此，企业参与职业教育办学过程中存在着诸多不可控制因素，构成了办学环境的不可预测性和不稳定性，即市场不确定性（market uncertainty）。根据信息经济学理论，市场不确定性产生的根源在于信息不对称（information asymmetric）。[②] 也就是说，职业教育办学中各办学主体彼此之间对信息掌握程度的差别，导致了企业提供职业教育产品的市场充满不确定性。根据经济学不确定条件下的选择理论，[③] 可得：

$$x=f(a,s),\ a\in A,\ s\in S,\ x\in X \tag{3-1}$$

其中，a 表示企业参与职业教育办学的某项行为（一维变量），s 表示企业参与办学过程中存在的不确定性因素，x 表示企业在行为 a 中产生的最终结果，A、S、X 分别表示 a、s、x 所有可能性的集合。

由式（3-1）可以看出，如果企业参与职业教育办学的市场环境是确定的，那么企业一项具体行为 a 有且仅有唯一的结果 x 与之对应。而实际上，

---

① 杨进．论职业教育创新与发展［M］．北京：高等教育出版社，2005：39-44.

② 马费成．信息经济学［M］．武汉：武汉大学出版社，2012：20.

③ 高鸿业，吴易风．研究生用西方经济学（微观部分）［M］．北京：经济科学出版社，1997：64-88.

由于市场不确定性的客观存在，企业参与职业教育办学产生何种结果，不仅取决于企业行为这个可控的一维变量，还受到上述由于各办学主体信息不对称而产生的不确定性因素 s，从而使企业的行为结果也可能是不确定的。根据效用最大化的决策准则，企业在不确定条件下表现为选择期望效用最大的概论分布。即：

$$P^* \in P, \text{使 } U(P^*) = \max_{P \in P} U(P) \quad (3-2)$$

其中，P^* 表示企业参与职业教育办学期望效用最大的行为概率分布，P 表示企业参与职业教育办学所有可采取的行为概率分布。但是，P^* 仅仅表示“事前”期望效用最大的概率分布，从“事后”的角度讲，则并不一定是企业最好的选择。

由式（3-1）、式（3-2）可知，正因为企业参与职业教育办学可能产生不确定结果，并且事前做出的选择事后并不一定最优，所以企业会意识到所做出的选择具有一定的风险。

$$C(p) = E(p) - R(p) \quad (3-3)$$

其中，$C(p)$ 表示企业参与职业教育办学确定性等价即行为“价格”，p 表示企业参与职业教育办学某项特定的行为，$E(p)$ 是这一特定行为的预期收益，$R(p)$ 是企业认为应为风险支付的费用。

由式（3-3）可以看出，企业参与职业教育办学的期望收益及风险承受估计，决定了企业最终愿意支付的“价格”。由于企业参与职业教育办学市场的不确定性及教育的时滞性，单个企业难以对职业教育办学过程进行全方位科学理解。如果仅仅基于自身单一个体的收益和需要做出决策，而缺乏对全社会未来生产技术与经济发展走向准确研判，这样的决策往往具有盲目性，与社会整体资源配置错位，导致整个社会职业教育产品的供需失衡。这时，需要政府提供及时的财税政策指导，并通过财税政策机制优化尽可能消减各办学主体之间的信息不对称，降低风险，保障“价格”稳定，进而促进企业参与职业教育办学的积极性。

（二）外在性理论

外在性（externality）又称作溢出效应（spillover effect），是指某一经济主体的行为对另一经济主体的福利所产生的效应，而这种效应并没有通过货币或市场交易反映出来。如前所述，除企业以外，职业教育办学过程还涉及其他办学主体，假设企业参与职业教育办学积极作为，而其他办学主体未及时协调发挥作用，必然造成企业成本或收益与社会尤其是其他企业的成本或收益之间的明显不一致。如果对这种成本或收益的失衡不能及时有效给予补偿，就会造成职业教育产品大量外部收益的存在，必将大大降低企业参与职业教育办学的积极性。根据经济学外在性及其解决方法理论,[①] 可做如下分析：

假定有两家企业，A 企业参与职业教育办学提供职业教育产品 X，B 是一家生产 Y 产品的企业，而没有参与职业教育办学，假设 A、B 两家企业仅使用投入要素 L。如果 B 企业 Y 的产量不仅取决于自身所使用的要素 L，而且取决于 A 企业生产的职业教育产品 X 的供给水平，那么 X 的供给对 Y 的生产就存在外在性。

设 X、Y 的生产函数分别为：

$$x = g(L_x)$$

$$y = f(L_y; x)$$

其中，L_x、L_y 分别表示 A、B 两家企业生产产品 X、Y 所需的投入要素 L，x 位于 B 企业生产 Y 的生产函数中，表示 X 产品对 B 企业生产 Y 产品产生不以 B 企业意志为转移的某种效应。

由于职业教育产品 X 的供给对 Y 的生产存在正的外在性，故：

$$\frac{\partial f}{\partial x} > 0$$

根据帕累托效率条件，资源 L 的有效配置要求 L 的社会边际收益产品 $SMRP_L$ 对 A、B 两家企业都相等，即：

$$SMRP_L^X = SMRP_L^Y$$

对于 B 企业，有：

---

① 高鸿业，吴易风. 研究生用西方经济学（微观部分）[M]. 北京：经济科学出版社，1997：461－464.

$$SMRP_L^Y = p_y \cdot \frac{\partial f}{\partial L_y}$$

对于A企业，由于正外在性的存在，每增加一单位L，在增加职业教育产品X的同时，产生一些额外的红利增加B企业生产Y的产量。因此：

$$SMRP_L^X = p_x \cdot \frac{\partial g}{\partial L_x} + p_y \cdot \frac{\partial f}{\partial x} \cdot \frac{\partial x}{\partial L_x} \tag{3-4}$$

其中，p_x、p_y分别表示产品X、Y的价格。

在市场机制自发调节作用下，为追求利润最大化，A、B企业将把各自投入的要素L推进到使其私人边际收益产品（MRP_L）等于现行的工资率的水平，即：

$$MRP_L^X = MRP_L^Y$$

其中，$MRP_L^X = p_x \cdot \frac{\partial g}{\partial L_x}$，$MRP_L^Y = p_y \cdot \frac{\partial f}{\partial L_y}$。

可以看出，式（3-4）中只有当$\frac{\partial f}{\partial x} = 0$时，资源配置才能达到帕累托最优，即只要存在外部性，企业参与职业教育办学的决策不一定能实现资源的有效配置。在正外部性$\frac{\partial f}{\partial x} > 0$的情况下，意味着$A$企业在生产职业教育产品$X$过程中要素$L$配置过少，$X$生产中社会边际收益产品高于$Y$生产中的劳动的社会边际收益产品，这时如果将一部分资源L从Y生产中转移出来，用于职业教育产品X的生产，将会增加产出总量。

科斯（Coase）提出一种纠正政策——科斯定理。若将财产权明确赋予某人并允许自由买卖，市场就有可能克服外部性而有效运行。但在实践中，产权并不总是明晰的，尤其是企业参与职业教育办学提供职业教育产品，从第二章高职院校毕业生较高的离职率和转换职业、行业比例可以看出，职业教育产品产权是否可以分派、转让，并且总能实现最优配置等都是难题，企业投资根本无法完全克服其他没有参与职业教育办学的企业免费“搭便车”行为。所以，针对职业教育产品X生产中的资源L的社会边际收益产品高于产品Y生产中的资源L的社会边际收益产品，政府有必要介入和干预，通过征税与补贴的形式，将一部分资源L从Y的生产中转移出来，或者另外补贴增加资源 L，用于职业教育产品 X 的生产，以增加社会的总产出。

（三）公共产品理论

根据第一章已有研究成果的梳理，大多数学者将职业教育定义为准公共产品。公共产品是指具有消费非竞争性和受益非排他性特征的产品。一个参与职业教育办学的企业在正常消费职业教育产品时，其他任何企业包括并未参与职业教育办学的企业，都可以在不增加成本且不降低消费数量和质量的前提下对职业教育产品进行享用，这就是职业教育产品消费的非竞争性。并且，参与职业教育办学的企业根本无法或者很难通过技术手段将那些没有这种行为的企业排除在职业教育产品的使用之外，也就是说，职业教育产品同样具有明显的受益非排他性。根据经济学公共产品理论，[①] 可做如下分析：

假设仅存在两个企业（1 和 2）的经济环境，且只有两种产品，一种是具有公共产品特征的职业教育产品，数量为 G；另一种是私人产品，数量为 x，1 和 2 的消费量分别为 x_1 和 x_2。

假定 2 的效用处于预先决定的水平，且生产函数 $F(x,G)=0$ 得到满足。最大化 1 的效用，可以得到帕累托效率条件：

$$\max\ u_1 = u_1(x_1, G)$$

$$\text{s. t. } u_2(x_2, G) = u_2^0$$

$$F(x, G) = 0$$

$$x = x_1 + x_2$$

列出拉格朗日函数：

$$Z = u_1(x_1, G) + \lambda[u_2(x_2, G) - u_2^0] + \theta F(x, G) + \delta(x - x_1 - x_2)$$

其中，λ、θ 和 δ 是待定乘数。令 Z 的各偏导数分别等于零，即：

$$\frac{\partial Z}{\partial x_1} = \frac{\partial u_1}{\partial x_1} - \delta = 0$$

① 高鸿业，吴易风．研究生用西方经济学（微观部分）[M]．北京：经济科学出版社，1997：482－483，505－507.

$$\frac{\partial Z}{\partial x_2}=\lambda\frac{\partial u_2}{\partial x_2}-\delta=0$$

$$\frac{\partial Z}{\partial x}=\theta\frac{\partial F}{\partial x}+\delta=0$$

$$\frac{\partial Z}{\partial G}=\frac{\partial u_1}{\partial G}+\lambda\frac{\partial u_2}{\partial G}+\theta\frac{\partial F}{\partial G}=0$$

待定乘数分别为：

$$\delta=\partial u_1/\partial x_1$$

$$\lambda=\frac{\delta}{\partial u_2/\partial x_2}=\frac{\partial u_1/\partial x_1}{\partial u_2/\partial x_2}$$

$$\theta=\frac{-\delta}{\partial F/\partial x}=\frac{-\partial u_1/\partial x_1}{\partial F/\partial x}$$

因而

$$\frac{\partial u_1}{\partial G}=-\frac{\partial u_1/\partial x_1}{\partial u_2/\partial x_2}\cdot\frac{\partial u_2}{\partial G}+\frac{\partial u_1/\partial x_1}{\partial F/\partial x}\cdot\frac{\partial F}{\partial G}$$

化简，得：

$$\frac{\partial u_1/\partial G}{\partial u_1/\partial x_1}+\frac{\partial u_2/\partial G}{\partial u_2/\partial x_2}=\frac{\partial F/\partial G}{\partial F/\partial x}$$

这意味着，对两个消费市场主体来说，G 对 x 的边际替代率之和等于生产中的 G 对 x 的边际转换率，即：

$$MRS_{G,x}^1+MRS_{G,x}^2=MRT_{G,x} \tag{3-5}$$

而帕累托效率条件要求的是：

$$MRS_{G,x}^1=MRS_{G,x}^2=MRT_{G,x} \tag{3-6}$$

对比式（3－5）和式（3－6）可以看出，对于企业通过参与职业教育办学提供职业教育产品来说，完全的私人市场配置不是一种很好的机制，它导致职业教育产品的供给不足或者闲置，无法实现社会需求的最大化。所以，企业参与职业教育办学需要政府通过优化财税政策体系介入干预，使职业教育产品供给达到社会最优水平。

第二节　财税政策激励企业参与职业教育办学的概念模型

2020年3月，中共中央、国务院发布《关于构建更加完善的要素市场化配置体制机制的意见》明确指出，充分发挥市场配置资源的决定性作用，完善政府调节与监管，畅通要素流动渠道。虽然企业参与职业教育办学由于市场的不确定性、行为的正外部性和产品的公共性，客观上需要财税激励政策干预，但是，企业参与职业教育办学的真正动力还是源自市场，办学主体行为的方式与深度选择最终要靠市场机制来决定。政府使用财税政策干预手段激励企业参与职业教育办学，不能对企业进行直接的行政命令干预，而是通过调整财税政策这个外部因素对企业行为内部因素进行有效激励，充分尊重市场机制在资源配置中的决定地位，从而使企业参与职业教育办学的行为处于高度激活状态。

一、企业参与职业教育办学的行为路径

构建财税政策激励企业参与职业教育办学的概念模型之前，首先要搞清楚企业决策的具体行为路径。在心理学中，计划行为理论（Theory of Planned Behavior，TPB）能够帮助我们理解个体行为是如何形成的，其核心观点是行为意向（Behavioral Intention，BI）是主体发生行为之前预测行为（Behavior，B）的最好方式。长期以来，计划行为理论已在企业多个行为领域尤其在参与职业教育办学研究中得以成功应用。[①] 基于此，“激励”本身作为心理学范畴，本研究应用计划行为理论分析与模拟企业参与职业教育办学及财税政策激励的行为路径。

（一）计划行为理论概述

1963年，菲什宾（Fishbein）提出态度多属性理论（Theory of Multiattribute Attitude，TMA），认为行为态度决定行为意向，行为结果又决定行为

① 冉云芳．企业参与职业教育办学的成本收益研究［M］．上海：华东师范大学出版社，2019：139－222.

态度。[①] 后来，菲什宾（Fishbein）和阿杰恩（Ajzen）对该理论进行了发展，并基于以下三个假设提出理性行为理论（Theory of Reasoned Action，TRA）：（1）行动主体是理性的，并通过系统信息决定具体行为；（2）行动主体行为是有意识动机引导的结果，而非无意识的自发；（3）行动主体在采取具体行为前，会考虑其实际意义。该理论被认为能有效识别、预测行为意向和个体行为而获得广大研究者的支持。理性行为理论认为，行为意向是主体意愿尝试某种行为的可能性，直接决定个体行为，而行为意向受行为态度和主观规范的影响。后来研究发现，理性行为理论忽略了自信（个体对其是否有能力实施行为的感知）程度对主体行为的影响。[②] 因此，阿杰恩（1985）在 TRA 基础上增加了变量知觉行为控制，组成了计划行为理论（Theory of Planned Behavior，TPB），[③] 结构模型如图 3－1 所示。（1）行为态度（Attitude Toward the Behavior，AB）、主观规范（Subjective Norm，SN）、知觉行为控制（Perceived Behavioral Control，PC）是控制和预测主体行为意向（Behavior Intention，BI）的主要因素，行为意向直接影响行为（Behavior，B）；（2）大量相关信念是个体行为态度、主观规范和知觉行为控制的认知与情绪基础，并且它们可能拥有共同的信念，既彼此独立又相互关联；（3）准确的知觉行为控制可以反映实际控制条件的状况，因此它可以作为实际控制条件的替代测量指标，直接预测行为发生的可能性（见图 3－1 虚线所示）。

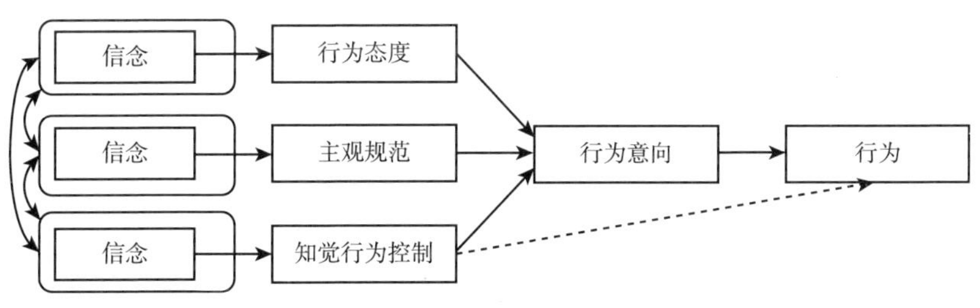

图 3－1 计划行为理论结构模型

资料来源：作者根据相关资料绘制。

---

① Fishbein M. An Investigation of the Relationships between Beliefs about an Object and the Attitude toward that Object [J]. Human Relations, 1963, 16 (3): 233－239.

② 段文婷，江光荣. 计划行为理论述评 [J]. 心理科学进展，2008，16 (2): 315－320.

③ Ajzen I. From intentions to actions: A theory of planned behavior [M]. Action-control: From cognitions to behavior, 1985: 11－39.

（二）影响因素构成

根据计划行为理论，对企业参与职业教育办学行为意向的影响因素分析如下。

1. 行为态度

行为态度指企业在既定情境下对参与职业教育办学的积极或消极情感，以及其对行为整体的预期综合评估。① 主体对行为结果的信念强度（strength of belief，b），以及行为结果重要程度估计（evaluation，e），共同决定了行为态度。即：

$$AB \propto \sum b_i e_i$$

行为态度是影响企业参与职业教育办学的主观因素。企业对这些因素实现期望程度越高，同时行为结果的评估越积极，越容易产生支持的行为态度。

一些学者在后续研究中，测量行为态度在“有用或有害”“有价值或无价值”等功利性（utilitarian，u）指标的基础上，增加“喜欢或不喜欢”“愉快或痛苦”等情感性（emotionality，m）指标，显著增强了理论的解释力，丰富了行为态度的测量内涵，得到众多研究者的支持。②

2. 主观规范

主观规范是指企业参与职业教育办学过程中受到来自外界重要个体或团体的压力和依赖程度，他们的决定会影响企业作出行为决策的概率。③ 主体对行为结果的规范信念（normative belief，n）和顺从动机（motivation to comply，m）共同决定了主观规范，前者指重要他人或团体对主体行为实施的看法，后者指主体顺从重要他人或团体观点的动机。即：

$$SN \propto \sum n_i m_i$$

---

① Patrick V，Kristof D，Sarah S. The relationship between consumers' unethical behavior and customer loyalty in a retail environment［J］. Journal of Business Ethics，2003，44（4）：261－278.

② Chan K S，Fishbein M. Determinants of College Women's Intentions to Tell Their Partners to Use Condomsl［J］. Journal of Applied Social Psychology，1993，23（18）：1455－1470.

③ Conner M，Lawton R，Parker D，et al. Application of the Theory of Planned Behaviour to the prediction of objectively assessed breaking of posted speed limits［J］. British Journal of Psychology，2007，98（Pt 3）：429－453.

主观规范反映了企业参与职业教育办学中作出决策时，感知到来自政府、行业、同行、学校等重要他人或团体的压力，这些促进或阻止作用会影响企业决策的选择。重要他人或团体的支持度越高、评价越积极，同时企业对其支持的认同度越高，就越容易产生强烈的主观规范。

主观规范在计划行为理论中反映外界重要他人或团体对行动主体的影响，属于客观因素。由此，阿杰恩等（Ajzen et al.，1991）认为，“主观规范—行为意向”关系与“行为态度—行为意向”关系相比，相对于较弱。[①]但是，也有学者认为是因为主观规范被定义为主要反映感知他人或团体压力对行为主体的影响，很难直接通过是否顺从意愿而获得，进而提出概念内容理应更新丰富。西奥迪尼等（Cialdini et al.，1991）主张将主观规范划分为个人规范（personal norm，p）、指令性规范（injunctive norm，i）和示范性规范（descriptive norm，d）三个维度。[②]

3. 知觉行为控制

知觉行为控制是指企业感知到参与职业教育办学的难易程度，反映企业对其所具有能力、资源和机会的感知。企业对行为结果的控制信念（control beliefs，c）和感知促进因素（perceived power，p）共同决定知觉行为控制。前者指企业感知到的可能促进和阻碍行为实施的因素，后者指企业感知到这些因素对行为实施的影响程度。即：

$$PC \propto \sum c_i p_i$$

知觉行为控制反映了企业参与职业教育办学实施的难易程度，企业感知到促进行为实施因素越多，同时这些因素感知越强烈，知觉行为控制就越高。

近年来，一些学者研究发现，与完成行为能力信心有关的内部控制信念和与行为控制有关的外部控制信念共同决定了知觉行为控制的测量项目。前一因素实质上反映的是自我效能感（self-efficacy，s），而后一因素则反映的

---

① Ajzen, Icek. The theory of planned behavior [J]. Organizational Behavior and Human Decision Processes, 1991, 50 (2): 179-211.

② Cialdini R B, Kallgren C A, Reno R R. A Focus Theory of Normative Conduct: A Theoretical Refinement and Reevaluation of the Role of Norms in Human Behavior [J]. Advances in Experimental Social Psychology, 1991, 24 (1): 201-234.

是控制力（control force，c）。[①]

二、财税政策的激励效应

政府使用财税激励政策干预企业参与职业教育办学，政府与企业两者实际上构成了“委托—代理”的“有效协调”[②] 关系，政府成为职业教育产品供给的委托人，而企业则成为获得报酬行使参与职业教育办学行为的代理人。委托人通过财税政策补偿与优惠，促使代理人“努力地”实施参与职业教育办学行为，与之达成一致的“职业教育产品供给达到社会最优水平”的政策目标。

（一）政府与企业的委托—代理关系

由于信息不对称的客观存在，委托人政府与代理人企业建立在个人理性约束条件下的激励相容约束。为此，本研究引入委托—代理理论的状态空间模型化方法，[③] 探讨政府与企业的委托代理关系。委托—代理理论最早的模型化方法是由威尔逊（Wilson，1969）、罗斯（Ross，1973）等提出的状态空间模型化方法（State-Space Formulation）。米尔里斯（Mirrlees，1974）和霍姆斯特姆（Holmstrom，1979）使用分布函数参数化方法得出模型的最优解，而成为一种标准化方法。该理论的假定条件为，效用最大化的行为主体保证契约的高效率执行。基本观点为：（1）如果委托人不能观测代理人行动，而要激励代理人努力工作，必须根据行动结果奖惩代理人，即“显性激励机制”，主要运用于短期契约；（2）如果委托—代理关系是多次性、动态的长期契约，除了显现激励机制，“时间”本身也可能解决代理问题，即“隐性激励机制”。[④] 下面在前面企业参与职业教育办学市场的不确定性假设基础上继续进行讨论。

假设不确定性因素 s 在其取值范围上的分布函数为 $G(s)$，密度函数为 $g(s)$。由于企业在参与职业教育办学过程中，政府与企业信息的不对称，政府无法直接准确观测到企业的努力程度，企业总是选择期望效用最大化的行为选择 a，而政府所能观测到的只有企业的选择结果 x 和产出 π 。政府作为职业教

---

① Ajzen I, Fishbein M. The Influence of Attitudes on Behavior [M]. The handbook of attitudes, 2005: 173-221.

② 尚可文，孟丽．政府、市场与财政［M］．兰州：兰州大学出版社，2009：14.

③ 张维迎．博弈论与信息经济学［M］．上海：格致出版社，2007：237-245.

④ 刘兵，张世英．企业激励理论综述与展望［J］．中国软科学，1999（5）：21-23.

育产品供给委托人制定的具体激励契约合同，并根据观测到企业的成果产出情况对其进行奖励或者惩罚 $\omega(x)$，设契约合同履行成本为 $c(a)$，则政府与企业的冯诺依曼—摩根斯坦期望效用函数（von Neumann-Morgenstern utility function）分别为 $\nu[\pi-\omega(x)]$、$u[\omega(x)-c(a)]$。如果政府希望企业按照其期望选择行动，那么政府的期望效用函数为：

$$\int \nu\{\pi(\alpha,s)-\omega[x(a,s)]\}g(s)\mathrm{d}(s)$$

假设企业参与职业教育办学的行为选择只有“努力”（H）和“不努力”（L）两种。如果企业选择 $\alpha=H$，可观测产出 π 的分布函数为 $F_H(\pi)$，分布密度为 $f_H(\pi)$；反之，如果企业选择 $\alpha=L$，则分布函数为 $F_L(\pi)$，分布密度为 $f_L(\pi)$。分布函数满足一阶占优条件，也就是说，当企业选择努力时，其高产出概率会大于不努力时的概率。假定努力的成本高于不努力的成本，政府作为委托人希望企业选择努力，此时的政府为了使企业选择努力，需要制定激励合同 $\omega(\pi)$，以获得最优化结果。假定只有产出 π 是可观测的，即 $x=\pi$，根据状态空间模型化方法的理论分析，满足条件：

$$\max_{\omega(\pi)}\int \nu[\pi-\omega(\pi)]f_H(\pi)\mathrm{d}(\pi)$$

$$\text{s. t. } I(R)\int u\{\omega[x(\pi)]\}f_H(\pi)\mathrm{d}\pi-c(H)\geqslant\bar{\mu}$$

$$I(C)\int u\{\omega[x(\pi)]\}f_H(\pi)\mathrm{d}\pi-c(H)\geqslant\int u\{\omega[x(\pi)]\}f_H(\pi)\mathrm{d}\pi-c(L)$$

分别令 λ 和 μ 为参与约束 $I(R)$ 和激励相容约束 $I(C)$ 的拉格朗日乘数，则最优化政府和企业行为选择的一阶条件为：

$$\frac{\nu'[\pi-\omega(\pi)]}{u'\omega(\pi)}=\lambda+\mu(1-\frac{f_L}{f_H}) \tag{3-7}$$

式（3-7）决定了政府与企业的激励相容关系。企业的收入 $\omega(\pi)$ 随似然率 f_L/f_H 的变化而变化。f_L/f_H 越高，产出来自分布 f_L 的可能性越大，对政府则越不利，即政府观测到 π 在更大程度上来源分布 f_L 而不是 f_H。在政府与企业之间的委托—代理关系中，政府根据观测结果对企业选择努力还是不努力进行推断。政府推断企业选择努力的可能性大，就予以鼓励（$\omega(\pi)>\omega_\lambda(\pi)$），如果政府推断企业选择不努力的可能性大，就予以规制（$\omega(\pi) < \omega_{\lambda}(\pi)$），以此实现参与约束条件下的激励相容。

从以上分析可以看出，通过委托—代理关系分析财税政策激励机制，促进企业在追求其自身利益的同时，达到了政府所追求的政策目标。其中，无论政府与企业是否签订成文契约，只要财税政策有利于鼓励企业参与职业教育办学，那么所建立激励体系就是显性激励。当然，如果政府对企业不努力行为的惩罚是未来合作机会的中断，这便是隐性激励。另外，为了保证政府和企业的激励相容，不努力与努力的企业之比决定了委托—代理双方的收益，且不努力企业类型起关键作用。因此，财税政策设计的关键还是在于约束企业参与职业教育办学不积极的行为。

（二）财税政策的激励过程

通过以上分析，确立了财税政策激励机制中政府与企业之间的委托—代理关系，根据第二章企业参与职业教育办学动力机理分析可知，企业的原动力来自需求满足，那么企业在与政府这一关系框架下又是如何实现激励过程的？使用期望理论（Expectancy Theory）可以较好诠释这一过程。1964 年，美国著名心理学家和行为科学家弗鲁姆（Vroom）提出期望理论，认为“行为被激发为个体需求满足的过程期望”。该理论提供了一个检验个体努力（effort）与实际结果（outcome）因果关系的激励过程，用结构模型表示如图 3－2 所示。

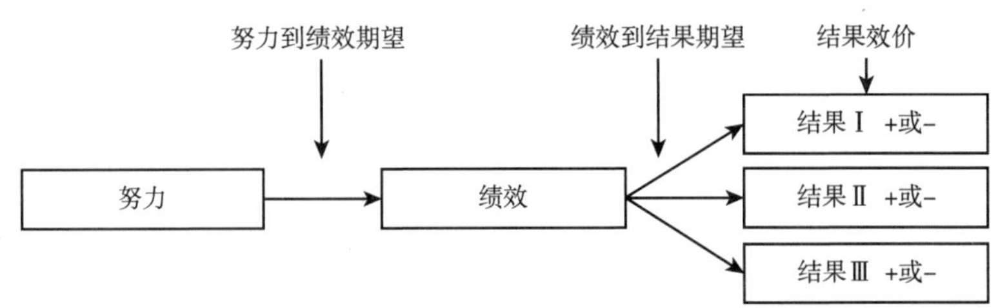

图 3－2　期望理论模型

资料来源：索柏民，王天崇．组织行为学［M］．北京：北京理工大学出版社，2017：86.

期望理论用公式可表述为：

$$M = EVI$$

其中，M 表示个体努力水平的激励效应，E 表示努力（effort）到绩效（performance）期望，I 表示绩效（performance）到结果（outcome）期望，V 表示结果对于个体的重要程度，即结果报价（valence）。

可以看出，财税政策的激励效应的大小与企业参与职业教育办学过程中绩效实现可能性大小、取得绩效后获得结果的可能、结果对于企业的重要程度这三者的关系密切。只要其中一个元素弱化，财税政策的激励效应也就会相应弱化。因此，运用财税政策手段干预企业参与职业教育办学的具体过程中，有必要从这三个元素出发构建适合的激励机制。

第一，E 作为企业努力参与职业教育办学达到特定水平绩效的期望，需要通过提高个体自我效能的途径来实现，即提升企业参与职业教育办学“能做”的态度，这不仅取决于企业行为的积极或消极情感，还决定于对该行为实施所具有的能力、资源和机会的感知。结合企业参与职业教育办学的行为路径分析，E 即为企业的参与职业教育办学的行为态度、主观规范和知觉行为控制。

第二，I 作为企业参与职业教育办学绩效水平导致特定结果的认知概率，需要通过增大绩效取得后获得高回报的可能性，也就是企业行为转化结果的程度，即需求的满足，这是以提高企业行为效率为目标，构建效率激励机制的重要条件，降低甚至否定个体拥有回报只会造成更坏结果，这对于企业参与职业教育办学行为尤为明显，市场失灵会使企业行为绩效与实际回报产生风险与偏差。

第三，V 作为企业参与职业教育办学结果的期望满意程度，取决于该结果可以在多大程度上满足或干扰企业需求和动机的认知。这既体现结果本身客观的重要程度，又体现企业的主观价值判断。结果客观存在与企业价值认知越接近，结果报价就越高。这对财税政策激励的精准性提出了要求，不同类型财税政策在不同条件下对于不同特征的企业激励效应具有差异化。

综上所述，计划行为理论揭示了企业参与职业教育办学的行为态度、主观规范和知觉行为控制等因素影响其行为意向，进而影响其行为的作用路径。企业参与职业教育办学的市场失灵需要政府通过与企业构建委托—代理关系介入激励，运用财税政策使企业在努力追求自身价值最大化的同时，实现职业教育产品供给达到最优水平的政策目标。在这个过程中，财税政策的激励效应的大小与企业参与职业教育办学绩效实现的可能性大小、取得绩效后获得结果的可能、结果对于企业的重要程度3个因素密切相关。为此，本研究拟构建3个不同概念模型，研究财税政策激励企业参与职业教育办学的动态过程，结果如图3-3、图3-4、图3-5所示。

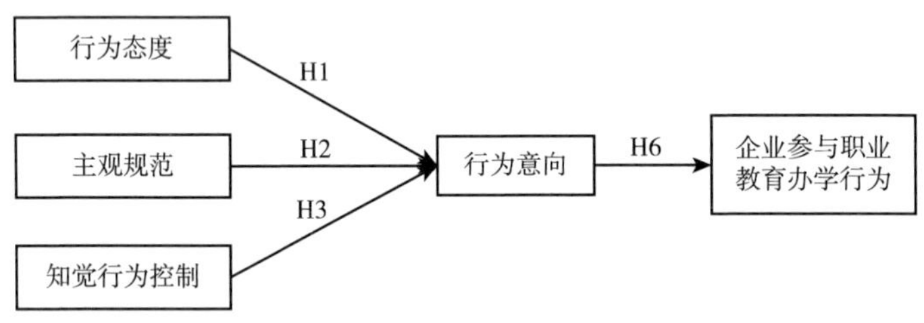

图3-3 企业参与职业教育办学原始模型Ⅰ

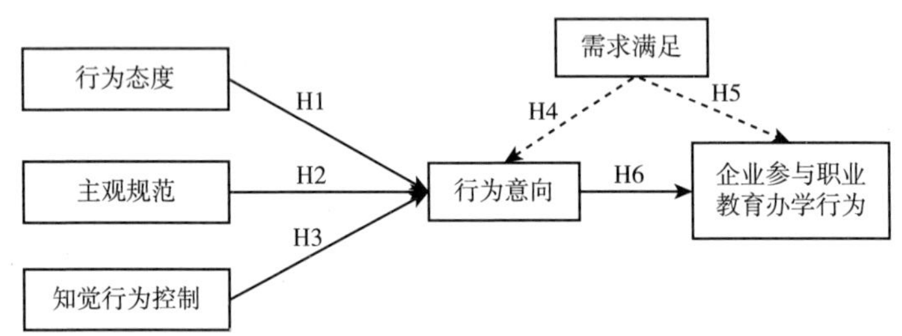

图3-4 企业参与职业教育办学概念模型Ⅱ

注：——→为原始TPB模型，-----→为需求满足。

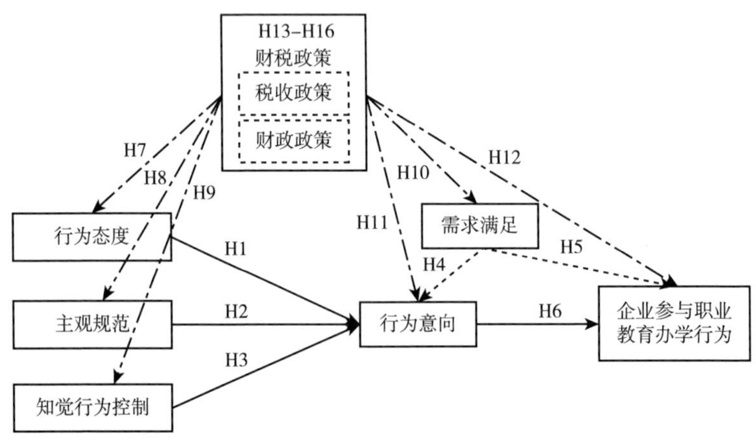

图3-5 财税政策激励企业参与职业教育办学概念模型Ⅲ

注：——→为原始TPB模型，-----→为需求满足，—·—→为财税政策。

图 3-3 是基于传统计划行为理论构建的企业参与职业教育办学的原始模型，即企业参与职业教育办学的行为态度、主观规范、知觉行为控制共同决定了其行为意向，而行为意向直接影响其行为。

图 3-4 是在原始模型Ⅰ的基础上，将变量需求满足引入构建企业参与职业教育办学概念模型Ⅱ，研究需求满足对企业行为意向及行为的影响。

图 3-5 是在概念模型Ⅱ的基础上，引入变量财税政策，构建财税政策激励企业参与职业教育办学概念模型Ⅲ，研究财税政策对企业参与职业教育办学行为的激励路径及不同类型财税政策在不同条件下对不同特征企业激励效果的差异。

可以看出，政府运用财税政策激励企业参与职业教育办学可能通过三条路径实现：（1）财税政策直接作用于企业参与职业教育办学行为，这是财税激励政策干预最直接的方式；（2）财税政策通过作用于企业参与职业教育办学行为意向的影响因素，进而实现对企业参与职业教育办学的间接激励；（3）财税政策作用于增大企业参与职业教育办学绩效取得后获得高回报可能性的过程，也就是说通过提高行为转化效率即需求满足提升激励效应。此外，为研究财税政策对于企业个体的重要程度即结果报价，在明晰财税政策激励路径的基础上，本研究还将检验不同类型财税政策在不同条件下对不同特征的企业参与职业教育办学的激励作用效果。

第三节　研究假设

一、行为态度、主观规范、知觉行为控制与行为意向

（一）行为态度对行为意向的作用

行为态度作为行为主体的内在反应及关联，是计划行为理论中最早引入、最核心的变量，直接或间接影响个体的行为意向。[①] 根据前面分析，行

① Lee D Y, Lento M R. User acceptance of YouTube for procedural learning: An extension of the Technology Acceptance Model [J]. Computers and Education, 2013, 61: 193-208.

为态度反映了企业对参与职业教育办学的支持或反对态度，包括功利性指标和情感性指标。功利性指标主要受企业战略规划、组织结构、技术构成等需求因素影响；情感性指标主要受投入成本与预期收益、企业及其负责人教育情怀等供给因素的影响。具体地，战略规划影响因素方面，为了应对内外环境与竞争压力，企业必须通过前导性战略规划保障竞争优势，优化现有人力资本存量与结构，增强了企业参与职业教育办学意愿。① 组织结构影响因素方面，企业组织结构扁平化趋势演变伴随着企业人力资本生产性投资的全过程，组织结构扁平化由于有助于提高组织交流效率而得到企业喜好，进而刺激企业参与职业教育办学意愿。② 技术构成影响因素方面，技术构成水平优化是企业最优增长路径选择的重要条件，可以推动企业人力资本有效配置，提升企业对人力资本的需求，增强企业参与职业教育办学意愿。③ 投入成本与预期收益影响因素方面，企业是否会支持参与职业教育办学在很大程度上取决于该过程中带来的成本收益比率，企业心理体验收益的实现期望程度越高，意愿就越强。④ 教育情怀因素方面，实践证明具有浓厚教育情怀的企业和企业家更热衷于职业教育办学。⑤ 根据以上分析，提出如下假设：

H1：企业参与职业教育办学行为态度正向影响其行为意向。

（二）主观规范对行为意向的作用

根据计划行为理论，主观规范作为企业对参与职业教育办学行为社会压力的感知，影响个体的行为意向。⑥ 主观规范分为个人规范、指令性规范和示范性规范。其中，企业感知的个人规范主要表现为在享受社会人力资本为

---

① Miles R E, Snow C C. Designing strategic human resources systems [J]. Organizational Dynamics, 1984, 13 (1): 36 - 52.

② 胡浩志. 企业组织结构与企业专用性人力资本投资研究 [J]. 求是学刊, 2014 (11): 71 - 76.

③ 李静，刘霞辉，楠玉. 提高企业技术应用效率加强人力资本建设 [J]. 中国社会科学, 2019 (6): 63 - 84.

④ 冉云芳，石伟平. 德国企业参与学徒制培训的成本收益分析与启示 [J]. 教育研究, 2016 (5): 124 - 152.

⑤ 岳煜群. 张謇的实业教育情怀 [J]. 江苏教育, 2014 (1): 14.

⑥ Ajzen I. From intentions to actions: A theory of planned behavior [M]. Action-control: From cognitions to behavior, 1985: 11 - 39.

其生产经营创造价值的同时，为促进企业员工成长和职业教育发展所应尽的义务，企业这种自我要求与行为克制伴生的同情和利他主义精神，在一定程度上体现了社会共同的有序规则，并且换取消费者和员工的好感。也就是说，企业将职业教育产品供给的社会问题视为一种机会，在满足社会需要的同时，实现自身包括人力资本竞争优势在内的更为广泛、长远利益和价值的需要，以此产生较为强烈地参与职业教育办学意愿。① 企业感知的指令性规范主要表现在政府、行业、学校等其他办学主体对自身参与职业教育办学行为及结果的期望和压力。政府监管、行业指导、学校配合等外部环境因素，会潜移默化地影响企业在人力资本生产性投资途径上产生参与职业教育办学意愿。企业感知的示范性规范是指同行企业或者标杆龙头企业参与职业教育办学对其产生的示范效应。即使企业未参与职业教育办学，但是看到同行企业或者标杆龙头企业通过参与职业教育办学取得一定成效，也会对其自身行为产生积极正面的影响。② 根据前面分析，提出如下假设：

H2：企业参与职业教育办学主观规范正向影响其行为意向。

（三）知觉行为控制对行为意向的作用

知觉行为控制是计划行为理论发展过程中，为解释非意志完全控制行为而新增的变量，在行为态度和主观规范两个变量保持不变的情况下，个体感觉如能力、机会、资源等非动机因素可控性因素愈多，可以直接预测行为发生的可能性就愈大。③ 知觉行为控制分为自我效能感和控制力。根据前面分析企业访谈结果可知，自我效能感主要指企业在参与职业教育办学过程中所具有的专业知识、管理及信息识别、获取能力等方面的信心。当企业认为可以顺利克服困难和挑战，并取得良好的效果，就有可能增强自我效能感，提升职业教育办学信心，激发行为意愿。控制力主要包括企业参与职业教育办学过程中对时间压力、其他办学主体行为、生产设备使用等方面持有的控制能力。只有当企业意识到自身能够顺利自如地调配所需要的时间和各种设备、协调各办学主体的合

---

① 刘晓，黄卓君，邢菲．教育中的企业社会责任研究：述评与展望——基于 2000 年以来国内文献的分析［J］．现代教育管理，2017（9）：23－28.

② 冉云芳．企业参与职业教育办学的成本收益研究［M］．上海：华东师范大学出版社，2019：53.

③ Kraft P，Rise J，Sutton S. Perceived difficulty in the theory of planned behavior，perceived behavioral control or affective attitude［J］. British Journal of Social Psychology，2005，44（3）：479－496.

作关系等，才有可能更为积极地参与职业教育办学。因此，提出如下假设：

H3：企业参与职业教育办学知觉行为控制正向影响其行为意向。

二、需求满足、行为意向与行为

（一）需求满足对行为意向、行为的作用

近年来，一些学者证明了个体强烈的行为意向转化为行为只有中等强度，因此很多学者尝试在计划行为理论模型中引入诸如时间稳定性、社会影响方式、自我调节意志成分等新的变量以加强行为的转化程度，[①②③] 其中以杰玛等（Jemma et al.，2007）在研究中引入的变量需求满足（Demand satisfaction，Ds）最具代表性，以限制性饮食行为 TPB 和心理需求满意度测量为样本，验证了需求满足会调节意向与行为、意向与其近端决定因素之间关系的假设。[④] 为了研究企业通过参与职业教育办学取得绩效后获得高回报可能性的过程，本研究将需求满足引入模型。根据职业教育产品观和顾客观分析，企业在职业教育办学过程中作为付费者即顾客，职业教育产品必须以企业为关注焦点，以实现企业满意为目标，确保企业合理合法的需求得到满足，提升企业参与职业教育办学绩效到结果的期望。根据第二章企业参与职业教育办学的目的分析，只要企业的经济利益需求、技术需求、社会环境资本需求及创新需求等得到满足，就会大大激发企业参与职业教育办学可能性和积极性，而且实际行动也更容易得到落实。[⑤] 因此，提出如下假设：

H4：企业参与职业教育办学需求满足正向影响其行为意向。

H5：企业参与职业教育办学需求满足正向影响其行为。

---

① Conner M, Sheeran P, Norman P, et al. Temporal Stability as a Moderator of Relationships in the Theory of Planned Behaviour [J]. British Journal of Social Psychology, 2001, 39 Pt 4 (4): 469 - 493.

② Kassem N O, Lee J W, Modeste N N, et al. Understanding soft drink consumption among female adolescents using the Theory of Planned Behavior [J]. Health Education Research, 2003 (3): 3.

③ Orbell S. Personality systems interactions theory and the theory of planned behaviour: Evidence that self-regulatory volitional components enhance enactment of studying behaviour [J]. British Journal of Social Psychology, 2003, 42 (1): 95 - 112.

④ Jemma, Harris, Martin, et al. Do Basic Psychological Needs Moderate Relationships Within the Theory of Planned Behavior? [J]. Journal of Applied Biobehavioral Research, 2007, 12: 43 - 64.

⑤ 张弛．企业参与职业教育办学的长效机制构建——基于利益需求与利益协调的视角［J］．中国职业技术教育，2017（12）：76 - 82.

（二）行为意向对行为的作用

根据计划行为理论，行为意向是主体意愿尝试某种行为的可能性，并为之努力的程度。一般地，行为意向越强，采取实际行动的可能性越大，这二者之间显著的相关关系已得到许多学者在社会学、心理学等诸多领域的广泛证实。① 具体而言，企业参与职业教育办学的行为意向所反映的是企业试图通过人力资本积累增强企业持续竞争力的程度，以及企业因此而努力的程度。行为意向可以直接决定行为，并且是对行为最好的预测指标之一。② 当企业强烈意识到参与职业教育办学对企业有好处并且愿意实施该行为时，才能激发企业参与职业教育办学的实际行动。根据以上分析，提出如下假设：

H6：企业参与职业教育办学行为意向正向影响其行为。

三、财税政策的作用机理

财税政策不但可以补贴企业参与职业教育办学生产要素成本，更为关键的是通过成本补贴激励企业增加办学生产要素的投入，最终使整个社会对职业教育办学投入总量的提升。如图 3－6 所示，横轴代表企业参与职业教育办学的投入，纵轴代表边际收益或边际成本。由于企业参与职业教育办学行为的正外部性和职业教育产品的公共性特征，企业参与职业教育办学的边际收益（MRP）小于社会边际收益（$SMRP$），并与边际成本曲线 MC_0 交点 A 确定的投入水平 E_0 小于 $SMRP$ 与之相交确定的社会最优投入水平 E_1。财税激励政策对企业参与职业教育办学生产要素成本的补贴使得企业边际成本 MC_0 移至 MC_1，与 MRP 相交于点 C，从而使企业参与职业教育办学投入回到社会最优水平 E_1，纠正了市场失灵。

政府对企业参与职业教育办学实施财税政策激励，不仅会产生上述弥补企业办学成本，促进企业增加对办学投入的收入效应，同时也可能会产生替

---

① Ajzen, Icek. The theory of planned behavior [J]. Organizational Behavior and Human Decision Processes, 1991, 50 (2): 179－211.

② Elliott M A, Armitage C J, Baughan C J. Using the theory of planned behaviour to predict observed driving behaviour [J]. British Journal of Social Psychology, 2007, 46: 69－90.

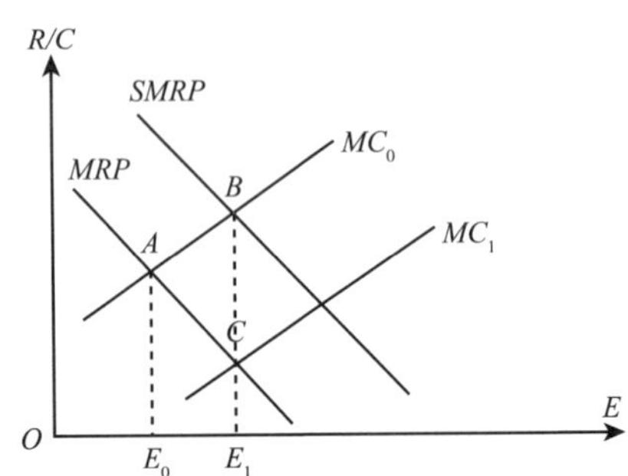

图 3－6　财税政策纠正企业参与职业教育办学市场失灵模型

资料来源：笔者根据相关资料绘制。

代效应即财税政策增加了企业的额外收入，企业由于理论驱使可能引起参与职业教育办学行为的调整，利用与政府委托—代理关系中存在的信息不对称，将政府的财政补贴与税收优惠替代自身的投入，使企业实际行为与政府政策目标发生偏离，对财税政策的激励效应产生扭曲。

根据第二章我国现行财税政策梳理情况可以看出，当前我国政府对企业参与职业教育办学的财税政策（Fiscal policy，E）激励手段，大致可归类为税收政策（Taxation policy，Et）与财政政策（Finance policy，Ef）。由于两者的作用机制和方式不同，因此对企业参与职业教育办学的影响也有所差异。

财政政策属于事前激励，是根据企业在参与职业教育办学中的投入情况给予一定比例的补贴资助或奖励。一般情况下，政府会规定财政政策的实施对象、用途和具体金额，因此财政政策具有确定性，这不仅可以充实企业现金流，对于企业参与职业教育办学投入起到杠杆效应，还可以一定程度上破解企业在融资过程中面临的限制即融资约束，因而，财政政策对企业参与职业教育办学具有正向激励影响。如图 3－7 所示，通过职业教育产品生产函数，分析企业参与职业教育办学的投入 E 与产出 Q 之间关系。假设坐标轴的纵轴为其他资本要素投入 I 。政府通过财政政策支持企业办学前，成本线用 I_0E_1 与等产量线 Q_1 相切于点 A ，在该点企业达到价值最大化的生产要素最优组合。政府通过财政政策支持企业办学后，财政补贴直接增加了企业生产要素，等成本线由 I_0E_1 平移至 I_1E_2，与等产量线 Q_2 相切于点 B，企业参与职业教育办学的投入从 E_A 增加到 E_B，即实施财政政策增加了企业投入 $|E_AE_B|$ 。

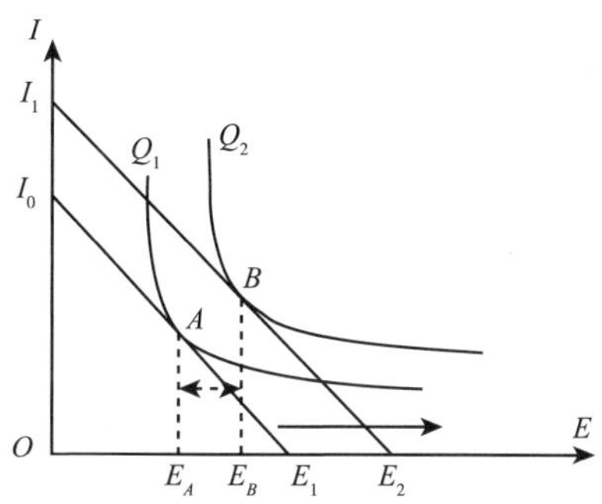

图 3－7　财政政策作用机理

资料来源：作者根据相关资料绘制。

如图 3－8 所示，税收政策对企业参与职业教育办学主要实施事后激励，不会直接增加企业生产要素，而是通过减轻企业税收负担使其参与职业教育办学的成本降低，等成本线由 I_0E_1 旋转至 I_0E_2，与等产量线 Q_2 相切的要素最优组合点从 A 移到 B，企业参与办学的投入从 E_A 增加到 E_B，即通过税收政策刺激企业扩大办学投入 $|E_AE_B|$。

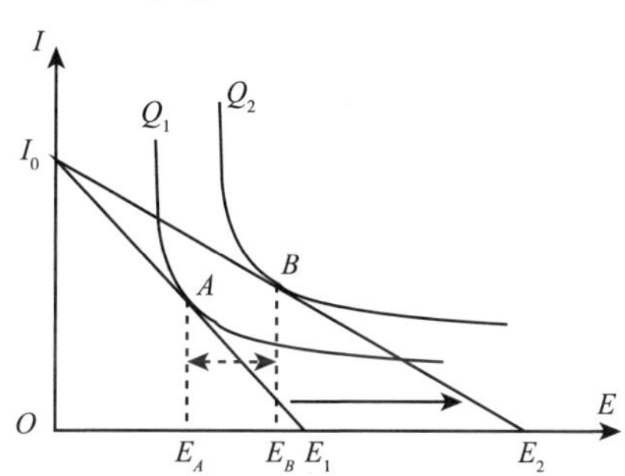

图 3－8　税收政策作用机理

资料来源：作者根据相关资料绘制。

从激励效果看，财政政策具有更强的政府主导性和可控性，可以随着经济社会发展适时修正、调整和更新，激励效应更为灵活、直接和迅速；而税收政策是把应收税款不征收或先征后退，相对财政政策激励支出，如果再考虑政策的时滞性，税收优惠相对财政政策更为及时，并且相对固定税收政策能向企业传递稳定的预期，但这也意味着政府对税收政策的控制调配可能性相对较弱，节税收入作为一项期望收入，企业使用的自主性相对更强。①

综合以上分析，提出如下假设：

H7：财税政策对企业参与职业教育办学行为态度的收入与替代效应同时存在，但整体上表现为正向影响。

H8：财税政策对企业参与职业教育办学主观规范的收入与替代效应同时存在，但整体上表现为正向影响。

H9：财税政策对企业参与职业教育办学知觉行为控制的收入与替代效应同时存在，但整体上表现为正向影响。

H10：财税政策对企业参与职业教育办学需求满足的收入与替代效应同时存在，但整体上表现为正向影响。

H11：财税政策对企业参与职业教育办学行为意向的收入与替代效应同时存在，但整体上表现为正向影响。

H12：财税政策对企业参与职业教育办学行为的收入与替代效应同时存在，但整体上表现为正向影响。

H13：税收政策与财政政策激励企业参与职业教育办学的效果存在差异。

根据信息经济学理论，在市场经济活动中，委托—代理双方的信息不对称可能引发逆向选择和道德风险，导致激励机制缺位。企业参与职业教育办学过程中，由于市场的不确定性产生高昂的办学信息成本。政府作为财税政策的制定者，在具体政策设计中，也就难以掌握完整的信息链条。加之不同行业和类型企业参与职业教育办学过程中差异较大，使有效信息就更为稀缺。政府基于有限理性驱使，在政策制定过程会更加倾向于简单化的“一刀切”。企业利用不对称的信息优势，一方面，选择性传递自身信息，对照财税政策结合企业特点和利益，根据信息变化与自身偏好及时调整应对策略；另一方面，通过刻意隐瞒、虚假申报的方式获得政策支持与优惠，使企业目标与政府政策目标产生严重偏离，对政策效果造成扭曲。同时，由于信息不对称存在的“寻租”“设租”行为也影响了财税政策目标的实现。②

---

① 柳光强，杨芷晴，曹普桥．产业发展视角下税收优惠与财政补贴激励效果比较研究——基于信息技术、新能源产业上市公司经营业绩的面板数据分析［J］．财贸经济，2015（8）：38－47.

② 柳光强．税收优惠、财政补贴政策的激励效应分析——基于信息不对称理论视角的实证研究［J］．管理世界，2016（10）：62－71.

在信息不对称的影响下，不同类型财税政策在不同条件下对不同特征企业的激励效果可能不同。综合以上分析，提出如下假设。

H14：税收政策与财政政策激励不同行业企业参与职业教育办学的效果存在差异。

H15：税收政策与财政政策激励不同生命周期企业参与职业教育办学效果存在差异。

H16：税收政策与财政政策激励企业参与职业教育办学不同政策目标间效果存在差异。

第四节　本章小结

本章首先对财税政策激励企业参与职业教育办学的理论依据进行了梳理，其次基于计划行为理论构建了三个不同概念模型，研究财税政策激励企业参与职业教育办学的动态过程，并在此基础上提出包含于其中的若干研究假设，得出以下主要结论。

第一，从财税政策激励企业参与职业教育办学的理论依据梳理，可以看出：（1）职业教育富含的职业、职业科学和职业教学论等职业教育根本属性，表现出显著的基于形态存在的空间跨界、基于价值存在的功能整合、基于指向存在的目标重构等教育类型特征，这也正是企业参与职业教育办学的本质表征；（2）企业参与职业教育办学市场的不确定性、行为的正外部性、产品的公共性，使市场机制在配置职业教育资源乏力而不能实现帕累托最优，企业参与职业教育办学的市场失灵客观上需要财税激励政策干预。

第二，政府采取财税政策干预手段激励企业参与职业教育办学，不能对企业进行直接的行政命令干预，而是通过调整财税政策这个外部因素对企业行为内部因素进行有效激励，充分尊重市场机制在资源配置中的决定性地位，从而使企业参与职业教育办学的行为处于高度激活状态。在此逻辑关系基础上，提出企业参与职业教育办学模型及财税政策激励概念模型。通过模型构建可以看出，政府的财税政策激励过程通过三条路径实现：（1）财税政策直接作用于企业参与职业教育办学行为，这是财税激励政策干预最直接的方式；（2）财税政策作用于企业参与办学行为意向的影响因素，进而实现对企业参与职业教育办学的间接激励；（3）财税政策作用于增大企业参与职业教育办学获得高回报可能性的过程，也就是说通过提高行为转化效率即需求满足提升激励效应。

第三，根据企业参与职业教育办学行为态度、主观规范、知觉行为控制与行为意向，需求满足与行为意向、行为，行为意向与行为等变量之间的关系分析，以及财税政策对模型变量的激励作用机理，提出具体假设内容如表3-1所示。其中，假设H1~H12将在第四章模型验证中加以检验，假设H13~H16将在第五章政策评价中加以检验。

表3-1　本研究理论假设汇总

假设	内　容
H1	企业参与职业教育办学行为态度正向影响其行为意向
H2	企业参与职业教育办学主观规范正向影响其行为意向
H3	企业参与职业教育办学知觉行为控制正向影响其行为意向
H4	企业参与职业教育办学需求满足正向影响其行为意向
H5	企业参与职业教育办学需求满足正向影响其行为
H6	企业参与职业教育办学行为意向正向影响其行为
H7	财税政策对企业参与职业教育办学行为态度的收入与替代效应同时存在，但整体上表现为正向影响
H8	财税政策对企业参与职业教育办学主观规范的收入与替代效应同时存在，但整体上表现为正向影响
H9	财税政策对企业参与职业教育办学知觉行为控制的收入与替代效应同时存在，但整体上表现为正向影响
H10	财税政策对企业参与职业教育办学需求满足的收入与替代效应同时存在，但整体上表现为正向影响
H11	财税政策对企业参与职业教育办学行为意向的收入与替代效应同时存在，但整体上表现为正向影响
H12	财税政策对企业参与职业教育办学行为的收入与替代效应同时存在，但整体上表现为正向影响
H13	税收政策与财政政策激励企业参与职业教育办学的效果存在差异
H14	税收政策与财政政策激励不同行业企业参与职业教育办学的效果存在差异
H15	税收政策与财政政策激励不同生命周期企业参与职业教育办学效果存在差异
H16	税收政策与财政政策激励企业参与职业教育办学不同政策目标间效果存在差异

第四章　财税政策激励企业参与职业教育办学：实证检验

本章通过问卷调查方法获取相关资料与数据，并采用统计分析和结构方程方法对提出的概念模型和部分研究假设（H1 ~ H12）进行验证，从而分析财税政策激励企业参与职业教育办学的路径和效应。

第一节　问卷设计与变量测量

本章要对第三章提出的假设 H1 ~ H12 进行检验，可供选择的研究方法有实验研究法（experiment research）和问卷调查法（questionnaire survey）。实验研究法是一种受控的研究方法，根据一定的研究目的与假设，通过精心设计严格操控一个或多个解释变量（independent variable），在一种“纯化”的状态下寻求与被解释变量（dependent variable）之间的因果关系。[①] 实验法通过对比实验过程中接受解释变量刺激的实验组（experimental group）和不予以解释变量刺激的控制组（control group）的观测结果，以及比较引入解释变量前后被解释变量测量发生的变化，验证解释变量对被解释变量所产生的影响。实验法确立了解释变量与被解释变量之间的因果关系，可以将解释变量的作用独立出来，获得的数据比较客观，使研究对象以纯粹的状态出现，可信度较高。[②] 但是，在实际研究尤其是在社会科学研究实践中，现实

---

① 诸含彦．社会科学研究方法［M］．重庆：西南师范大学出版社，2016：108 - 125.

② 高燕，王毅杰．社会研究方法［M］．北京：中国物价出版社，2002：166 - 176.

变量的变化大多会受很多因素影响，存在众多不易或者不便控制的因素，实验法应用也在一定程度上受到限制。

问卷调查法是一种通过采用自填式或访问式问卷收集目标样本的观点、态度和行为等方面的信息，并运用统计研究方法对变量间关系进行验证的社会科学研究方法。[①] 因此，当问题研究的模型及假设确定之后，问卷调查法由于可以在较短的时间尤其在主客观条件限制了研究方法的情况下，能更为高效地收集到更多数量和更高质量的数据资料，而在社会科学研究中得以广泛应用。[②] 现有研究成果已经证实，在以计划行为理论为基础建立概念模型的研究中，采用问卷调查法收集资料具有更强的科学性、有效性和准确性。[③] 另外，从构建的概念模型及其假设可以看出，本研究所关注的重点是企业参与职业教育办学过程中的主观感知，对于这些主观感知的测量数据无法在公开统计信息资料中查阅，并且这些主观感知变量存在条件影响因素较多，容易因社会环境变化而发生调整和波动。综上所述，本研究选择运用问卷调查法获取相关资料与数据，进而开展概念模型的实证验证，以保障研究结果的信度与效度。

一、问卷设计

为了保障研究中问卷调查结果的科学性和客观性，必须遵循科学严谨的问卷内容设计和开发程序。本研究依据丘吉尔等（Churchill et al.，1979）[④] 的量表开发基本原则和科学程序进行问卷设计。在问卷的内容设计方面，尽可能用多维度多数量的题项测量某一变量，避免使用单一题项反映变量状态，造成测量结果与实际结果之间差距过大；每一测量题项都通过较为完整的文献回顾或准确的社会调查，充分借鉴已有研究成果或建立在客观事实经

---

① 风笑天．现代社会调查方法［M］．武汉：华中科技大学出版社，2001：4－5.

② Cheung M Y，Luo C，Chen S H. Credibility of Electronic Word-of-Mouth：Informational and Normative Determinants of On-Line Consumer Recommendations［J］. International Journal of Electronic Commerce，2009，13（4）：9－38.

③ Pavlou P A，Fygenson M. Understanding and Predicting Electronic Commerce Adoption：An Extension of the Theory of Planned Behavior［J］. Mis Quarterly，2006，30（1）：115－143.

④ Churchill G A，Jr. A Paradigm for Developing Better Measures of Marketing Constructs［J］. Journal of Marketing Research，1979，16（1）：64－73.

验基础之上。在问题的开发程序方面，注重与相关学科学术专家以及行业实际工作者开展交流与讨论，不断丰富与修正问卷的初步设计，在正式问卷定稿投入使用之前，进行小规模预测试，对测量题项进行调整纯化。

本研究测量的潜变量（latent variables）包括企业参与职业教育办学的行为态度、主观规范、知觉行为控制、行为意向、行为、需求满足及财税政策等7个，所有潜变量都设计了相应的观测指标体系即量表，每个观测变量设置多个题项进行测量。采用瑟斯顿（Thurstone，1954）等的间隔法（method of equal appearing intervals）对各题项进行赋分。[①] 在李克特（Likert，1932）提出问卷量表赋分法后，[②] 李克特5点量表评分法在问卷调查研究方法中广泛应用，但也有一些学者提出不同看法，认为李克特5点法可能导致受试者由于过多选择中位数而使问卷调查失真，越来越多的研究者更倾向于使用李克特6点法。基于此，本研究在问卷设计中使用李克特6点法进行题项测量评分：对行为态度、主观规范、知觉行为控制、行为意向、行为、需求满足等6个潜变量相应题项设计回答选项为："非常不同意""不同意""不太同意""稍微同意""同意""非常同意"，并依次赋分1分、2分、3分、4分、5分、6分；对潜变量财税政策相应题项设计回答选项为："作用非常小""作用小""作用比较小""作用比较大""作用大""作用非常大"，并依次赋分1分、2分、3分、4分、5分、6分。

本研究在问卷编制过程中遵循以下方法和流程：（1）文献回顾。具体而言，从以下两个层面设计变量测度题项并形成问卷初稿：一是根据计划行为理论相关研究成果，尤其是对相关变量已有测量题项的研究；二是从教育学、经济学、管理学、心理学等学科系统梳理相关理论和已有研究成果，借鉴已有文献中被广泛证实的量表度量。（2）开放式访谈。根据第二章政策激励特征分析可知，企业参与职业教育办学现行有效政策对教师与企业员工关注度不高，因此，本研究尤为重视围绕问题深入生产、教学一线，对技术工人、教师开展小规模访谈调研，对不清楚的问题进一步追问，将问卷测量题项对照实践做进一步修正和充实，形成问卷二

① Thurstone L L. The measurement of values [J]. Psychological Review, 1954, 61 (1): 47-58.

② Likert R. A technique for the measurement of attitudes [J]. Archieves of Psychology, 1932, 22 140: 1-55.

稿。(3) 专家咨询。研究者依托参与导师国家社会科学基金重点课题《职业教育校企合作双主体办学的治理结构、实现途径和政策研究》(编号:AJA14003),以及主持教育部人文社会科学基金项目《基于提升企业参与职业教育校企合作积极性的财税激励政策研究》(编号:17YJC880112)研究机会,与来自不同学科领域专家学者、行政管理人员、行业企业管理人员及职业院校负责人等进行深入交流与讨论,对问卷格式、问题归纳、逻辑关系、题项设计等方面进行调整与修改,通过三角验证对信息资料不断地进行修正与完善,形成问卷三稿。(4) 问卷预测试。问卷在正式大规模调查使用之前,选择在小范围进行问卷预测试,并在问卷已有题项基础上增加"问题和建议"的主观性问答题项,根据回收问卷的效度分析、因子分析与信度检验结果,结合反馈的问题和建议,对变量测量题项进行科学甄别与筛选,进一步完善观测指标体系,形成问卷终稿。问卷具体内容见附录2。

二、变量测量

根据第三章企业参与职业教育办学影响因素构成及相互之间关系分析,结合问卷编制方法和流程,得到企业参与职业教育办学行为态度、主观规范、知觉行为控制、行为意向、行为、需求满足及财税政策等7个潜变量最终的测量题项。

(一) 行为态度、主观规范和知觉行为控制的测量

行为态度(AB)反映了企业对参与职业教育办学的支持或反对态度,观测维度包括功利性(u)和情感性(m)行为态度,由对行为结果的信念强度(b)和重要程度估计(e)共同决定($Auk = \sqrt{Aubk \times Auek}$、$Amk = \sqrt{Ambk \times Amek}$,其中,$Auk$、$Amk$ 为行为态度测量点,$k = 1$、2、3)。结合第三章有关内容分析、企业开放式访谈与专家咨询,企业行为态度功利性指标包括企业战略规划($Au1$)、组织结构($Au2$)、技术构成($Au3$)等因素;行为态度情感性指标包括投入成本($Am1$)、预期收益($Am2$)、职业教育情怀($Am3$)等因素。企业参与职业教育办学行为态度的具体测量条款如表4-1所示。

表 4-1　　企业参与职业教育办学行为态度测量条款

潜变量	维　度	代码	测量条款
行为态度（*AB*）	功利性态度（*Au*）	*Aub*1	企业参与职业教育办学有利于落实战略规划
		*Aue*1	落实战略规划对企业非常重要
		*Aub*2	企业参与职业教育办学有利于优化组织结构
		*Aue*2	优化组织结构对企业非常重要
		*Aub*3	企业参与职业教育办学有利于优化技术构成
		*Aue*3	优化技术构成对企业非常重要
	情感性态度（*Am*）	*Amb*1	企业参与职业教育办学过程中花费高昂的成本
		*Ame*1	成本核算对于企业非常重要
		*Amb*2	企业参与职业教育办学过程中获得丰厚的收益
		*Ame*2	收益核算对企业非常重要
		*Amb*3	企业及企业家本人有浓厚的教育情怀
		*Ame*3	教育情怀对企业非常重要

资料来源：根据相关资料整理，开放式访谈、专家咨询。

主观规范（*SN*）反映了企业参与职业教育办学决策感知来自政府、行业、同行、学校等其他重要办学主体的压力，观测维度包括个人规范（*p*）、指令性规范（*i*）和示范性规范（*d*），由对行为结果的规范信念（*n*）和顺从动机（*m*）共同决定（$Spk = \sqrt{Spnk \times Spmk}$、$Sik = \sqrt{Sink \times Simk}$、$Sdk = \sqrt{Sdnk \times Sdmk}$，其中，*Spk*、*Sik*、*Sdk* 为主观规范测量点，$k = 1$、2）。根据第三章相关文献梳理和开放式访谈、专家咨询可知，个人规范主要来自对员工成长的义务（*Sp*1）、社会责任的义务（*Sp*2）；由于本研究重点考察政府采用财税政策干预手段对企业参与职业教育办学的激励效应，为避免变量间的自相关，企业来自政府的指令性规范在此不做讨论，只讨论行业组织指导（*Si*1）及学校配合（*Si*2）对企业参与职业教育办学决策的影响；示范性规范主要来自同类型企业（*Sd*1）或者标杆龙头企业（*Sd*2）的示范效应。企业参与职业教育办学主观规范的具体测量条款如表 4-2 所示。

表 4-2　　企业参与职业教育办学主观规范测量条款

潜变量	维　度	代码	测量条款
主观规范（*SN*）	个人规范（*Sp*）	*Spn*1	企业应该通过参与职业教育办学促进员工个人成长
		*Spm*1	企业能够做到通过参与职业教育办学促进员工个人成长
		*Spn*2	企业应该通过参与职业教育办学承担更多的社会责任
		*Spm*2	企业能够做到通过参与职业教育办学承担更多的社会责任
	指令性规范（*Si*）	*Sin*1	行业组织应该大力推动企业参与职业教育办学
		*Sim*1	企业会积极配合行业组织的协调指导
		*Sin*2	职业院校应该主动加强与企业合作开展办学
		*Sim*2	企业会积极响应职业院校合作办学行为
	示范性规范（*Sd*）	*Sdn*1	同类企业应积极参与职业教育办学
		*Sdm*1	如果同类企业参与职业教育办学，本企业也会效仿跟进
		*Sdn*2	标杆龙头企业应该积极参与职业教育办学
		*Sdm*2	如果标杆龙头企业参与职业教育办学，本企业也会效仿跟进

资料来源：根据相关资料整理，开放式访谈、专家咨询。

知觉行为控制（*PC*）反映了企业参与职业教育办学行为实施的难易程度，观测维度包括自我效能感（*s*）和控制力（*c*），由对行为结果的控制信念（*c*）和感知促进因素（*p*）共同决定（$Psk = \sqrt{Psck \times Pspk}$、$Pck = \sqrt{Pcck \times Pcpk}$，其中，$Psk$、$Pck$ 为知觉行为控制测量点，$k = 1$、2、3）。根据相关的文献梳理和开放式访谈、专家咨询可知，自我效能感主要包括企业对参与职业教育办学中具有专业知识（*Ps*1）、管理知识（*Ps*2）以及信息识别、获取能力（*Ps*3）等方面持有的信心；控制力主要包括企业参与职业教育办学过程中对时间压力（*Pc*1）、其他办学主体配合（*Pc*2）、生产设备使用（*Pc*3）等方面持有的控制力。企业参与职业教育办学知觉行为控制的具体测量条款如表 4-3 所示。

表 4-3　　企业参与职业教育办学知觉行为控制测量条款

潜变量	维　度	代码	测量条款
知觉行为控制（*PC*）	自我效能感（*Ps*）	*Psc*1	专业知识可能影响企业参与职业教育办学
		*Psp*1	企业拥有足够的专业知识应对参与职业教育办学
		*Psc*2	管理能力可能影响企业参与职业教育办学

续表

潜变量	维　度	代码	测量条款
知觉行为控制（*PC*）	自我效能感（*Ps*）	*Psp*2	企业拥有足够的管理能力应对参与职业教育办学
		*Psc*3	信息识别、获取能力可能影响企业参与职业教育办学
		*Psp*3	企业拥有足够的信息识别、获取能力应对参与职业教育办学
	控制力（*Pc*）	*Pcc*1	时间压力可能影响企业参与职业教育办学
		*Pcp*1	企业能够顺利支配时间保障参与职业教育办学
		*Pcc*2	其他办学主体行为可能影响企业参与职业教育办学
		*Pcp*2	企业能够顺利协调其他办学主体支持参与职业教育办学
		*Pcc*3	生产设备使用可能影响企业参与职业教育办学
		*Pcp*3	企业能够顺利调配生产设备保障参与职业教育办学

资料来源：根据相关资料整理，开放式访谈、专家咨询。

（二）行为意向和行为的测量

行为意向（*BI*）反映了企业愿意尝试参与职业教育办学的可能性，并为之努力的程度。泽萨姆等（Zeithaml et al.，1996）将行为意向细化为忠诚度、转换度、愿意付出、外部反应、内部反应等5类指标。[①] 冉云芳（2019）侧重于忠诚度、愿意付出，开发了企业参与职业教育办学行为意向量表。[②] 综合以上研究成果，本研究对企业参与职业教育办学行为意向的具体测量条款如表4－4所示。

表4－4　企业参与职业教育办学行为意向测量条款

潜变量	测量条款
行为意向（*BI*）	*BI*1 企业愿意积极参与职业教育办学
	*BI*2 企业愿意承担参与职业教育办学的职责和任务
	*BI*3 企业愿意宣传参与职业教育办学的积极作用

资料来源：根据相关资料整理。

行为（*B*）反映了企业参与职业教育办学过程中主观能动性、活力发挥

① Zeithaml V A, Parasuraman L L B. The Behavioral Consequences of Service Quality [J]. Journal of Marketing, 1996, 60 (2): 31－46.

② 冉云芳．企业参与职业教育办学的成本收益研究［M］．上海：华东师范大学出版社，2019：54.

等方面的情况。根据相关文献梳理和开放式访谈、专家咨询可知，企业参与职业教育办学行为包括制订计划和安排、增加投入、全过程参与等3个层面。结合相关研究成果和专家咨询，形成企业参与职业教育办学行为的具体测量条款如表4-5所示。

表4-5　　　　企业参与职业教育办学行为测量条款

潜变量	测量条款
行为（*B*）	*B*1 企业参与职业教育办学已有适当的计划和进度安排
	*B*2 企业正逐步加大对参与职业教育办学的投入力度
	*B*3 企业正逐步全面实现职业教育办学全过程参与

资料来源：根据相关资料整理，专家咨询。

（三）需求满足的测量

根据第二章企业行为目的分析，企业参与职业教育办学的需求包括经济、人力、技术和社会资本等方面，结合已有研究成果梳理、开放式访谈、专家咨询结果，企业参与职业教育办学需求满足的具体测量条款如表4-6所示。

表4-6　　　　企业参与职业教育办学需求满足测量条款

潜变量	测量条款
需求满足（*Ds*）	*Ds*1 企业从参与职业教育办学中得到经济收益需求满足
	*Ds*2 企业从参与职业教育办学中得到人才需求满足
	*Ds*3 企业从参与职业教育办学中得到技术需求满足
	*Ds*4 企业从参与职业教育办学中得到社会资源需求满足

资料来源：根据相关资料整理，开放式访谈、专家咨询。

（四）财税政策的测量

财税政策（*E*）具体包括税收政策（*Et*）和财政政策（*Ef*）。在第二章企业参与职业教育办学现行有效政策条款梳理与分析基础上，进一步对其进行归类与合并，然后与不同学科领域专家学者和企业管理人员进行交流讨论，最终从现行有效政策中筛选出了具有代表性的6项税收政策和8项财政政策。借鉴相关文献使用测试受试者对具体措施的感受讨论财税政策激励效应的做法，①

① 孙莹. 税收激励政策对企业创新绩效的影响研究［M］. 上海：上海人民出版社，2016：112-117.

设计财税政策的具体测量条款如表 4 –7 所示。

表 4 –7　　财税政策测量条款

潜变量	测量条款
税收政策（Et）	Et1 企业兴办职业教育投资可按投资额的 30% 抵免当年应缴教育费附加和地方教育附加
	Et2 企业发生校企合作捐赠、报酬支出在计算应纳税所得额时扣除
	Et3 企业用于购买捐赠职业院校实训设备的费用作为税前列支
	Et4 企业与职业院校设立具有独立法人性质的经营性实训基地免征企业所得税地方分享部分
	Et5 企业发生的职工教育经费支出，不超过工资薪金总额 8% 的部分准予扣除，超过部分准予在以后纳税年度结转扣除
	Et6 企业举办职业教育机构或设立校内外实习实训、实践基地的，学校自用的房产、土地免征房产税、城镇土地使用税
财政政策（Ef）	Ef1 企业与职业院校联合设立产教融合示范园区、职业教育实习实训基地给予资助
	Ef2 职业院校参与企业技术改造、产品研发、科技攻关和促进科技成果转化给予资助或奖励
	Ef3 企业与职业院校合作开展职工教育和培训并取得显著成绩给予奖励、表彰
	Ef4 企业接纳职业院校学生实习发生的物耗能耗给予资助
	Ef5 到职业院校任教的企业兼职教师薪酬和培养培训给予资助
	Ef6 职业院校从企业引进高端技能人才实施政府购买服务补助
	Ef7 企业办学符合职业教育发展规划要求的，通过政府购买服务等方式给予支持
	Ef8 对职教集团发展提供政府购买服务支持

资料来源：根据相关资料整理，开放式访谈、专家咨询。

第二节　预测试问卷分析

本研究根据上面潜变量测量条款按程序编制预测试问卷，采用抽样调查进行预试问卷分析。考虑到研究成本和操作性因素，作者主要在工作所在地范围内对相关企业进行问卷调查，问卷调查过程中注重向调查对象解释问卷中涉及概念和相关疑问，尽可能保证问卷填答的有效性。预测试共计发放问卷 133 份，回收 121 份，回收率 90.98%。在回收的问卷中，剔除多数题项没有填答、勾选单一选项等无效问卷 17 份，最终获得有效问卷 102 份，有效回收率 76.69%。

一、分析程序与判断标准

预测试问卷测试完成后，通过对回收数据的量表项目分析和效度、信度检验判断问卷质量，为后期完善问卷题项，完成正式问卷编制提供依据。

（一）量表项目分析

项目分析主要是通过研究高低分受试者对每个具体测量题项的赋分差异，或者验算测量题项间的同质性，以检验预测试问卷所编制量表或设计测量题项的适切性或可行性，为筛选调整个别题项，修改优化初始问卷提供实证依据。主要包括临界比值（critical ration）检验和同质性（homogeneity）检验。①

临界比值检验又称极端值检验，是项目分析最常用检验指标，依据受试者在题项的总得分排序，找出得分前 27% 的高分组受试者和得分后 27% 的低分组受试者，运用独立样本 t 检验判断高低分两组受试者在各测量题项平均得数的差异显著性。为提高问卷测量题项的鉴别度（discrimination），一般将临界比值 t 统计量的标准值设为 3.00，未达显著水平标准的测量题项可考虑删除。

同质性检验法包括测量题项与量表总分的相关性、量表内部一致性信度检验以及测量题项的共同构念因子负荷量。问卷中每个测量题项都应该保持与问卷测量共同构念（construct）高程度的相关性，一般来说，将个别测量题项与量表总分相关系数为 0.4 作为其相关性的判断标准。如果低于这个标准，则表示该测量题项与问卷总体构念关系不密切，可以考虑删除。因子负荷量代表了问卷测量的共同构念能有效解释个别测量题项的变异，一般来说，如果测量题项的共同构念因子负荷量小于 0.45，则表示问卷测量的共同构念能够解释该测量题项的变异小于 20%，可以考虑删除。

（二）信度与效度检验

信度（reliability）就是量表及量表各层面效果的稳定性（stability）及一致性（consistency）。信度越大，则量表测量标准误就越小。通常情况下，

① 吴明隆．问卷统计分析实务——SPSS 操作与应用［M］．重庆：重庆大学出版社，2017：158－160.

α 系数是检验态度量表中信度的常用方法。计算公式为：

$$\alpha = \frac{K}{K-1}\left(1 - \frac{\sum S_i^2}{S^2}\right)$$

其中，K 为量表题项总数，$\sum S_i^2$ 为量表测量题项方差总和，S^2 为量表测量题项加总后的方差。α 系数值位于 0～1，值越大表明信度越高。根据已有研究成果，α 系数的信度判断标准对应情况梳理如表 4－8 所示。

表 4－8　*Cronbach's* α 系数信度判断对照

取值区间	信度可接受情况
[0,0.65]	不可接受
(0.65,0.7)	最小可接受值
0.7	可接受基准值
(0.7,0.8]	相当好
(0.8,1]	非常好

资料来源：Nunnally J C. Psychometric theory [J]. American Educational Research Journal, 1978, 5 (3): 83.

效度（validity）指测验问卷受试者分数的准确性、有用性，即测量工具能够测出研究者所想要的心理特质的程度，测量结果与考察内容越吻合，效度越高，反之则越低。吴明隆（2010）认为，效度检验的建构步骤主要包括：（1）根据已有研究成果和实践经验构建假设性理论模型；（2）编制适合于假设性理论的测验工具；（3）问卷测试；（4）用统计方法检验该测验工具是否可以有效解释所欲建构的心理特质。① 行为社科领域的研究中，因子分析（factor analysis）根据共同因子（common factor）确定观念的结构成分认定心理学上的特质，被认为是建构效度最常用的方法。项目分析完成后，如果用因子分析检验量表效度，并且有效抽取的共同因子与理论架构的心理特质越接近，那么说明量表具有建构效度。另外，因子分析还可以根据相关系数值判断变量间是否具有共同因子，以实现合并因子化简数据。量表编制过程中，如果在已有相关研究成果基础上明确了所含分量表测量题项的归属

① 吴明隆．结构方程模型——AMOS 的操作与应用［M］．重庆大学出版社，2010：195－199.

界定，那么就可以根据各量表层面包含的测量题项变量分别进行因子分析。

二、问卷量表的项目分析

（一）行为态度、主观规范和知觉行为控制量表项目分析

表4－9是对潜变量行为态度、主观规范和知觉行为控制量表项目分析结果。行为态度6个测量点项目分析均通过检验，对应题项理应在问卷中保留。但*Am*2的极端组比较决断值，*Am*1和*Am*2与总分相关系数、共同性萃取值、因子负荷量值出现异常，与其他测量点相比明显较小。因此，在后续的效度及信度检验要重点关注，对应题项在问卷中是否保留要结合后续研究结果综合判断。同理，主观规范测量点*Sp*1、知觉行为控制题项*Pc*3暂时在问卷中保留，后续效度及信度检验重点关注。

表4－9　行为态度、主观规范和知觉行为控制量表项目分析摘要

潜变量	测量点	极端组比较	题项与总分相关	同质性检验		备注
		决断值	相关系数	共同性萃取值	因子负荷量	
行为态度（*AB*）	*Au*1	10.250***	0.869**	0.799	0.894	保留
	*Au*2	15.689***	0.871**	0.812	0.901	保留
	*Au*3	11.626***	0.847**	0.768	0.877	保留
	*Am*1	11.829***	0.663**	0.375	0.613	暂时保留
	*Am*2	7.221***	0.629**	0.317	0.563	暂时保留
	*Am*3	10.554***	0.844**	0.741	0.861	保留
主观规范（*SN*）	*Sp*1	13.832***	0.811**	0.635	0.797	暂时保留
	*Sp*2	13.859***	0.910**	0.825	0.908	保留
	*Si*1	10.871***	0.927**	0.858	0.927	保留
	*Si*2	8.824***	0.933**	0.880	0.938	保留
	*Sd*1	8.782***	0.934**	0.882	0.939	保留
	*Sd*2	9.197***	0.927**	0.869	0.932	保留
知觉行为控制（*PC*）	*Ps*1	9.477***	0.887**	0.800	0.895	保留
	*Ps*2	12.207***	0.906**	0.839	0.916	保留
	*Ps*3	11.951***	0.924**	0.859	0.927	保留

续表

潜变量	测量点	极端组比较	题项与总分相关	同质性检验		备注
		决断值	相关系数	共同性萃取值	因子负荷量	
知觉行为控制（PC）	*Pc*1	15.241***	0.932**	0.869	0.932	保留
	*Pc*2	15.604***	0.902**	0.805	0.897	保留
	*Pc*3	15.052***	0.842**	0.682	0.826	暂时保留
判断标准		≥3.000	≥0.400	≥0.200	≥0.450	—

注：** 表示 $p<0.01$，*** 表示 $p<0.001$。

（二）行为意向和行为量表项目分析

表4-10是对潜变量行为意向和行为量表的项目分析结果。行为意向3个测量题项项目分析均通过检验，说明3个测量题项均有较好的鉴别度，且与问卷总体构念关系密切，对应题项应在问卷中予以保留。行为测量题项*B*1所有项目分析指标值相对较小，存在异常，在后续效度及信度检验应重点予以关注，其对应题项在问卷中是否保留要视后续检验情况综合判断。

表4-10　　　　行为意向和行为量表项目分析摘要

潜变量	题项	极端组比较	题项与总分相关	同质性检验		备注
		决断值	相关系数	共同性萃取值	因子负荷量	
行为意向（BI）	*BI*1	10.627***	0.941**	0.886	0.942	保留
	*BI*2	12.258***	0.953**	0.902	0.949	保留
	*BI*3	9.604***	0.916**	0.846	0.920	保留
行为（B）	*B*1	10.475***	0.879**	0.760	0.872	暂时保留
	*B*2	16.000***	0.946**	0.906	0.952	保留
	*B*3	15.057***	0.917**	0.843	0.918	保留
判断标准		≥3.000	≥0.400	≥0.200	≥0.450	—

注：** 表示 $p<0.01$，*** 表示 $p<0.001$。

（三）需求满足量表项目分析

表4-11是对潜变量需求满足量表的项目分析结果。需求满足4个测量

题项极端组比较决断值均在 13 以上，与总分相关系数均在 0.89 以上，共同性萃取值均在 0.8 以上，因子负荷量均在 0.9 上下，表现出良好的鉴别度和与问卷总体构念密切度，对应题项应在问卷中予以保留。

表 4－11　　　　需求满足量表项目分析摘要

潜变量	题项	极端组比较	题项与总分相关	同质性检验		备注
		决断值	相关系数	共同性萃取值	因子负荷量	
需求满足（*Ds*）	*Ds*1	16.043***	0.905**	0.805	0.897	保留
	*Ds*2	13.073***	0.892**	0.807	0.898	保留
	*Ds*3	14.817***	0.930**	0.866	0.931	保留
	*Ds*4	13.295***	0.917**	0.843	0.918	保留
	判断标准	≥3.000	≥0.400	≥0.200	≥0.450	—

注：** 表示 $p<0.01$，*** 表示 $p<0.001$。

（四）财税政策量表项目分析

表 4－12 是对潜变量财税政策量表的项目分析结果。税收政策 6 个测量题项中，极端组比较决断值、与总分相关系数、共同性萃取值、因子负荷量最小值分别为 10.710、0.834、0.690、0.831，但都大于量表项目分析各项质量判断标准值，且不存在异常值，对应题项应在问卷中予以保留。同理，财政政策 8 个测量题项也均不存在异常值，说明各个测量题项均有较好的鉴别度，且与问卷总体构念关系密切，对应题项应在问卷中予以保留。

表 4－12　　　　财税政策量表项目分析摘要

潜变量	题项	极端组比较	题项与总分相关	同质性检验		备注
		决断值	相关系数	共同性萃取值	因子负荷量	
税收政策（*Et*）	*Et*1	10.710***	0.893**	0.788	0.887	保留
	*Et*2	11.736***	0.834**	0.690	0.831	保留
	*Et*3	13.967***	0.923**	0.854	0.924	保留
	*Et*4	13.363***	0.866**	0.758	0.870	保留

续表

潜变量	题项	极端组比较	题项与总分相关	同质性检验		备注
		决断值	相关系数	共同性萃取值	因子负荷量	
税收政策（*Et*）	*Et*5	14.683***	0.895**	0.808	0.899	保留
	*Et*6	13.224***	0.912**	0.829	0.911	保留
财政政策（*Ef*）	*Ef*1	13.034***	0.863**	0.736	0.858	保留
	*Ef*2	13.905***	0.907**	0.821	0.906	保留
	*Ef*3	9.978***	0.849**	0.726	0.852	保留
	*Ef*4	9.798***	0.878**	0.771	0.878	保留
	*Ef*5	10.308***	0.857**	0.732	0.855	保留
	*Ef*6	13.766***	0.866**	0.753	0.868	保留
	*Ef*7	12.258***	0.931**	0.873	0.934	保留
	*Ef*8	13.133***	0.900**	0.809	0.900	保留
判断标准		≥3.000	≥0.400	≥0.200	≥0.450	—

注：** 表示 $p<0.01$，*** 表示 $p<0.001$。

三、问卷信度与效度检验

（一）行为态度、主观规范和知觉行为控制量表分析

表 4－13 是对潜变量行为态度量表的信度与效度检验结果。采用主成分分析配合最大变异法（varimax）正交旋转 6 个测量点，萃取一个特征值为 3.814 的共同因子，解释变异量 63.563%。除在项目分析中重点关注的 *Am*1 和 *Am*2，其他检测指标因素负荷量均在 0.8 以上，表示各测量点能够有效反映共同因子，*Am*2 因素负荷量仅为 0.563，勉强超过判断标准。另外，*Am*1 和 *Am*2 修正的项目总相关系数值明显低于其他测量点，*Am*2 低至 0.454，说明与整体较为明显缺乏一致性。量表内部一致性 α 系数信度检验过程中，如果将 *Am*2 相应题项删除，可以将量表内部一致性 α 系数由 0.871 较大幅度提升至 0.889；虽然 *Am*1 相应题项删除也可将量表内部一致性 α 系数提升至 0.88，但删除前后信度变化不大。考虑到 *Am*1 和 *Am*2 测量情感性态度的同一维度，为尽可能避免潜变量测量信息的过多缺失，决定仅删除 *Am*2 所对应

题项，其余测量点对应的题项均予以保留。

表 4-13　　　　行为态度量表信度与效度检验摘要

测量点	成分	参照因素负荷量	项目整体统计量			
			项目删除时的尺度平均数	项目删除时的尺度方差	修正的项目总相关	项目删除时的 Cronbach's α 值
*Au*1	0.894	≥0.5	24.7027	16.442	0.804	0.828
*Au*2	0.901		24.8745	15.922	0.801	0.826
*Au*3	0.877		24.8708	16.693	0.773	0.833
*Am*1	0.613		25.3488	17.759	0.502	0.880
*Am*2	0.563		25.6157	18.076	0.454	0.889
*Am*3	0.861		24.7226	16.499	0.766	0.833
平方和负荷量萃取			可靠性统计量			
总和	方差的百分比（%）	累积（%）	Cronbach's α 值		项目个数（个）	
3.814	63.563	63.563	0.871		6	

表 4-14 是对潜变量主观规范量表的信度与效度检验结果。采用主成分分析配合最大变异法正交旋转 6 个测量点，萃取一个特征值为 4.949 的共同因子，解释变异量 82.490%。因素负荷量在 0.797 以上，各测量点能够有效反映其因素构念。量表内部一致性 α 系数信度检验过程中，如果将 *Sp*1 相应题项删除，可以将量表内部一致性 α 系数由 0.956 提升至 0.963，可将该测量点对应题项删除。

表 4-14　　　　主观规范量表信度与效度检验摘要

测量点	成分	参照因素负荷量	项目整体统计量			
			项目删除时的尺度平均数	项目删除时的尺度方差	修正的项目总相关	项目删除时的 Cronbach's α 值
*Sp*1	0.797	≥0.5	26.2932	23.590	0.726	0.963
*Sp*2	0.908		26.1994	22.792	0.869	0.947
*Si*1	0.927		26.1726	22.186	0.891	0.944
*Si*2	0.938		26.0172	22.936	0.904	0.944
*Sd*1	0.939		26.1411	22.684	0.904	0.943
*Sd*2	0.932		26.1997	22.466	0.892	0.944

续表

测量点	成分	参照因素负荷量	项目整体统计量			
			项目删除时的尺度平均数	项目删除时的尺度方差	修正的项目总相关	项目删除时的 Cronbach's α 值
平方和负荷量萃取			可靠性统计量			
总和	方差的百分比（%）	累积（%）	Cronbach's α 值		项目个数（个）	
4.949	82.490	82.490	0.956		6	

表 4－15 是对潜变量知觉行为控制量表的信度与效度检验结果。采用主成分分析配合最大变异法正交旋转 6 个测量点，萃取一个特征值为 4.854 的共同因子，解释变异量 80.906%。因素负荷量在 0.826 以上，超过了 0.5 的参照检验标准，但将项目分析中提醒重点关注的测量点 *Pc*3 对应题项删除后，量表内部一致性 α 系数可由 0.95 增加至 0.953，没有通过检验，故将该测量点对应题项删除。

表 4－15　　　　知觉行为控制量表信度与效度检验摘要

测量点	成分	参照因素负荷量	项目整体统计量			
			项目删除时的尺度平均数	项目删除时的尺度方差	修正的项目总相关	项目删除时的 Cronbach's α 值
*Ps*1	0.895	≥0.5	24.5997	26.971	0.839	0.942
*Ps*2	0.916		24.6739	26.736	0.865	0.939
*Ps*3	0.927		24.7422	25.933	0.888	0.936
*Pc*1	0.932		24.8722	25.945	0.901	0.935
*Pc*2	0.897		24.9288	25.590	0.853	0.940
*Pc*3	0.826		25.0895	25.724	0.760	0.953
平方和负荷量萃取			可靠性统计量			
总和	方差的百分比（%）	累积（%）	Cronbach's α 值		项目个数（个）	
4.854	80.906	80.906	0.95		6	

（二）行为意向和行为量表分析

表 4－16 是对潜变量行为意向量表的信度与效度检验结果。采用主成分分析配合最大变异法正交旋转 3 个测量题项，萃取一个特征值为 2.614 的共同因子，解释变异量 87.121%。各检测指标因素负荷量均在 0.9 以上，表示

检测指标能够有效反映共同因子，量表内部一致性 α 系数高达 0.925。各检测指标修正的项目总相关系数值介于 0.814～0.876，说明检测指标与整体保持较高的一致性。不存在任何一项测量题项删除会导致量表内部一致性 α 系数提高，表明潜变量行为意向的内部一致性信度非常理想。

表 4－16　　　　行为意向量表信度与效度检验摘要

<table>
<tr><td rowspan="2">题项</td><td rowspan="2">成分</td><td rowspan="2">参照因素负荷量</td><td colspan="4">项目整体统计量</td></tr>
<tr><td>项目删除时的尺度平均数</td><td>项目删除时的尺度方差</td><td>修正的项目总相关</td><td>项目删除时的 Cronbach's α 值</td></tr>
<tr><td>BI1</td><td>0.938</td><td rowspan="3">≥0.5</td><td>10.6569</td><td>3.950</td><td>0.861</td><td>0.881</td></tr>
<tr><td>BI2</td><td>0.946</td><td>10.8039</td><td>3.526</td><td>0.876</td><td>0.871</td></tr>
<tr><td>BI3</td><td>0.915</td><td>10.6176</td><td>4.219</td><td>0.814</td><td>0.918</td></tr>
<tr><td colspan="3">平方和负荷量萃取</td><td colspan="4">可靠性统计量</td></tr>
<tr><td>总和</td><td>方差的百分比（%）</td><td>累积（%）</td><td colspan="2">Cronbach's α 值</td><td colspan="2">项目个数（个）</td></tr>
<tr><td>2.614</td><td>87.121</td><td>87.121</td><td colspan="2">0.925</td><td colspan="2">3</td></tr>
</table>

表 4－17 是对潜变量行为量表的信度与效度检验结果。采用主成分分析配合最大变异法正交旋转 3 个测量题项，萃取一个特征值为 2.474 的共同因子，解释变异量 82.460%。在项目分析中暂时保留的测量题项 *B*1 果然在信度分析中出现不符合标准情况，即删除该题项后量表内部一致性 α 系数由 0.89 提升至 0.914，因此将测量题项 *B*1 删除。

表 4－17　　　　行为量表信度与效度检验摘要

<table>
<tr><td rowspan="2">题项</td><td rowspan="2">成分</td><td rowspan="2">参照因素负荷量</td><td colspan="4">项目整体统计量</td></tr>
<tr><td>项目删除时的尺度平均数</td><td>项目删除时的尺度方差</td><td>修正的项目总相关</td><td>项目删除时的 Cronbach's α 值</td></tr>
<tr><td>B1</td><td>0.861</td><td rowspan="3">≥0.5</td><td>10.3137</td><td>4.316</td><td>0.706</td><td>0.914</td></tr>
<tr><td>B2</td><td>0.948</td><td>10.3039</td><td>4.174</td><td>0.870</td><td>0.775</td></tr>
<tr><td>B3</td><td>0.913</td><td>10.3627</td><td>4.035</td><td>0.790</td><td>0.841</td></tr>
<tr><td colspan="3">平方和负荷量萃取</td><td colspan="4">可靠性统计量</td></tr>
<tr><td>总和</td><td>方差的百分比（%）</td><td>累积（%）</td><td colspan="2">Cronbach's α 值</td><td colspan="2">项目个数（个）</td></tr>
<tr><td>2.474</td><td>82.460</td><td>82.460</td><td colspan="2">0.89</td><td colspan="2">3</td></tr>
</table>

（三）需求满足量表分析

表4－18是对潜变量需求满足量表的信度与效度检验结果。采用主成分分析配合最大变异法正交旋转4个测量题项，萃取一个特征值为3.24的共同因子，解释变异量81.001%。各检测指标因素负荷量最小值0.883，大幅高于0.5的检验标准。各检测指标修正的项目总相关系数值处于0.792～0.852的较高位置，不存在测量题项删除导致量表内部一致性α系数升高的情况，表明潜变量行为意向的信度与效度检验情况非常理想。

表4－18　　　　需求满足量表信度与效度检验摘要

题项	成分	参照因素负荷量	项目整体统计量			
			项目删除时的尺度平均数	项目删除时的尺度方差	修正的项目总相关	项目删除时的 *Cronbach's* α 值
*Ds*1	0.883	≥0.5	14.7549	11.078	0.792	0.907
*Ds*2	0.887		14.3824	12.417	0.798	0.904
*Ds*3	0.922		14.5980	11.134	0.852	0.884
*Ds*4	0.908		14.5000	11.678	0.834	0.890
平方和负荷量萃取			可靠性统计量			
总和	方差的百分比（%）	累积（%）	*Cronbach's* α 值		项目个数（个）	
3.240	81.001	81.001	0.92		4	

（四）财税政策量表项目分析

表4－19是对潜变量税收政策量表的信度与效度检验结果。采用主成分分析配合最大变异法正交旋转6个测量题项，萃取一个特征值为4.594的共同因子，解释变异量76.564%。各检测指标因素负荷量均在0.8以上，能够有效反映共同因子，量表内部一致性α系数高达0.938。各检测指标修正的项目总相关系数值介于0.734～0.855，说明检测指标与整体保持较高的一致性。项目删除时的*Cronbach's* α值也通过检验，项目分析中也不存在不合格或重点关注测量题项。综上所述，潜变量税收政策的信度与效度都非常理想。

表 4－19　　　　税收政策量表信度与效度检验摘要

题项	成分	参照因素负荷量	项目整体统计量			
			项目删除时的尺度平均数	项目删除时的尺度方差	修正的项目总相关	项目删除时的 *Cronbach's* α 值
*Et*1	0. 876	≥0. 5	24. 6471	29. 637	0. 819	0. 927
*Et*2	0. 808		24. 6176	32. 357	0. 734	0. 936
*Et*3	0. 915		24. 6471	30. 191	0. 872	0. 920
*Et*4	0. 856		24. 4902	31. 876	0. 788	0. 930
*Et*5	0. 887		24. 5980	30. 995	0. 829	0. 925
*Et*6	0. 903		24. 5490	29. 854	0. 855	0. 922
平方和负荷量萃取			可靠性统计量			
总和	方差的百分比（%）	累积（%）	*Cronbach's* α 值		项目个数（个）	
4. 594	76. 564	76. 564	0. 938		6	

表 4－20 是对潜变量财政政策量表的信度与效度检验结果。采用主成分分析配合最大变异法正交旋转 8 个测量题项，萃取一个特征值为 6. 068 的共同因子，解释变异量 75. 845%。各检测指标因素负荷量在 0. 838～0. 929，量表内部一致性 α 系数 0. 954，修正的项目总相关系数均在 0. 792 以上，均超出各自的检验标准值，并通过项目删除时的 *Cronbach's* α 值检验要求，故潜变量财政政策通过信度与效度检验。

表 4－20　　　　财政政策量表信度与效度检验摘要

题项	成分	参照因素负荷量	项目整体统计量			
			项目删除时的尺度平均数	项目删除时的尺度方差	修正的项目总相关	项目删除时的 *Cronbach's* α 值
*Ef*1	0. 846	≥0. 5	35. 8333	47. 942	0. 799	0. 950
*Ef*2	0. 896		35. 8922	47. 503	0. 861	0. 945
*Ef*3	0. 838		35. 7157	50. 166	0. 788	0. 950
*Ef*4	0. 868		35. 7745	48. 454	0. 825	0. 948
*Ef*5	0. 841		35. 8529	48. 721	0. 792	0. 950
*Ef*6	0. 854		35. 8039	49. 347	0. 807	0. 949
*Ef*7	0. 929		35. 7843	48. 012	0. 901	0. 943
*Ef*8	0. 890		35. 8627	47. 387	0. 852	0. 946

续表

<table>
<tr><td rowspan="2">题项</td><td rowspan="2">成分</td><td rowspan="2">参照因素负荷量</td><td colspan="4">项目整体统计量</td></tr>
<tr><td>项目删除时的尺度平均数</td><td>项目删除时的尺度方差</td><td>修正的项目总相关</td><td>项目删除时的 Cronbach's α 值</td></tr>
<tr><td colspan="3">平方和负荷量萃取</td><td colspan="4">可靠性统计量</td></tr>
<tr><td>总和</td><td>方差的百分比（%）</td><td>累积（%）</td><td colspan="2">Cronbach's α 值</td><td colspan="2">项目个数（个）</td></tr>
<tr><td>6.068</td><td>75.845</td><td>75.845</td><td colspan="2">0.954</td><td colspan="2">8</td></tr>
</table>

根据上述量表项目分析与信度与效度检验结果，删除 *Am*2、*Sp*1、*Pc*3、*B*1 4 个测量点对应的 *Amb*2、*Ame*2、*Spn*1、*Spm*1、*Pcc*3、*Pcp*3、*B*1 7 个题项，至此，确立了本研究的正式问卷（详见附录 2）。

第三节　数据来源与统计

一、样本与数据来源

（一）样本筛选

本研究选取有过职业教育校企合作经验的企业作为目标样本，调查其在财税政策激励效应情境下参与职业教育办学的情况。具体采取了以下策略：(1) 问卷设计上，通过“问卷网”制作电子问卷，将第一个题项设计为“贵企业是否与职业院校开展过校企合作”的单项选择题，选择“是”的允许继续答题，选择“否”的自动结束调查并不计入统计结果。(2) 在样本筛查上，由于研究者对企业是否有校企合作经验存在信息不对称，因此在问卷调查的具体实施过程中，研究者不直接面向不熟悉的企业开展调查，而是先借助合作职业院校或者其他组织进行企业信息筛查过滤，再进行问卷调查。

（二）样本数量

本研究将运用结构方程模型（Structural Equation Modeling，SEM）验证财税政策激励企业参与职业教育办学概念模型，问卷测量题项与有效样本容量决定了调查数据质量。以往研究中，大多数学者认为 SEM 研究的样本数量至少应达到 200 个，也有学者认为，有效样本数量与问卷测量问项的比例应该保证在 5∶1～10∶1 的区间内[①]。本研究经过预测试问卷的项目分析和效度、信度检验，对题项进行甄别筛选后，所确定的正式问卷包括 61 个必答题项，因此，对应的有效样本数量合理区间应该在 305～610 个。

鉴于研究者独自对企业开展大范围调查具有较大难度，为确保样本量，研究者采取了以下策略：（1）依托中国职业技术教育学会城市职业技术教育委员会，重点向北京、上海、广州、杭州、南京、福州、厦门等职业教育发展情况较好的城市推送与回收调查问卷。（2）依托宁波市职业技术教育学会对宁波市职业院校合作企业进行深入调查，尤其是对学会评选的宁波市职业教育校企合作典型企业及优秀企业家进行重点访谈与调查。（3）依托历届中国中青年职教论坛会务组、各级职业技术教育学会年会秘书处，以及职业教育类学术刊物杂志向各会员职业院校或企业推荐问卷。（4）选择微信、QQ 联系人中的同事、朋友、同学，以微信、QQ 聊天形式进行问卷投放，同时采用滚雪球的方法，请他们进行问卷的再投放，以尽可能增加样本量。

（三）样本代表性

本研究有效问卷涵盖全国 70% 的省份，样本主要来自长江三角洲地区、珠江三角洲地区、环渤海地区（包括京津冀地区、辽中南地区及山东半岛地区）、闽东南地区等沿海经济核心区域，这些地区产业较为发达、职业教育发展基础较好，企业在参与职业教育办学过程中迫切需要政府、学校、社会的支持。因此，样本具有一定的代表性。本研究的调查历时 5 个多月，问卷主要通过微信、QQ 等线上形式推送，“问卷网”软件进行线上统计。问卷发放量按问卷必答题项的 10 倍即 610 份发放，回收 529 份，回收率 86.72%。经过剔除答题不完整、多数题项评分及勾选单一选项、答题时间少于 2 分钟（平均答题时间 9 分 45 秒）、回答具有明显逻辑错误等无效问卷 79 份，最终获得有效问卷 450 份，样本量在有效样本量合理区间之内，有效回收率 73.77%。经统计，有效问卷来自 23 个省份，样本量超过 20 份的省份分别是浙江省 200 份、广东省 54 份、江西省 37 份、山东省 22 份，具体如

---

① Mueller, Ralph O. Structural equation modeling: Back to basics [J]. Structural Equation Modeling A Multidisciplinary Journal, 1997, 4 (4): 353－369.

表 4－21 所示。

表 4－21 **调查有效问卷数量分布** 单位：份

地区	问卷发放量	有效样本量	有效回收率（%）	地区	问卷发放量	有效样本量	有效回收率（%）	地区	问卷发放量	有效样本量	有效回收率（%）
浙江	220	200	90.91	广东	60	54	90.00	江西	40	37	92.50
山东	30	22	73.33	北京	20	19	95.00	江苏	20	19	95.00
福建	20	16	80.00	上海	20	12	60.00	吉林	20	10	50.00
安徽	20	10	50.00	云南	10	9	90.00	海南	10	8	80.00
河北	10	6	60.00	湖北	10	6	60.00	四川	10	6	60.00
湖南	10	4	40.00	天津	10	3	30.00	广西	10	2	20.00
辽宁	10	2	20.00	陕西	10	2	20.00	重庆	10	1	10.00
贵州	10	1	10.00	新疆	10	1	10.00	河南	10	0	0

二、变量描述性统计分析

为了掌握调查样本数据的集中趋势、离散程度和分布特征，本研究对 450 份有效问卷中企业参与职业教育办学行为态度、主观规范、知觉行为控制、行为意向、行为、需求满足和财税政策等潜变量进行描述性统计分析。其中，偏度和峰度是检验量表数据是否符合正态性的指标，当偏度系数绝对值小于 3、峰度系数绝对值小于 8 的情况下，量表数据才能通过正态性检验。①

（一）行为态度、主观规范和知觉行为控制描述性统计分析

表 4－22 是对企业参与职业教育办学行为态度、主观规范和知觉行为控制描述性统计分析结果。各测量点偏度与峰度的系数绝对值除 *Si*2、*Au*1、*Sd*2 的峰度为 3.49、2.604、2.063 外，其余均在 2 以下，表明调查样本数据具有较好的正态性，标准差均在 0.9 以上，说明受试企业在各测量点上存在较好的差异性。

① 吴明隆．结构方程模型——AMOS 的操作与应用［M］．重庆大学出版社，2010：320.

表 4－22　行为态度、主观规范和知觉行为控制描述性统计分析

潜变量	测量点	样本量	最小值	最大值	均值	标准差	偏度	峰度
行为态度（*AB*）	*Au*1	450	1	6	5. 29	0. 987	－1. 523	2. 604
	*Au*2	450	1	6	5. 15	1. 056	－1. 171	1. 073
	*Au*3	450	1	6	5. 16	1. 024	－1. 332	1. 944
	*Am*1	450	1	6	4. 58	1. 107	－0. 520	－0. 134
	*Am*3	450	1. 41	6	5. 31	0. 990	－1. 508	1. 807
主观规范（*SN*）	*Sp*2	450	1	6	5. 20	1. 028	－1. 289	1. 398
	*Si*1	450	1	6	5. 20	1. 035	－1. 41	1. 974
	*Si*2	450	1	6	5. 39	0. 909	－1. 713	3. 490
	*Sd*1	450	1	6	5. 16	1. 063	－1. 387	1. 785
	*Sd*2	450	1	6	5. 18	1. 040	－1. 401	2. 063
知觉行为控制（*PC*）	*Ps*1	450	1	6	5. 08	1. 002	－1. 125	1. 356
	*Ps*2	450	1	6	5. 10	0. 980	－1. 120	1. 418
	*Ps*3	450	1	6	4. 99	1. 039	－0. 952	0. 771
	*Pc*1	450	1	6	4. 80	1. 023	－0. 708	0. 444
	*Pc*2	450	1	6	4. 77	1. 101	－0. 688	0. 039

行为态度各测量点的均值除投入成本 *Am*1 为 4. 58 外，其余测量点均在 5. 15 以上，表明受试企业认识到参与职业教育办学的必要性和重要性，态度普遍较为积极，认为参与办学不仅满足了企业组织结构提升、技术构成优化的需要，更为重要的是实现了企业战略规划落实，实现了个人及企业的教育情怀。但同时也表明受试企业对投入成本的感知相对并不是非常强烈，也说明成本因素对企业参与职业教育办学积极态度的阻碍作用有限，从另一个角度也反映了目前企业对参与职业教育办学投入的不足。

主观规范各测量点的均值位于 5. 16 ~ 5. 39，表明行业组织、职业院校和同类企业、标杆龙头企业对企业参与职业教育办学的较高影响度，同时也表现出企业基于履行社会责任感的较强自我约束。尤其是来自职业院校影响的测量点 *Si*2 的均值高达 5. 39，进一步证实了院校的主动、深度配合对企业参与职业教育办学的重要性。①

① 杨进，张健．职业教育校企双主体合作的问题、博弈与整合对策［J］．中国高教研究，2017（3）：88 －89.

知觉行为控制各测量点的均值位于4.77～5.1，与行为态度和主观规范相比，测量值相对于较低，反映了受试企业参与职业教育办学行为实施的内在自信心的不足与外在控制力的相对缺乏，并且呈现出较为明显的分层情况，自我效能感与控制力均值分属4.99～5.1、4.77～4.8差距较大的2个不同层级区间内，表明相对于企业在参与职业教育办学中具备必需的专业知识、管理及信息识别、获取能力等方面表现不足的自信心，企业的时间压力、其他办学主体配合等方面的控制力则更为缺乏。

（二）行为意向和行为描述性分析

表4－23是对企业参与职业教育办学行为意向和行为描述性统计分析结果。各测量题项偏度与峰度的系数绝对值除*BI*3的峰度为3.311外，其余均在2以下，表明调查样本数据具有较好的正态性，标准差均在0.954以上，表明受试企业在各测量题项上存在较好的差异性。

表4－23　行为意向和行为描述性统计分析

潜变量	题项	样本量	最小值	最大值	均值	标准差	偏度	峰度
行为意向（*BI*）	*BI*1	450	1	6	5.32	1.036	－1.500	1.879
	*BI*2	450	1	6	5.21	1.126	－1.424	1.570
	*BI*3	450	1	6	5.42	0.954	－1.783	3.311
行为（*B*）	*B*2	450	1	6	5.12	1.126	－1.095	0.565
	*B*3	450	1	6	5.09	1.187	－1.179	0.656

行为意向平均得分在5.21以上，表明企业意愿尝试参与职业教育办学的可能性非常高，并愿意为之付出较高程度的努力，与文献综述中已有研究中关于企业参与职业教育办学重要性达成的基本共识结果一致，[①] 其中测量题项愿意宣传（*BI*3）的得分高达5.42，反映了企业对于参与职业教育办学价值观的高度认同，这与冉云芳（2019）的调查结果高度一致。[②]

行为得分均值在5.1上下，分值较高但总体上略低于行为意向，表明虽

① 周稽裘．教育现代化：一个特定历史时期的描述［M］．北京：教育科学出版社，2009：5，15，28.

② 冉云芳．企业参与职业教育办学的成本收益研究［M］．上海：华东师范大学出版社，2019：53.

然企业对参与职业教育办学有较高的价值认同，并且有较高的意愿，但对于实际行动的落实还有待加强，尤其是与学校的深度全方位合作还存在顾虑，测量题项办学全过程参与（*B*3）得分仅5.09。

（三）需求满足描述性分析

表4－24是对企业参与职业教育办学需求满足描述性统计分析结果。各测量题项偏度与峰度的系数绝对值均小于1，标准差均大于1，表明调查样本数据具有好的正态性，并且受试企业在各测量题项上存在好的差异性。

表4－24　需求满足描述性统计分析

潜变量	题项	样本量	最小值	最大值	均值	标准差	偏度	峰度
需求满足（*Ds*）	*Ds*1	450	1	6	4.48	1.274	－0.557	－0.210
	*Ds*2	450	1	6	4.98	1.072	－0.849	0.404
	*Ds*3	450	1	6	4.68	1.232	－0.788	0.271
	*Ds*4	450	1	6	4.76	1.186	－0.799	0.327

需求满足各测量题项的均值位于4.48～4.98的区间内，分值总体上较低。反映了企业在参与职业教育办学过程中获得感总体上不强。具体看，企业人才需求*Ds*2相应题项平均分值获得最高分4.98；经济利益*Ds*1反而获得感最弱，相应题项平均分值仅4.48，这一结果与一些学者认为企业参与职业教育办学就是为了从中获得最大化的经济利益结论不一致；[①②] 生产实践经验方法与技术创新的获得感平均得分也只有4.68，表明当前职业教育办学绩效并未得到付费者企业高的满意度。从以上分析可以看出，当前企业参与职业教育办学的动机面还是相对较窄，仅仅满足于技术技能人才需求，远未形成通过参与职业教育办学实现经济、人力、技术和社会资本等方面需求满足的良性循环与互动。

（四）财税政策描述性分析

表4－25是对企业参与职业教育办学财税政策描述性统计分析结果。各测

① Lindley R M. The Demand for Apprentice Recruits by the Engineering Industry, 1951－1971 [J]. Scottish Journal of Political Economy, 1975, 22 (1): 1－24.

② 沈雕．高职教育校企合作面临的问题及对策研究［J］．教育与职业，2012（15）：34－35.

量题项偏度与峰度的系数绝对值均小于1.2，标准差均大于1.2，表明调查样本数据具有很好的正态性，并且受试企业在各测量题项上存在很好的差异性。

表4-25　　财税政策描述性统计分析

潜变量	题项	样本量	最小值	最大值	均值	标准差	偏度	峰度
税收政策（*Et*）	*Et*1	450	1	6	4.56	1.429	-0.818	-0.077
	*Et*2	450	1	6	4.63	1.409	-0.858	-0.064
	*Et*3	450	1	6	4.58	1.409	-0.795	-0.110
	*Et*4	450	1	6	4.65	1.399	-0.868	0.011
	*Et*5	450	1	6	4.58	1.374	-0.776	-0.134
	*Et*6	450	1	6	4.68	1.391	-0.913	0.076
财政政策（*Ef*）	*Ef*1	450	1	6	4.86	1.305	-1.058	0.574
	*Ef*2	450	1	6	4.87	1.271	-1.074	0.613
	*Ef*3	450	1	6	4.92	1.245	-1.173	0.975
	*Ef*4	450	1	6	4.90	1.229	-1.139	0.974
	*Ef*5	450	1	6	4.88	1.267	-1.131	0.884
	*Ef*6	450	1	6	4.86	1.279	-1.015	0.445
	*Ef*7	450	1	6	4.92	1.244	-1.123	0.860
	*Ef*8	450	1	6	4.83	1.302	-1.017	0.410

财税政策各测量题项的均值位于4.92以下，得分相对较低，说明企业对财税政策的激励作用总体认同度不高，与已有研究成果中反映现行政策对职业教育办学支持力度不佳的结果基本相符。① 具体而言，税收政策中题项*Et*6平均分值得分最高为4.68，*Et*1得分最低为4.56，反映企业参与职业教育办学越深入，对有关房产土地的税收优惠更为敏感，而对于教育费附加有关的政策优惠则兴趣相对不高；财政政策中题项*Ef*3、*Ef*7平均分值得分最高为4.92、*Ef*8得分最低为4.83，反映企业对有关职工教育和培训的奖励政策，以及政府购买服务的激励政策较为敏感，而对于有关职教集团发展的财政政策相对不感兴趣，进一步印证了第二章职业教育办学未充分体现市场作用的问题。另外，税收政策与财政政策均值分属4.56~4.68和4.83~4.92两个层次分明的不同

① Miyazaki T. The effects of fiscal policy in the 1990s in Japan: A VAR analysis with event studies [J]. Japan and the World Economy, 2010, 22 (2): 80-87.

区间，表明相对于事后激励的税收政策，属于事前激励的财政政策对企业参激励效应因更为灵活、直接和迅速，企业可以更为直观、明显地感受到。

第四节　数据分析及模型验证

一、数据分析方法

由以上分析可知，企业参与职业教育办学研究中，各潜变量不可能使用某单一测量点或题项直接测量，只能通过外显变量进行间接测量，结构方程模型（SEM）不仅可以实现同时处理潜变量及其指标，还能兼顾考虑相关变量测量误差项目所造成的影响。因此，本研究运用SEM模型分析法对概念模型中各要素之间的关系进行拟合，以验证并优化财税政策激励企业参与职业教育办学概念模型。

SEM模型是基于变量的协方差矩阵（covariance matrix）来分析变量之间关系的一种多变量统计方法，它整合了因素分析（factor analysis）与路径分析（path analysis）两种统计方法，使模型中变量值之间的关系形象化于视觉上的量化展示。SEM检验模型中包含观测变量（manifest variables）、潜变量、干扰或误差变量（disturbance variables/error variables）间的关系，可以获得自变量对因变量影响的直接效果（direct effects）、间接效果（indirect effects）或总效果（total effects）。SEM模型分析的样本数据符合多变量正态性（multivariate normality）的基本假定，数据具有正态分布特征，测量题项变量呈现线性关系。因此，SEM模型可对整体共同因子的模型进行统计上的评估，以了解理论上建构的共同因子模型与研究者实际取样收集的数据间是否契合，即可以进行整个假设模型适配度的检验。矩结构分析（Analysis of Moment Structures，AMOS）由于与协方差矩阵内涵类似，被越来越多的研究者用来进行SEM模型分析，尤其在企业参与职业教育办学的研究领域已有较为成功的案例，[①] 本研究亦采用AMOS软件对财税政策激励企业参与职业

① 冉云芳．企业参与职业教育办学的成本收益研究［M］．上海：华东师范大学出版社，2019：1-2，39-42，53-54，139-222，319-322.

教育办学概念模型进行验证。

SEM 模型可写成如下回归方程：

$$X1 = \lambda_1 \xi_1 + \delta_1$$
$$X2 = \lambda_2 \xi_1 + \delta_2$$
$$X3 = \lambda_3 \xi_1 + \delta_3$$
$$Y1 = \lambda_1 \eta_1 + \varepsilon_1$$
$$Y2 = \lambda_2 \eta_1 + \varepsilon_2$$
$$Y3 = \lambda_3 \eta_1 + \varepsilon_3$$

上述回归方程可用矩阵方程表示如下：

$$X = \Lambda_X \xi + \delta$$
$$Y = \Lambda_Y \eta + \varepsilon$$

式中，ε 与 η 、ξ 及 δ 无相关，而 δ 与 ξ 、η 及 ε 也无相关。Λ_X 与 Λ_Y 为指标变量（X 、Y）的因子负荷量（factor loading），ξ 为外因潜变量（exogenous latent variables），η 为内因潜变量（endogenous latent variables），X 为 ξ 的观测变量，Y 为 η 的观测变量，λ_x 为 X 与外因潜变量（ξ）间之关联系数矩阵，λ_y 为 Y 与内因潜变量（η）间之关连系数矩阵，δ 为 X 变量的测量误差，ε 为 Y 变量的测量误差。SEM 模型假定潜变量（共同因子）与测量误差间不能有共变关系或因果关系路径存在，理论架构如图 4－1 所示。

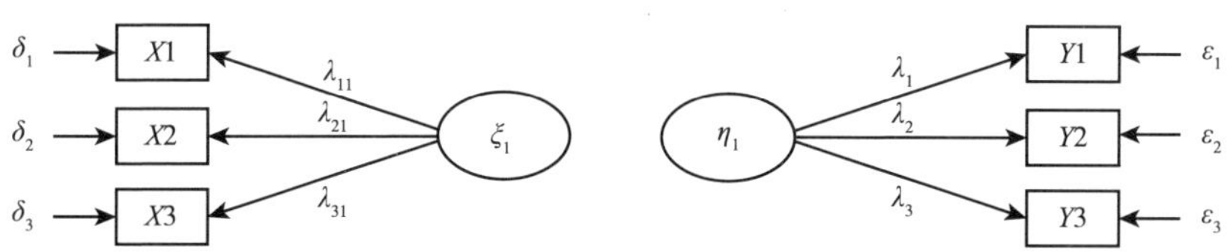

图 4－1 SEM 简单理论架构

资料来源：吴明隆．结构方程模型——AMOS 的操作与应用［M］．重庆大学出版社，2010：9.

根据以上公式算出关于观测变量的方差/协方差矩阵，对因子负荷值和参数进行估计并输出估计矩阵，当与实际矩阵差异最小（最理想）时，即输出结果，得到各估计参数和拟合指数。

另外，在以往研究中，学者们已经证实用潜变量各维度指标之和或平均数表征其响应状态，不仅大幅减少了参数数量，降低计量复杂性，而且使指标可靠性和参数稳定性得到显著提高，因此成为 SEM 模型数据分析惯用方法。[①] 基于此，本研究采用量表各测量题项平均值作为潜变量的响应计算指标，进行 SEM 模型的分析。

二、问卷信度与效度检验

本研究以 *Cronbach's* α 系数检验各变量的信度，结果如表 4－26 所示。行为态度、主观规范、知觉行为控制、行为意向、需求满足、行为、税收政策、财政政策等 8 个变量的值均在 0.881 以上，说明此次问卷调查具有较高信度。

表 4－26　　各变量 *Cronbach's* α 系数及验证性因子分析结果

项目	行为态度（*AB*）	主观规范（*SN*）	知觉行为控制（*PC*）	行为意向（*BI*）	行为（*B*）	需求满足（*Ds*）	税收政策（*Et*）	财政政策（Ef）
Cronbach's α 值	0.881	0.940	0.933	0.914	0.919	0.913	0.959	0.967
KMO 值	0.859	0.873	0.881	0.500	0.742	0.850	0.919	0.929
Bartlett P 值	1539.531***	2087.504***	1929.659***	554.977***	1022.106***	1263.595***	3004.370***	4417.340***
累积解释变异量（%）	69.823	80.838	79.173	92.150	86.183	79.614	83.114	81.224

注：*** 表示 $p<0.001$。

采用验证性因子检验样本效度，对各量表数据进行主成分分析，并结合最大变异法进行正交旋转，萃取关键因素。*KMO*（Kaiser-Meyer-OIkin）值和 Bartlett 球形检验作为变量间相关性及独立性检验指标，对应的评判标准如表 4－27 所示。从表 4－26 所示的检验结果可以看出，*KMO* 值除行为意向（*BI*）为 0.5 勉强通过、行为（*B*）为 0.742 适合外，其余变量的值均在 0.85 以上，*Bartlett* 球形检验的 χ^2 值均达到 0.01 的显著性水平，说明变量间

① Rodgers L, Schutte N S, Malouff J M, et al. States reflecting the Big Five dimensions [J]. Personality and Individual Differences, 2003, 34 (4): 591－603.

具有共同因子存在，适合进行因子分析；从累积解释变异量看，各变量萃取出的因子能够解释原有变量总方差的百分比较高，原有变量的信息丢失较少，说明此问卷量表能够较好地测量所欲测的行为特质。

表 4－27　　　　　　*KMO* 和 *Bartlett* 球形检验标准

检测指标	取值区间	因子分析适合情况
KMO 值	[0.9，1]	非常适合
	[0.8，0.9)	很适合
	[0.7，0.8)	适合
	[0.6，0.7)	不太适合
	[0.5，0.6)	很勉强
	[0，0.5)	不适合
Bartlett P 值	(－∞，0.01]	适合

资料来源：王群勇．STATA 在统计与计量分析中的应用［M］．天津：南开大学出版社，2007：96.

三、验证性因子分析

根据第三章构建的三个概念模型，运用 AMOS 17.0 软件对问卷调查收集的数据进行 SEM 模型拟合，通过验证性因子分析探讨各变量之间的因果关系，基于概念模型构建的理论支撑，假设概念模型中各变量间的路径系数均显著，对初始模型进行参数估计。在相关理论及 SEM 模型修正原则框架下，模型拟合过程中允许根据初始模型路径系数估计值和模型修正指数适当调整初始模型（可通过增加观测变量误差项之间的共变关系）。根据以上流程，拟合得到三个概念模型的因子负荷，以及各变量对行为意向及行为的影响力和解释度（R^2）。

图 4－2 是原始模型 Ⅰ 的 SEM 模型拟合结果。可以看出，变量行为态度、主观规范和知觉行为控制对行为意向的因子负荷值分别为 0.811、0.071、0.093，行为意向对行为的因子负荷值为 0.953。也就是说，企业参与职业教育办学的行为态度、主观规范和知觉行为控制正向影响其行为意向，行为意向正向影响其行为，H1 ~ H3 和 H6 得到验证。并且，行为意向的三个影响因素中，行为态度的影响力最为强烈，明显高于主观规范和知觉行为控制。

验证了前面所述计划行为理论中“主观规范—行为意向”关系弱于“行为态度—行为意向”关系的结论[①]在企业参与职业教育办学模型中的适应性。结合前面描述性统计结果可以看出，虽然来自社会责任的个人规范、行业指导、学校配合的指令性规范，以及来自同行或骨干企业的示范性规范的重要性企业较为认同，但实际上，这些主观规范因素能够转化为企业的行为意愿则非常有限。另外，原始模型Ⅰ中行为态度、主观规范、知觉行为控制等变量对行为意向的解释度为63.9%，行为意向对行为的解释度为59.2%，说明模型Ⅰ可以用来解释企业参与职业教育办学行为。

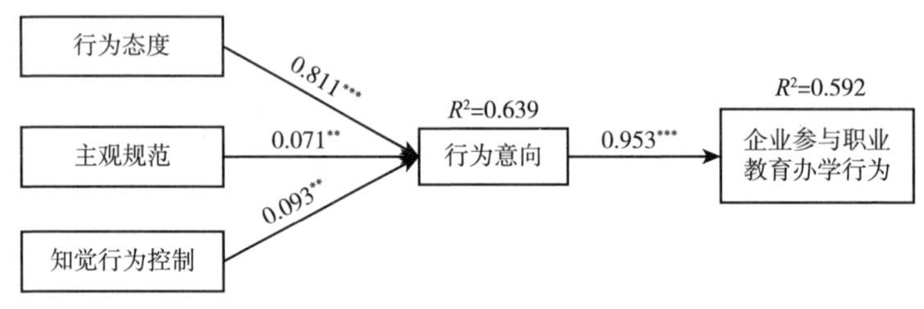

图4－2　原始模型Ⅰ拟合结果

注：** 表示 $p<0.05$，*** 表示 $p<0.001$。

图4－3是概念模型Ⅱ的SEM模型拟合结果。可以看出，在原始模型Ⅰ的基础上引入变量需求满足，增强了模型的解释能力，企业参与职业教育办学行为态度、主观规范、知觉行为控制和需求满足对其行为意向的解释度由63.9%增加到73.2%，变量对行为的解释度由59.2%增加到65.8%，进一步论证了计划行为理论中引入变量需求满足可以提升模型解释能力的研究结论[②]在企业参与职业教育办学模型中的适应性。变量需求满足对行为意向和行为的因子负荷值分别为－0.023、0.176。也就是说，企业参与职业教育办学需求满足正向影响其行为意向不成立，而正向影响其行为成立，即H4未通过验证、H5通过验证，说明需求满足对企业参与职业教育办学的影响不需要通过行为意向的中介作用，而是直接对行为产生显著作用。与模型Ⅰ相

---

① Ajzen, Icek. The theory of planned behavior [J]. Organizational Behavior and Human Decision Processes, 1991, 50 (2): 179－211.

② Jemma, Harris, Martin, et al. Do Basic Psychological Needs Moderate Relationships Within the Theory of Planned Behavior? [J]. Journal of Applied Biobehavioral Research, 2007, 12, 43－64.

比，行为态度、主观规范对行为意向的影响力强度稍有增加，因子负荷值分别由 0.811 变化到 0.822，由 0.071 变化到 0.074，知觉行为控制（0.093）保持不变，行为意向对行为仍然保持显著正影响（0.834），H1 ~ H3 和 H6 进一步得到验证，论证了第二章动力系统中所分析得出的企业需求满足对其内在办学行为动力产生决定作用的研究结论。

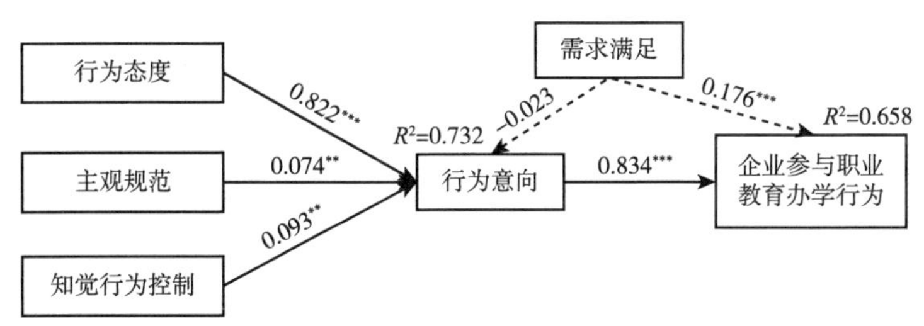

图 4－3　概念模型Ⅱ拟合结果

注：** 表示 $p<0.05$，*** 表示 $p<0.001$，——→为原始 TPB 模型，- - - - →为需求满足。

图 4－4 是概念模型Ⅲ的 SEM 模型拟合结果。

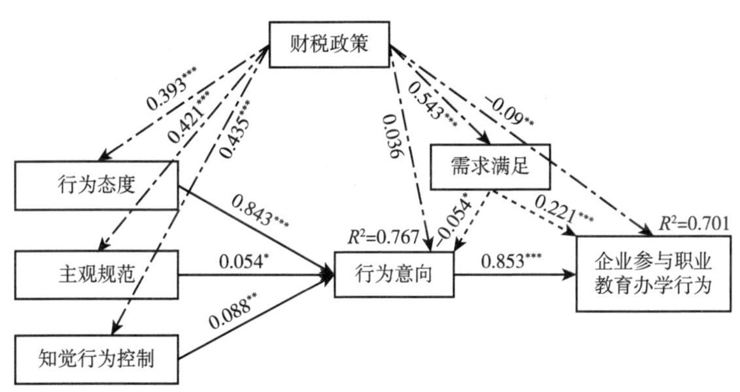

图 4－4　概念模型Ⅲ拟合结果

注：* 表示 $p<0.1$，** 表示 $p<0.05$，*** 表示 $p<0.001$，——→为原始 TPB 模型，- - - - →为需求满足，—·—→为财税政策。

第一，引入变量财税政策后，模型的解释能力进一步增强，变量对行为意向的解释度进一步提高到 76.7%、对行为的解释度提高到 70.1%。财税政策对行为态度、主观规范、知觉行为控制、需求满足的因子负荷值分别为 0.393、0.421、0.435、0.543。也就是说，财税政策对企业参与职业教育办学行为态度、主观规范、知觉行为控制、需求满足的收入与替代效应同时存在，但整体上表现为正向影响，H7 ~ H10 得到验证。财税政策对行为意向和行为的因子负荷值分别为 0. 036、 -0. 09。也就是说，财税政策对企业参与职业教育办学行为意向的影响不显著，对行为呈较为显著的微小负影响，H11、H12 未通过验证。说明财税政策直接作用于企业参与职业教育办学时，所产生的替代效应大于收入效应，引起企业行为的调整，企业有可能利用职业教育办学市场的不确定性，将政府资金投入或税收优惠替代自身的投入，使企业行为目标与政府政策目标产生偏离，对政策效应造成扭曲。

第二，在模型Ⅱ的基础上引入变量财税政策，行为态度对其行为意向的影响力进一步增强，因子负荷值由 0. 822 变化至 0. 843。但是，主观规范和知觉行为控制对行为意向的影响力都有不同程度减弱，因子负荷值分别由 0. 074 变化至 0. 054、由 0. 093 变化至 0. 088。说明当政府通过财税政策激励行业、学校等其他办学主体间接促进企业参与职业教育办学积极性时，在为企业储备社会资源、改善办学环境，产生办学成果溢出的挤进效应的同时，也挤出了企业的部分办学投入，但总体上挤进效应大于挤出效应。行为意向对行为保持显著正影响并进一步增强，因子负荷值由 0. 834 变化至 0. 853。根据以上结果，H1 ~ H3 和 H6 进一步得到验证。

第三，随着变量财税政策的引入，需求满足对行为意向的直接负影响变得显著，因子负荷值由 -0. 023 变化至 -0. 054，对行为的正影响的影响力进一步增强，因子负荷值由 0. 176 变化至 0. 221，说明 H4 仍然未通过验证，H5 进一步得到验证。可以看出，财税政策激励机制的存在，进一步促进了企业参与职业教育办学行为动机向实际行动的直接转化。说明在第二章所分析的动力系统中，财税政策确实加强了企业动力源向参与职业教育办学行为的转化。

综合以上三个模型中各因素对企业参与职业教育办学行为意向和行为的影响分析，可以看出，模型Ⅲ的解释程度大于模型Ⅰ和模型Ⅱ，说明财税政策和需求满足可以作为潜在变量引入计划行为理论，并能与其他因素一起很好地解释企业参与职业教育办学行为。表 4 -28 列出了三个模型中潜变量对行为意向和行为的直接影响情况。

表 4-28　　三个模型中各因素对行为意向和行为的直接影响

直接影响关系	模型Ⅰ	模型Ⅱ	模型Ⅲ
$AB \to BI$	0.811***	0.822***	0.843***
$SN \to BI$	0.071**	0.074**	0.054*
$PC \to BI$	0.093**	0.093**	0.088**
$Ds \to BI$		-0.023	-0.054*
$Ds \to B$		0.176***	0.221***
$E \to AB$			0.393***
$E \to SN$			0.421***
$E \to PC$			0.435***
$E \to Ds$			0.543***
$E \to BI$			0.036
$E \to B$			-0.09**
$BI \to B$	0.953***	0.834***	0.853***
R^2 of BI	0.639	0.732	0.767
R^2 of B	0.592	0.658	0.701

注：* 表示 $p<0.1$，** 表示 $p<0.05$，*** 表示 $p<0.001$。

在模型Ⅲ中，虽然财税政策不能直接影响行为意向，但却可以通过另外的潜变量间接对其施加影响。具体地，可通过行为态度（$E \to AB \to BI$）、主观规范（$E \to SN \to BI$）、知觉行为控制（$E \to PC \to BI$）、需求满足（$E \to Ds \to BI$）间接影响行为意向，即行为态度、主观规范、知觉行为控制、需求满足在财税政策与行为意向之间起到完全中介作用，具体路径如表 4-29 所示。

表 4-29　　模型Ⅲ中财税政策对行为意向的间接影响

中介影响关系	因子负荷值	中介关系总和
$E \to AB \to BI$	0.331	0.363
$E \to SN \to BI$	0.023	
$E \to PC \to BI$	0.038	
$E \to Ds \to BI$	-0.029	
$E \to BI \to B$	0.34	—
$E \to Ds \to B$	0.095	—

可以看出，行为态度在财税政策与行为意向之间的中介作用最为明显，因子负荷值达到0.331，与其余影响因素拉开较大差距，知觉行为控制、主观规范的中介作用因子负荷值仅分别为0.038、0.023，财税政策通过需求满足对行为意向的中介影响出现负的因子负荷值 -0.029，说明财税政策通过改善与企业战略规划、组织结构、技术构成等有关的功利性态度，以及与教育情怀有关的情感性态度，能有效激励企业参与职业教育办学积极性。另外，表4 -29 显示财税政策影响行为意向总中介因子负荷值为0.363，加上直接因子负荷值0.036，因子负荷值总计为0.399。结合表4 -28 可以分析得出，综合行为意向的直接影响和中介影响，在影响行为意向的所有因素中，财税政策（0.399）是仅次于行为态度（0.843）的主要因素，其后依次为知觉行为控制（0.088）、主观规范（0.054）和需求满足（ -0.054）。

通过上述分析可以得出，财税政策最终通过两条路径实现了对企业参与职业教育办学的间接影响：（1）通过行为意向的中介作用，影响因子负荷值为0.340（0.399 ×0.853）；（2）通过需求满足的中介作用，影响因子负荷值为0.095。以上两条路径因子负荷值总计达到0.435，说明当财税政策直接作用企业参与职业教育办学时，虽然会产生较为显著的微小负影响（ -0.09），但可以通过显著影响行为态度（0.393）、主观规范（0.421）、知觉行为控制（0.435）和需求满足（0.543），而对其产生显著的正向作用。说明了财税政策作为外在激励条件，并不对企业参与职业教育办学行为产生直接显著正影响，而是通过在政府与企业之间构建委托—代理协调关系，通过作用于企业行为意向的影响因素，满足企业核心诉求，提高行为转化效率，间接促进企业参与职业教育办学行为。

四、组合信度和平均方差抽取率检验

组合信度（composite reliablity，CR）是由所有潜变量信度所组成，反映潜变量内部具有一致性，数值越高即表示其内部一致性越高，一般情况下 *CR* 值大于0.7 即反映潜变量内部具有一致性通过检验。①

---

① Bentler P M. Alpha, Dimension - Free, and Model - Based Internal Consistency Reliability [J]. Psychometrika, 2009, 74 (1): 137 -143.

平均方差抽取（average variance extracted，AVE）反映潜变量的聚合效度，一般认为其值必须高于0.5，表示测量变量对潜变量的解释高于误差对潜变量的解释，说明变量具有良好信度和效度。①

计算公式如下：

$$CR = \frac{(\sum \sum_{i})^{2}}{(\sum \sum_{i})^{2} + \sum \theta_{ii}},\ AVE = \frac{\sum \lambda_i^2}{\sum \lambda_i^2 + \sum \theta_{ii}}$$

其中，λ_i 表示 SEM 模型模拟合出来的因子负荷值，θ_{ii} 表示潜变量测量误差方差。

对模型Ⅰ、模型Ⅱ和模型Ⅲ分别进行 *CR* 和 *AVE* 检验，结果分别如表4－30、表4－31、表4－32所示。可以看出，三个模型中各潜变量 *CR* 值均在0.88以上，*AVE* 值均在0.59以上，模型通过检验，说明该问卷结果具有较好的收敛效度。

表4－30　　模型Ⅰ *CR* 和 *AVE* 检验结果

<table>
<tr><th>潜变量</th><th>编号</th><th>λ</th><th>CR</th><th>AVE</th><th>潜变量</th><th>编号</th><th>λ</th><th>CR</th><th>AVE</th></tr>
<tr><td rowspan="5">行为态度（AB）</td><td>Au1</td><td>0.893</td><td rowspan="5">0.884</td><td rowspan="5">0.616</td><td rowspan="5">知觉行为控制（PC）</td><td>Ps1</td><td>0.870</td><td rowspan="5">0.929</td><td rowspan="5">0.725</td></tr>
<tr><td>Au2</td><td>0.910</td><td>Ps2</td><td>0.907</td></tr>
<tr><td>Au3</td><td>0.911</td><td>Ps3</td><td>0.917</td></tr>
<tr><td>Am1</td><td>0.431</td><td>Pc1</td><td>0.825</td></tr>
<tr><td>Am3</td><td>0.750</td><td>Pc2</td><td>0.776</td></tr>
<tr><td rowspan="5">主观规范（SN）</td><td>Sp2</td><td>0.792</td><td rowspan="5">0.939</td><td rowspan="5">0.756</td><td rowspan="5"></td><td rowspan="5"></td><td rowspan="5"></td><td rowspan="5"></td><td rowspan="5"></td></tr>
<tr><td>Si1</td><td>0.876</td></tr>
<tr><td>Si2</td><td>0.849</td></tr>
<tr><td>Sd1</td><td>0.925</td></tr>
<tr><td>Sd2</td><td>0.909</td></tr>
</table>

① Bagozzi R P, Yi Y. On the evaluation of structural equation models [J]. Journal of the Academy of Marketing Science, 1988, 16 (1): 74－94.

表 4-31　　模型Ⅱ *CR* 和 *AVE* 检验结果

潜变量	编号	λ	*CR*	*AVE*	潜变量	编号	λ	*CR*	*AVE*
行为态度（*AB*）	*Au*1	0.893	0.884	0.616	知觉行为控制（*PC*）	*Ps*1	0.870	0.929	0.725
	*Au*2	0.910				*Ps*2	0.907		
	*Au*3	0.911				*Ps*3	0.917		
	*Am*1	0.431				*Pc*1	0.825		
	*Am*3	0.750				*Pc*2	0.776		
主观规范（*SN*）	*Sp*2	0.792	0.939	0.756	需求满足（*Ds*）	*Ds*1	0.804	0.884	0.656
	*Si*1	0.876				*Ds*2	0.827		
	*Si*2	0.849				*Ds*3	0.915		
	*Sd*1	0.925				*Ds*4	0.868		
	*Sd*2	0.908							

表 4-32　　模型Ⅲ *CR* 和 *AVE* 检验结果

潜变量	编号	λ	*CR*	*AVE*	潜变量	编号	λ	*CR*	*AVE*
行为态度（*AB*）	*Au*1	0.895	0.884	0.617	财税政策（*E*）	*Et*1	0.762	0.953	0.595
	*Au*2	0.907				*Et*2	0.819		
	*Au*3	0.908				*Et*3	0.833		
	*Am*1	0.434				*Et*4	0.814		
	*Am*3	0.755				*Et*5	0.850		
主观规范（*SN*）	*Sp*2	0.798	0.940	0.757		*Et*6	0.887		
	*Si*1	0.878				*Ef*1	0.867		
	*Si*2	0.851				*Ef*2	0.855		
	*Sd*1	0.922				*Ef*3	0.863		
	*Sd*2	0.906				*Ef*4	0.841		
知觉行为控制（*PC*）	*Ps*1	0.870	0.930	0.726		*Ef*5	0.868		
	*Ps*2	0.909				*Ef*6	0.892		
	*Ps*3	0.914				*Ef*7	0.885		
	*Pc*1	0.826				*Ef*8	0.864		
	*Pc*2	0.779							
需求满足（*Ds*）	*Ds*1	0.803	0.884	0.656					
	*Ds*2	0.830							
	*Ds*3	0.907							
	*Ds*4	0.874							

五、模型适配度检验

模型适配度检验是评价 SEM 模型的路径分析是否契合于实际数据的重要程序，分为绝对适配度检验、增量适配度检验和简效适配度检验。其中，绝对适配度检验用来确定理论模型预测潜变量的协方差或者相关系数矩阵的程度，使用卡方对自由度 df 的比值（χ^2/df）、近似误差均方根（Root Mean Square Error of Approximation，RMSEA）、调整拟合优度指数（Adjusted Goodness-of-Fit Index，AGFI）、拟合优度指数（Goodness-of-Fit Index，GFI）等四个指标；增量适配度检验用来比较所发展的理论模式与虚无（基准）模式的结果，使用标准化残差均方根（Standardized Residual Mean Root，SRMR）、赋范拟合指数（Normed Fit Index，NFI）、比较拟合指数（Comparative Fit Index，CFI）、增值拟合指数（Incremental Fix Index，IFI）、Tucker-Lewis 指数（Tucker-Lewis index，TLI）等五个指标；简效适配度检验用来评价理论模型的精简程度，使用简约适配指数（Parsimony Goodness Of Fit Index，PGFI）、简效拟合指数（Parsimony Normed Fit Index，PNFI）、简约相对拟合指数（Parsimony Comparative Fit Index，PCFI）等三个指标。根据三个模型的适配度检验结果如表 4 – 33 所示，与相关检验指标的评价标准比对，可以看出，三个模型的拟合指数除 *CFI*、*IFI*、*TLI* 略低于 0.9 外，其余指标均达到适配的标准或者临界值，表明基于计划行为理论构建的财税政策激励企业参与职业教育办学概念模型适配较为合理。

表 4 – 33　　　　三个模型适配度检验结果

统计检验量		评价标准	模型Ⅰ	模型Ⅱ	模型Ⅲ
绝对适配度检验	χ^2/df	<5	4.707	4.484	4.354
	RMSEA	<0.08	0.074	0.079	0.071
	AGFI	>0.80	0.874	0.821	0.869
	GFI	>0.80	0.842	0.889	0.82
增量适配度检验	*SRMR*	<0.08	0	0	0
	NFI	>0.90	0.901	0.903	0.904
	CFI	>0.90	0.835	0.81	0.819
	IFI	>0.90	0.836	0.811	0.82
	TLI	>0.90	0.811	0.787	0.806

续表

统计检验量		评价标准	模型Ⅰ	模型Ⅱ	模型Ⅲ
简效适配度检验	*PGFI*	>0.50	0.586	0.565	0.547
	PNFI	>0.50	0.717	0.707	0.737
	PCFI	>0.50	0.73	0.722	0.761

第五节　本章小结

本章首先根据研究实际选择了问卷调查方法，阐明了调查问卷的设计过程，并系统论述了研究涉及的企业参与职业教育办学的行为态度、主观规范、知觉行为控制、行为意向、行为、需求满足及财税政策等7个潜变量测量题项的理论依据和产生过程。其次，在展开大规模问卷调查之前，先在小范围进行问卷预测试，主要目的是在较小的样本中获得数据，通过量表项目分析、信度与效度检验判断问卷初稿的有效性和可靠性，以此为依据删除一些指标检验不通过或效果不好的题项，对调查问卷中可能存在的问题进一步修正，最终形成用以大规模调查的问卷终稿。随后，运用450家企业的有效问卷调查数据，通过结构方程方法验证概念模型，并进行了组合信度、平均方差抽取率检验及模型适配度检验，最终得出财税政策激励企业参与职业教育办学的具体路径和效应。通过分析得出以下主要结论。

第一，根据各变量描述性统计分析得出：（1）行为态度各测量点的均值除投入成本得分较低外，其余得分均较高，表明受试企业认识到参与职业教育办学的重要性，态度普遍较为积极，但同时也反映出成本因素对企业参与职业教育办学积极态度的阻碍作用有限，而教育情怀对企业参与职业教育办学具有较强的重要性。（2）主观规范各测量点的均值位于高分值区间，学校配合为最大值，表明来自外界重要团体或他人，尤其是来自职业院校的影响，对企业参与职业教育办学具有重要作用。（3）知觉行为控制各测量点的均值与行为态度和主观规范相比略低，自我效能感与控制力分属低分值且差距较大的不同区间，反映了受试企业参与职业教育办学在专业知识、管理能力及信息识别获取能力等方面缺少自信心，并且对时间、其他办学主体的积极配合等方面的控制力更为缺乏。（4）行为意向各测量题项的均值得分较高，但行为各测量题项的均值得分相对较低，表明企业虽然对参与职业教育办学有较高的价值认同，办学意愿较高，但对于实际行动的落实还有待加强，尤其是与学校的深度全方位合作还存在顾虑。（5）需求满足各测量题项的均值得分较低，其中，人才需求满足程度得分为最大值，经济收益满足程度得分为最小值，反映了企业在参与职业教育办学过程中获得感总体上不强，仅仅满足于人才需求，远未形成通过参与职业教育办学实现经济、人力、技术和社会资本等方面的需求满足的良性循环与互动。（6）税收政策与财政政策均值分属两个层次分明的不同区间，表明财政政策对企业参与办学的效应因更为灵活、直接和迅速，企业可以较为直观、明显地感受到。

第二，财税政策对企业参与职业教育办学不产生直接显著正影响。财税政策对影响行为意向的四个因素都具有显著正影响，由强至弱依次为需求满足、知觉行为控制、主观规范、行为态度，并且随着财税政策的引入，行为态度对行为意向的影响力进一步增强，主观规范和知觉行为控制对行为意向的影响力都有不同程度的减弱，行为意向对行为保持显著正影响。然而，财税政策对行为意向的影响不显著，对企业行为呈较为显著的微小负影响，说明财税政策直接作用企业参与职业教育办学行为时，所产生的替代效应大于收入效应，引起企业行为的调整，企业有可能利用职业教育办学市场的不确定性，将政府资金投入或税收优惠替代自身的投入，使企业目标与政府政策目标产生偏离，对政策效果造成扭曲。

第三，虽然财税政策不能直接影响企业参与职业教育办学，但是可以通过潜变量行为意向和需求满足两条路径间接对其施加影响。具体来讲，财税政策可通过行为态度、主观规范、知觉行为控制间接影响行为意向，通过需求满足和行为意向间接影响行为，即行为态度、主观规范、知觉行为控制、需求满足、行为意向在财税政策与行为之间起到完全中介作用。其中，行为态度在财税政策与行为意向之间的中介作用最为明显，与其余影响因素拉开较大差距，财税政策通过需求满足对行为意向的中介影响出现负的因子负荷值，说明通过财税政策改善与企业战略规划、组织结构、技术构成等有关的功利性态度，以及与教育情怀有关的情感性态度，能有效激励企业参与职业教育办学积极性。另外，随着财税政策的引入，需求满足对行为意向的直接负影响变得显著，对行为正影响变得更为强烈。可以看出，财税政策激励机制的存在，进一步促进了企业参与职业教育办学动机向实际行动的直接转化，财税政策确实加强了企业动力源向行为的转化。

以上分析论证了财税政策作为外在激励条件，并不对企业参与职业教育办学行为产生直接显著正影响，而是通过在政府与企业之间构建委托—代理协调关系，通过作用于企业行为意向的影响因素，满足企业核心诉求提高行为转化效率，间接促进企业参与职业教育办学行为。综合以上的 SEM 模型验证性因子分析的直接影响、间接影响及相关检验结果，对本研究概念模型中提出的假设 H1 ~ H12 验证的结果汇总如表 4 – 34 所示。

表 4 – 34　　　　本研究部分假设检验结果汇总

假设	内　容	模型Ⅰ	模型Ⅱ	模型Ⅲ
H1	企业参与职业教育办学行为态度正向影响其行为意向	支持	支持	支持
H2	企业参与职业教育办学主观规范正向影响其行为意向	支持	支持	支持
H3	企业参与职业教育办学知觉行为控制正向影响其行为意向	支持	支持	支持
H4	企业参与职业教育办学需求满足正向影响其行为意向	—	不支持	不支持
H5	企业参与职业教育办学需求满足正向影响其行为	—	支持	支持
H6	企业参与职业教育办学行为意向正向影响其行为	支持	支持	支持
H7	财税政策对企业参与职业教育办学行为态度的收入与替代效应同时存在，但整体上表现为正向影响	—	—	支持
H8	财税政策对企业参与职业教育办学主观规范的收入与替代效应同时存在，但整体上表现为正向影响	—	—	支持
H9	财税政策对企业参与职业教育办学知觉行为控制的收入与替代效应同时存在，但整体上表现为正向影响	—	—	支持
H10	财税政策对企业参与职业教育办学需求满足的收入与替代效应同时存在，但整体上表现为正向影响	—	—	支持
H11	财税政策对企业参与职业教育办学行为意向的收入与替代效应同时存在，但整体上表现为正向影响	—	—	不支持
H12	财税政策对企业参与职业教育办学行为的收入与替代效应同时存在，但整体上表现为正向影响	—	—	不支持

第五章 财税政策激励企业参与职业教育办学：政策评价

本章通过对比分析法，对我国企业参与职业教育办学的现行财税激励政策进行综合评价，分析不同类型财税政策对不同规模、产权性质、技术结构、生命周期、行业分布企业，以及不同政策目标之间作用效果的差异，为各级政府通过财税激励手段干预职业教育产品供给进行高效率和精准性施策提供实证依据。

第一节 政策评价方法应用

一、政策评价概述

所谓政策评价，是指在掌握政策实施前、实施中及实施后大量信息的基础上，根据特定的标准、方法和程序，对政策实施的效果和价值进行综合性判断，并对这些信息进行反馈，为提高政策制定质量提供依据的行为。[①] 政策评价是完整政策过程的重要组成部分，但关于政策评价含义的界定，目前学术界还未达成完全一致，主要争议之处在于政策评价所包含政策过程的区间长度。一般认为，广义的政策评价贯穿政策制定和实施的全过程，而更多学者倾向于狭义视角理解政策评价，即特指对事后政策效果和价值的评价。王瑞祥（2003）通过梳理学术界政策评价标准模型研究成果，总结出目前存

① 袁国敏．经济政策评价［M］．北京：中国经济出版社，2006：53.

在的两类事后政策效果评价体系：（1）基于目标导向评价（goal-based evaluation），对应于目标获取模型（goal-attainment model）、侧面影响模型（side-effects model）和自由目标评价模型（goal-free evaluation model）。（2）基于需求导向评价（need-based evaluation），对应于用户导向模型（client-oriented model）和相关利益人模型（stakeholder model）。[①] 从本质上讲，政策评价实质上就是政策实施效果的比较，要么纵向政策实施前后对比，要么横向政策实施不同条件下的对比。政策评价以科学分析方法作为工具，因此选取合适的评价方法是政策评价的核心问题。从事物的质与量的角度划分，政策评价方法分为定性分析与定量分析，前者主要包括理论分析方法、成本效益分析法、价值分析法、访谈法、个案分析法等，后者主要包括统计分析法、经济计量模型法、投入产出模型法、系统模拟法、系统分析方法等。由于政策评价对象的综合性及方法种类的多样性，在进行政策评价时应尽可能将定性与定量分析方法相结合，根据具体政策情景选择一种主要的分析方法，但不能过分倚重于某种单一方法。[②]

本章对于企业参与职业教育办学的财税激励政策评价主要侧重于财税政策实施后的评价。具体方法是，以定量分析为主，将政策目标即企业参与职业教育办学行为作为被解释变量，各类财税政策作为解释变量，对政策实施对象按不同条件进行多维分组。根据随机问卷调查所采集的数据，通过设计多元回归模型横向对比财税政策的激励效果差异。具体基于如下考虑：（1）从第二章的政策梳理可以看出，无论是在国家层面还是地方政府层面，企业参与职业教育办学的各项激励政策，大多立足于2006年以后其他部委颁布的有关企业教育培训产教融合、校企合作的法规和政策性文件，且在宏观上政策项目基本保持不变，只是财政政策上各地方资金投入方式和总量略有区别，因此使用有无政策的前后对比较为困难。（2）本研究主要考察财税政策对企业参与职业教育办学的长期效应，在现有统计资料中很少涉及相应指标，数据信息不全、资料不多且政策实施年限较短，不宜采用控制对象实验法分析。（3）根据第四章财税政策作用的描述性统计分析，可以看出现行

① 王瑞祥. 政策评估的理论、模型与方法［J］. 预测，2003（3）：7-12.

② Georghiou L. Issues in the Evaluation of Innovation and Technology Policy［J］. Evaluation, 1998, 4（1）：37-51.

财税政策对于激励企业参与职业教育办学的效果有限，这样也会因为政策实施前后区别不大而使政策前后对比很难得出满意结果。（4）由于本研究属于多样本调查，基于不同企业特征和不同政策实施条件进行横向多维分组对比，可以较为肯定地判定各组各类型政策的差异并非偶然，而是政策实施所产生的客观真实结果。

二、变量定义

本章旨在讨论不同类型财税政策在不同条件下对不同特征企业激励效应的差异。由第四章分析可知，行为态度、主观规范、知觉行为控制、需求满足是影响企业参与职业教育办学的重要因素，因此，本研究将企业参与职业教育办学行为（*B*）、行为态度（*AB*）、主观规范（*SN*）、知觉行为控制（*PC*）、需求满足（*Ds*）等5个政策目标变量定义为被解释变量，将税收政策（*Et*）、财政政策（*Ef*）及其对应的具有代表性的政策条款等变量定义为解释变量，取值依照前面问卷量表测量获取的因子值。此外，选取企业规模（*Size*）、产权性质（*Soe*）、技术类型（*Tec*）3个不同企业特征作为控制变量。

财税政策对不同规模企业参与职业教育办学的激励效果各有不同。目前，虽然企业规模与其参与职业教育办学之间是否存在确切关系尚无定论，但一些学者通过案例调查得出企业规模对其参与职业教育办学显著相关，并且因影响程度不同而导致合作内容与形式有所不同。① 一般情况下，参与职业教育办学作为企业人力资本投入的高级阶段，需要较多的前期固定成本投入，对于规模较小企业，往往通过综合权衡选择其他见效快、培训周期短的途径作为人力资本投入的替代策略，② 与第二章企业参与职业教育办学动力机理的分析结论一致。宫地诚哉等（1951）研究得出，为了解决“招工难”

① 吴红宇，杨群祥．影响企业开展校企合作的因素研究——基于910份调查问卷的分析［J］．职业技术教育，2012（16）：15－20.

② Neubäumer R, Bellmann L. Ausbildungsintensität und Ausbildungsbeteiligung von Betrieben: Theoretische Erklärungen und empirische Ergebnisse auf der Basis des IAB-Betriebspanels 1997 ［A］. Beer D, Frick B, Neubäumer R, Sesselmeier W (Eds). Die wirtschaftlichen Folgen von Aus-und Weiterbildung ［C］. München: Hampp, 1999.

问题，小规模企业也会跟全日制学校开展合作办学，但能够持续深入并有相对独立部门专门参与职业教育办学，还是存在于大规模的企业之中。[①] 究其原因，大中型企业在资本积累过程中形成了具有专有性价值特征的人力资本异质性特征，使人力资本投资具有更强的专用性。因此，大中型企业更愿意通过参与职业教育办学获得更为匹配的人力资本，而规模较小企业的人力资本投资，相对于企业对参与职业教育办学的高成本和高风险，更倾向于员工个人对自身的投入，因为如果企业经营无方或权益遭到侵害，可以方便在人力资本市场上找到可转移场所。[②] 基于以上分析，本研究在政策评价模型设计时，考虑企业规模对财税政策激励效果差异的影响。以国家统计局《统计上大中小微型企业划分办法（2017)》（详见附录3）为标准，对样本企业进行大、中、小、微型划分，大中型企业取值为1，否则取值为0。

企业所有权结构同样也会影响财税政策的激励效果。自新制度经济学的创始人科斯（Coase，1937）对企业性质进行开创性研究后，国内外学者们积极研究了企业所有权界定问题，并产生诸多不同观点。归纳起来，无论是阿尔钦等（Alchian et al.，1975）的“剩余索取权”观点，[③] 还是后来哈特（Hart，1995）的“剩余控制权”观点，[④] 抑或是张维迎（1996）认为剩余索取权与剩余控制权相对应效率化权利组合的观点，[⑤] 均证实了人力资本应从不同角度享有企业的剩余分配权。国有企业的产权结构保障了资产所有者的利益和地位，而往往忽略了人力资本所有者的利益和地位，参与职业教育办学的积极性也随之降低。但是，国有企业拥有政府隐性担保的天然优势，可以有效分担参与职业教育办学的高成本和高风险，在一定程度上化解企业

---

① ［日］宫地诚哉，仓内史朗．职业教育［M］．河北大学日本研究所教育研究室，译．天津：天津人民出版社，1951：165－166.

② 任荣华．企业产权结构对人力资本和非人力资本投资的影响［J］．制度经济学研究，2006(3)：200－212.

③ Alchian A A, Demsetz H. Production, Information Costs, and Economic Organization［J］. IEEE Engineering Management Review, 1975, 3 (2): 21－41.

④ Hart O. Firms, Contracts, and Financial Structure［J］. OUP Catalogue, 1995, 32 (3): 446－452.

⑤ 张维迎．所有制、治理结构及委托代理关系——兼评崔之元和周其仁的一些观点［J］．经济研究，1996 (9)：3－15.

参与职业教育办学的市场失灵。[①] 在已有相关研究中，不少学者通过调查研究，证实了不同产权结构对企业参与职业教育办学的不同影响。[②] 因此，本研究设置“产权性质”虚拟变量，考察财税政策对不同产权结构企业的不同政策效果，当企业为国有（控股）企业时取值为1，否则取值为0。

企业的不同技术结构决定了对人力资本类型的不同需求，以至于对财税政策激励的反应也不尽相同。经济技术与教育水平发展带来人力资本的异质化，使社会对低技能劳动力需求持续减少，而对高技能劳动力需求旺盛，技能偏好型技术进步不仅决定了技能在企业发展中的内生性，同时决定了企业参与职业教育办学由成本偏好向技术偏好价值取向转变。[③④] 高技能人才的高生产率直接给企业带来高生产附加值，而更为重要的是，由于信息不对称等因素的存在，不完全竞争性的技能市场使工人工资增长幅度大大低于其实际边际生产率增长率，工资挤压效应的存在使企业获得更为丰厚的额外利润。当技能水平达到一定程度，企业感知到高技能人才所带来的收益大于投入成本时，就有足够的动机全方位、有深度地参与职业教育办学，并通过模式创新不断引入新标准，提升在合作办学过程中的话语权，发挥技术技能人才培养的主体作用。当然，企业属于劳动密集型、技术密集型、资本密集型等不同的技术结构个性特征，也相应决定了开展技能培训的具体模式，以及在相同模式下参与职业教育办学的积极性不同表现。[⑤] 基于此，本研究设置“技术结构”虚拟变量，考察不同技术类型企业在财税政策激励时的不同表现，当企业为劳动密集型时取值为1，否则取值为0。

三、变量描述性统计分析

如前面所述，本章关于政策评价研究涉及变量包括5个被解释变量、2

---

① 万柯，王丽慧．政府隐形担保的形式及规范化分析［J］．特区经济，2009（11）：249－251.

② 沈剑光，叶盛楠，张建君．我国企业参与校企合作的现实意愿及影响因素——基于766份样本数据的调查［J］．职业技术教育，2018（7）：33－39.

③ Winchester N, Greenaway D. Rising wage inequality and capital-skill complementarity［J］. Journal of Policy Modeling, 2007, 29（1）：41－54.

④ 潘海生，赵琳琳．技能偏好型技术进步理论视域下企业参与职业教育的理论分析［J］．职业技术教育，2016（31）：39－44.

⑤ Mohrenweiser J, Backes-Gellner U. Apprenticeship training-What for? Investment in human capital or substitution of cheap labour［R］. Leading House Working Paper, 2008：17.

个解释变量、3 个控制变量。其中，被解释变量和解释变量的基本特征已在第四章进行了描述性统计分析，在此仅对企业规模、产权性质、技术类型等 3 个控制变量的分布特点进行分析，结果见表 5 - 1。可以看出，按照企业规模划分，受试企业以小型规模为主，总数达 183 家，占样本企业总数的 40.49%；其次为中型企业和大型企业，分别为 122 家、104 家，占比 27.05%、23.11%；微型企业数量最少，仅为 41 家，占比 9.05%。按照产权性质划分，受试企业以民营企业为主，数量达 382 家，占比达 84.89%；国有（控股）企业 68 家，仅占样本企业总数 15.11%；民营企业中（境）外商投资企业、个人独资企业分别为 20 家、35 家，分别占样本企业总数的 4.44%、7.78%。按照技术结构划分，受试企业大多为劳动密集型与技术密集型企业，分别为 190 家、227 家，占样本企业总数 42.23%、50.44%，资本密集型企业仅 33 家，占比 7.33%。

表 5 - 1　　控制变量的描述性统计分析

控制变量		频数（家）	百分比（%）	累积百分比（%）
企业规模	大型	104	23.11	23.11
	中型	122	27.05	50.16
	小型	183	40.49	90.65
	微型	41	9.05	100
产权性质	国有（控股）企业	68	15.11	15.11
	（境）外商投资企业	20	4.44	19.56
	个人独资企业	35	7.78	27.33
	其他民营企业	327	72.67	100
技术结构	劳动密集型	190	42.23	42.23
	资本密集型	33	7.33	49.56
	技术密集型	227	50.44	100

根据研究设计，本章需要分析财税政策在不同生命周期与行业分布企业的特点与规律，故对样本企业的生命周期和行业分布情况进行统计分析，结果如表 5 - 2 所示。从企业生命周期看，样本企业中处于成长期和成熟期的占据绝对比重，分别为 208 家、185 家，占样本企业总数达 46.22%、41.11%；处于形成期企业 55 家，占比 12.22%；衰退期企业仅 2 家，占比

0.44%。从企业行业分布看，本研究根据《国民经济行业分类》（GB/T 4754—2011）标准划分样本企业所属行业，样本企业涉及行业共计 17 类，占行业分类总数（23 类）的 73.91%，分布靠前的三类行业为制造业 133 家、信息传输/软件/信息技术服务业 70 家、住宿和餐饮业 61 家，分别占样本企业总数 29.56%、15.56% 和 13.56%；分布靠后三类行业为公共管理/社会保障和社会组织 3 家、卫生和社会工作 4 家、水利/环境和公共设施管理业 4 家，分别占样本企业总数 0.67%、0.89% 和 0.89%。

表 5-2 样本企业生命周期和行业分布描述性统计分析

类别		频数（家）	百分比（%）	累积百分比（%）
生命周期	形成期	55	12.22	12.22
	成长期	208	46.22	58.44
	成熟期	185	41.11	99.56
	衰退期	2	0.44	100.00
行业分布	农林牧渔业	6	1.33	1.33
	制造业	133	29.56	30.89
	建筑业	19	4.22	35.11
	批发和零售业	25	5.56	40.67
	交通运输/仓储和邮政业	26	5.78	46.44
	住宿和餐饮业	61	13.56	60.00
	信息传输/软件和信息技术服务业	70	15.56	75.56
	金融/保险业	8	1.78	77.33
	房地行业	5	1.11	78.44
	租赁和商务服务业	15	3.33	81.78
	科学研究和技术服务业	12	2.67	84.44
	水利/环境和公共设施管理业	4	0.89	85.33
	居民服务/修理和其他服务业	11	2.44	87.78
	教育	34	7.56	95.33
	卫生和社会工作	4	0.89	96.22
	文化/体育和娱乐业	14	3.11	99.33
	公共管理/社会保障和社会组织	3	0.67	100.00

四、评价模型设定

在财税政策评价模型设定前，先对涉及的各变量进行相关性分析，各变量间 *Pearson* 相关系数计算结果如表5－3所示。可以看出，行为（*B*）、行为态度（*AB*）、主观规范（*SN*）、知觉行为控制（*PC*）、需求满足（*Ds*）、税收政策（*Et*）、财政政策（*Ef*）等被解释变量、解释变量之间均具有显著的相关关系，可以进行财税政策评价的进一步分析。

表5－3　政策评价模型各变量 *Pearson* 相关系数

变量	*B*	*AB*	*SN*	*PC*	*Ds*	*Et*	*Ef*	*Size*	*Soe*	*Tec*
B	1	0.760***	0.637***	0.618***	0.574***	0.308***	0.352***	0.089*	−0.062	−0.029
AB		1	0.807***	0.764***	0.665***	0.415***	0.457***	0.065	−0.088*	−0.016
SN			1	0.806***	0.708***	0.453***	0.528***	0.053	−0.030	0.051
PC				1	0.746***	0.455***	0.497***	0.081*	−0.038	0.001
Ds					1	0.507***	0.507***	0.048	−0.012	0.056
Et						1	0.811***	−0.055	−0.096**	−0.055
Ef							1	−0.020	−0.094*	−0.049
Size								1	0.097**	0.158***
Soe									1	0.154***
Tec										1

注：*表示 $p<0.1$，**表示 $p<0.05$，***表示 $p<0.01$。

在相关性分析的基础上，将各政策变量对政策目标变量进行多元线性回归分析。依据第三章构建的概念模型和相关理论假设（H13～H16），首先检验财税政策中税收政策、财政政策激励效果的差异，随后检验对于不同条件的差异。

为检验假设H13，设定以企业参与职业教育办学行为为被解释变量，税收政策、财政政策为解释变量的多元回归模型，模型中控制了企业规模、产权性质、技术类型等特征变量：

$$B = \beta_0 + \beta_1 Et + \beta_2 Ef + \beta_3 Size + \beta_4 Soe + \beta_5 Tec + \varepsilon \tag{5-1}$$

为进一步评价现有具体财税政策条款的作用效果，在模型（5－1）的基础上，将各代表性税收政策和财政政策条款分别作为解释变量，构建模型（5－2）和模型（5－3）：

$$B = \beta_0 + \beta_1 Et1 + \beta_2 Et2 + \beta_3 Et3 + \beta_4 Et4 + \beta_5 Et5 + \beta_6 Et6 + \beta_7 Size + \beta_8 Soe + \beta_9 Tec + \varepsilon \tag{5-2}$$

$$B = \beta_0 + \beta_1 Ef1 + \beta_2 Ef2 + \beta_3 Ef3 + \beta_4 Ef4 + \beta_5 Ef5 + \beta_6 Ef6 + \beta_7 Ef7 + \beta_8 Ef8 + \beta_9 Size + \beta_{10} Soe + \beta_{11} Tec + \varepsilon \tag{5-3}$$

同时，以模型（5－1）进行行业分布、生命周期分类，用以考察税收政策、财政政策在不同行业分布、生命周期企业间作用效果的差异，即假设H14、H15。

为检验假设H16，在模型（5－1）的基础上，将被解释变量分别变更为行为态度、主观规范、知觉行为控制、需求满足，构建模型（5－4）至模型（5－7）：

$$AB = \beta_0 + \beta_1 Et + \beta_2 Ef + \beta_3 Size + \beta_4 Soe + \beta_5 Tec + \varepsilon \tag{5-4}$$

$$SN = \beta_0 + \beta_1 Et + \beta_2 Ef + \beta_3 Size + \beta_4 Soe + \beta_5 Tec + \varepsilon \tag{5-5}$$

$$PC = \beta_0 + \beta_1 Et + \beta_2 Ef + \beta_3 Size + \beta_4 Soe + \beta_5 Tec + \varepsilon \tag{5-6}$$

$$Ds = \beta_0 + \beta_1 Et + \beta_2 Ef + \beta_3 Size + \beta_4 Soe + \beta_5 Tec + \varepsilon \tag{5-7}$$

第二节　财税政策之间激励效果差异分析

一、差异整体性分析

由第四章分析可以看出，财税政策对企业参与职业教育办学行为间接产生显著正向作用。在此基础上，为了进一步检验税收政策与财政政策激励效果存在差异，即假设H13，本研究通过模型（5－1）分税收政策、财政政策对企业参与职业教育办学行为进行多元回归分析。

根据表5－4所示的结果可以看出，财政政策的回归系数0.280在0.01

水平上显著，说明在其他条件不变的情况下，财政政策对于企业参与职业教育办学行为具有较强的政策效果。回归系数 0.280 的含义为，假设其他条件不变，如果财政政策的激励效果提升一个单位，企业参与职业教育办学的积极性将提高 28%。但是，税收政策的激励效果并不显著（0.066）。控制变量中，企业规模呈现显著影响，即大中型企业相较于小微型企业具有更高积极性，这与沈剑光等（2018）的研究结论一致；[①] 企业产权性质和技术结构不显著。原因可能是，税收政策与财政政策分属事前与事后两种不同类型的激励政策，企业也会因规模不同而在政策实施过程中进行不同选择，但与企业所属的产权性质和技术结构并无明显关系。综上所述，税收政策与财政政策激励企业参与职业教育办学的效果存在差异，假设 H13 得到初步验证。

表 5-4　　财税政策与企业参与职业教育办学关系分析结果

变量名称	变量符号	回归结果
税收政策	*Et*	0.066 (1.004)
财政政策	*Ef*	0.280*** (3.811)
企业规模	*Size*	0.234** (2.346)
产权性质	*Soe*	-0.106 (-0.757)
技术结构	*Tec*	-0.049 (-0.487)
常数项	*Cons*	3.353*** (14.681)
观测值		450
R^2		0.137
$adj\ R^2$		0.127
F		14.049***

注：被解释变量为 B；括号内为 T 值；** 表示 $p<0.05$，*** 表示 $p<0.01$。

① 沈剑光，叶盛楠，张建君．我国企业参与校企合作的现实意愿及影响因素——基于 766 份样本数据的调查［J］．职业技术教育，2018（7）：33-39.

二、不同企业特征检验

（一）企业规模的影响：成本承受还是替代策略

纽特里等（Neubäumer et al.，1999）的调查研究表明，规模较大的企业由于具有实力雄厚的成本承受能力，参与职业教育办学更为积极；规模较小的企业因难以承担较高的固定成本，而选择人力资本其他途径的作为参与办学的替代策略。① 理论上，不同规模企业对于参与职业教育办学成本态度的差异，可能会影响财税政策的激励效果，本研究对此进行分组检验。由表5-5所示（1）和（2）分组回归结果可以看出，大中型组样本企业税收政策回归系数-0.038并没有通过显著性检验，财政政策回归系数0.373在0.01水平上显著；小微型组样本企业税收政策回归系数0.180在0.1水平上显著，财政政策回归系数0.185在0.1水平上显著。该结果表明，大中型企业参与职业教育办学的积极性并没有因为税收政策受到影响，而财政政策对其影响明显；税收政策与财政政策对小微型企业参与职业教育办学的积极性都具有较为显著影响。可见，从企业规模的角度来说，税收政策与财政政策仅针对于大中型企业的激励效果存在较为明显差异，而对于小微型企业差异并不大，假设H13仅得到部分支持。其原因可能是，大中型企业较为强劲的经济实力能够承受参与职业教育办学较高的固定成本，降低了企业对事后生产成本补偿的要求，对于事前用途明确的要素激励具有较高兴趣；而小微型企业经济实力相对较弱、决策灵活，期望财税政策补贴参与职业教育办学的生产要素成本，但同时可能因为参与职业教育办学的经济“不划算”而采取替代策略，对财税政策有期待但敏感性并不强。

---

① Neubäumer R, Bellmann L. Ausbildungsintensität und Ausbildungsbeteiligung von Betrieben: Theoretische Erklärungen und empirische Ergebnisse auf der Basis des IAB - Betriebspanels 1997 [A]. Beer D, Frick B, Neubäumer R, Sesselmeier W (Eds). Die wirtschaftlichen Folgen von Aus - und Weiterbildung [C]. München: Hampp, 1999.

表 5 - 5　　财税政策与企业参与职业教育办学关系分析结果
——大中型企业与小微型企业的差异

变量名称	变量符号	(1) 大中型	(2) 小微型
税收政策	*Et*	-0.038 (-0.456)	0.180 * (1.749)
财政政策	*Ef*	0.373 *** (3.801)	0.185 * (1.682)
产权性质	*Soe*	-0.148 (-0.881)	-0.052 (-0.222)
技术类型	*Tec*	-0.082 (-0.629)	-0.028 (-0.176)
常数项	*Cons*	3.634 *** (11.980)	3.271 *** (9.894)
观测值		226	224
R^2		0.144	0.129
$adj\ R^2$		0.128	0.113
F		9.289 ***	8.113 ***

注：被解释变量为 *B*；括号内为 *T* 值；* $p<0.1$，*** 表示 $p<0.01$。

（二）产权性质的影响：隐性担保

吴红宇等（2012）调查研究显示，国有（控股）企业参与职业教育办学具有更高的积极性。① 理论上，不同的企业产权性质对人力资本投资隐性担保方面存在差异，也可能会影响财税政策效果。根据表 5 - 6 分组回归检验结果（1）和（2）可以看出，国有（控股）组样本企业税收政策的回归系数 -0.025 没有通过显著性检验，财政政策的回归系数 0.338 在 0.1 水平显著；民营组样本企业税收政策的回归系数 0.087 未能通过显著性检验，财政政策的回归系数 0.269 在 0.01 水平上显著，并且大中型企业比小微型企业具有更高积极性。该结果表明，无论是国有（控股）企业还是民营企业，税收政策与财政政策的激励效果存在差异，即假设 H13 从企业产权性质角度得到验证。原因可能是，国有（控股）企业通过参与职业教育办学进行人力

① 吴红宇，杨群祥．影响企业开展校企合作的因素研究——基于 910 份调查问卷的分析［J］．职业技术教育，2012（16）：15 - 20.

资本投资，可以享受到政府政策的隐性担保，有效规避市场风险，消除了企业的后顾之忧，相对稳定的保障环境及自身体验到的优越性等非货币性收益，降低了国有（控股）企业对财税政策尤其是事后成本补偿税收政策支持的需求；民营组企业规模控制变量的显著性表明民营企业尤其是民营小微型企业参与职业教育办学享受到的非货币性保障相对较少，对财税政策特别是对于具有确定性的充实现金流的事前财政政策支持反映更为敏感。

表 5-6　　财税政策与企业参与职业教育办学关系分析结果
——国有（控股）企业与民营企业的差异

变量名称	变量符号	(1) 国有（控股）企业	(2) 民营企业
税收政策	*Et*	-0.025 (-0.155)	0.087 (1.183)
财政政策	*Ef*	0.338* (1.824)	0.269*** (3.318)
企业规模	*Size*	0.152 (0.535)	0.248** (2.325)
技术类型	*Tec*	-0.129 (-0.444)	-0.042 (-0.386)
常数项	*Cons*	3.471*** (6.387)	3.301*** (13.102)
观测值		68	382
R^2		0.134	0.135
$adj\ R^2$		0.079	0.126
F		2.431***	14.691***

注：被解释变量为 B；括号内为 T 值；* 表示 $p<0.1$，** 表示 $p<0.05$，*** 表示 $p<0.01$。

（三）技术结构的影响：基于技能偏好型技术进步的变化

根据技能偏好型技术进步理论，经济技术与教育水平发展所带来的人力资本异质化，使企业对低技能劳动力需求持续减少，而对高技能劳动力需求旺盛，企业技术含量比重越高，对参与职业教育办学的激励政策关注度越高。[①]

① 潘海生，赵琳琳．技能偏好型技术进步理论视域下企业参与职业教育的理论分析［J］．职业技术教育，2016（31）：39-44.

因此，理论上应该观察到企业的技术含量比重较高时，财税政策激励效果更强。从表 5 –7 回归检验分组（1）和（2）的分析结果可见，劳动密集型组样本企业的税收政策回归系数 –0. 120 没有通过显著性检验，财政政策回归系数 0. 372 在 0. 01 水平上显著；非劳动密集型组样本企业的税收政策回归系数 0. 241 在 0. 01 水平上显著，财政政策回归系数 0. 176 在 0. 1 水平上显著，且大中型企业比小微型企业具有更高的积极性。该结果表明，对于劳动密集型企业参与职业教育办学的积极性，财政政策影响明显而税收政策影响并不显著；技术密集型、资本密集型企业尤其是大中型企业参与职业教育办学的积极性，财政政策有一定程度影响，税收政策影响则为明显。可以看出，劳动密集型企业仅重视直接明确的事前财政政策，而技术型、资本密集型企业除了对财政政策较为敏感外，更关注针对成本补偿的事后税收政策对自身的影响，假设 H13 从企业技术结构角度得到验证，这符合技能偏好型技术进步理论的预期。

表 5 –7　　财税政策与企业参与职业教育办学关系分析结果
——劳动密集型与非劳动密集型的差异

变量名称	变量符号	（1） 劳动密集型	（2） 非劳动密集型
税收政策	*Et*	–0. 120 （ –1. 240）	0. 241 *** （2. 677）
财政政策	*Ef*	0. 372 *** （3. 284）	0. 176 * （1. 815）
企业规模	*Size*	0. 166 （1. 044）	0. 262 ** （2. 075）
产权性质	*Soe*	–0. 198 （ –1. 036）	–0. 097 （ –0. 467）
常数项	*Cons*	3. 767 *** （10. 328）	3. 034 *** （10. 761）
观测值		190	260
R^2		0. 088	0. 202
$adj\ R^2$		0. 069	0. 189
F		4. 486 ***	16. 110 ***

注：被解释变量为 *B*；括号内为 *T* 值；* 表示 $p<0.1$，** 表示 $p<0.05$，*** 表示 $p<0.01$。

三、代表性财税政策条款检验

上述实证分析结果一定程度上表明税收政策与财政政策两者之间的政策作用效果存在差异，并且在不同特征的企业之间具有不同特点。为了进一步检验问卷中各项代表性税收政策、财政政策条款对企业参与职业教育办学的不同激励效果，本研究按照模型5－2、模型5－3对各代表性财税政策条款和企业参与职业教育办学行为分别进行多元线性回归检验，结果如表5－8、表5－9所示。

表5－8　　　　税收政策与企业参与职业教育办学关系分析结果

变量名称	变量符号	回归结果
企业兴办职业教育投资可按投资额的30%抵免当年应缴教育费附加和地方教育附加	*Et*1	0.143** (2.328)
企业发生校企合作报酬支出在计算应纳税所得额时扣除	*Et*2	0.066 (0.874)
企业用于捐赠职业院校实训设备的费用作为税前列支	*Et*3	0.020 (0.236)
企业与职业院校设立具有独立法人性质的经营性实训基地免征企业所得税地方分享部分	*Et*4	0.030 (0.372)
企业发生的职工教育经费支出，不超过工资薪金总额8%的部分准予扣除，超过部分准予在以后纳税年度结转扣除	*Et*5	0.026 (0.307)
企业举办职业教育机构或设立校内外实习实训、实践基地的，学校自用的房产、土地免征房产税、城镇土地使用税	*Et*6	－0.014 (－0.189)
企业规模	*Size*	0.254** (2.491)
产权性质	*Soe*	－0.115 (－0.807)
技术类型	*Tec*	－0.063 (－0.613)
常数项	*Cons*	3.776*** (18.520)
观测值		450
R^2		0.115
$adj\ R^2$		0.097
F		6.373***

注：被解释变量为B；括号内为T值；**表示$p<0.05$，***表示$p<0.01$。

表 5－9　　　　财政政策与企业参与职业教育办学关系分析结果

变量名称	变量符号	回归结果
企业与职业院校联合设立产教融合示范园区、职业教育实习实训基地给予资助	*Ef*1	-0.071 (-0.938)
职业院校参与企业技术改造、产品研发、科技攻关和促进科技成果转化给予资助或奖励	*Ef*2	0.070 (0.758)
企业与职业院校合作开展职工教育和培训并取得显著成绩给予奖励、表彰	*Ef*3	0.177* (1.893)
企业接纳职业院校学生实习发生的物耗能耗给予资助	*Ef*4	0.047 (0.586)
到职业院校任教的企业兼职教师薪酬和培养培训给予资助	*Ef*5	0.109* (1.274)
职业院校从企业引进高端技能人才实施政府购买服务补助	*Ef*6	0.075 (0.765)
企业办学符合职业教育发展规划要求的，通过政府购买服务等方式给予支持	*Ef*7	-0.304*** (-3.064)
对职教集团发展提供政府购买服务支持	*Ef*8	0.241*** (2.886)
企业规模	*Size*	0.198** (2.005)
产权性质	*Soe*	-0.072 (-0.518)
技术类型	*Tec*	-0.035 (-0.342)
常数项	*Cons*	3.372*** (14.877)
观测值		450
R^2		0.170
$adj\ R^2$		0.149
F		8.143***

注：被解释变量为 B；括号内为 T 值；* 表示 $p<0.1$，** 表示 $p<0.05$，*** 表示 $p<0.01$。

表 5－8 是各项税收政策条款对企业参与职业教育办学行为激励效果检验结果。可以看出，各项税收政策与企业参与职业教育办学行为的相关性并不高，进一步证明税收政策的激励效果有限。代表性税收政策条款中仅有“企业兴办职业教育投资可按投资额的 30% 抵免当年应缴教育费附加和地方

教育附加”政策条款的回归系数0.143在0.05水平上显著，并出现显著的企业规模特征，结合第四章描述性统计分析得出该条款得分较低的结果，说明教育费附加作为一种以纳税人已缴纳增值税和消费税为税基的税中税，企业尤其是小微企业对其感知程度较小，但该项优惠条款却可以起到有效推动大中型企业参与职业教育办学的政策效果。另外，其他税收政策条款回归系数没有通过显著性检验，说明这些政策条款对企业参与职业教育办学未起到实质性的激励效果。

相对于代表性的税收政策条款，财政政策条款与企业参与职业教育办学具有更强的相关性，多元回归结果如表5-9所示。可以看出，各项财政政策条款因激励侧重点的差异而显示出不同效果。相较而言，“企业办学符合职业教育发展规划要求的，通过政府购买服务等方式给予支持”“对职教集团发展提供政府购买服务支持”两项政策条款具有0.01水平上的高显著性，不过前者的回归系数为负（-0.304），且在第四章描述性统计分析中得分较高，说明这有可能该政策作为更为直接彻底的政府兜底扶持，一方面企业反应敏感；另一方面在信息不对称条件下，企业对照政策特点结合自身利益最大化目标考量，刻意隐瞒合作办学行为实情，夸张虚假申报，造成政策激励效应扭曲。其次是政策“企业与职业院校合作开展职工教育和培训并取得显著成绩给予奖励、表彰”“到职业院校任教的企业兼职教师薪酬和培养培训给予资助”两项政策条款的回归系数0.177、0.109分别在0.1水平上显著，并出现显著的企业规模特征，表明有关企业职工培训及企业兼职教师薪酬政策，对大中型企业具有较为显著的激励效果，进一步论证了与第二章政策梳理中所论证的现行政策缺少对于教师支持政策优惠，与其在权力/利益矩阵中“令其满意”的办学主体地位不符。其他财政政策条款没有通过检验，说明对企业参与职业教育办学未起到实质性激励作用。

由此可以看出，尽管财税政策是影响企业参与职业教育办学的重要因素，但具体到每一项政策条款，作用效果却不尽相同，假设H13从代表性财税政策条款角度得到验证。因此，为了充分发挥财税政策对企业参与职业教育办学的效果，需要根据不同财税激励政策的适用范围和特点进行合理的规划与选择，否则将会降低政策的有效性和适应性。

第三节　不同条件下财税政策效果差异分析

一、不同行业分布差异

为检验假设 H14，本研究根据样本行业的分布情况，将其划分为制造业/建筑业组、信息教育科学服务组及其他服务业组三个对比组，其中 6 个农林牧渔业企业由于样本量过少而未参与分组，将每个行业组作为一个研究样本进行考察，依次代入模型 5－1，以检验税收政策、财政政策在不同行业分布间的激励效果差异（见表 5－10）。

表 5－10　　财税政策激励不同行业分布企业作用效果差异

变量名称	变量符号	(1) 制造业/建筑业	(2) 信息教育科学服务	(3) 其他服务业
税收政策	*Et*	−0.105 (−0.863)	−0.052 (−0.441)	0.214** (2.013)
财政政策	*Ef*	0.383*** (2.792)	0.406** (3.027)	0.160 (1.346)
企业规模	*Size*	0.435*** (2.692)	0.077 (0.454)	0.257 (1.383)
产权性质	*Soe*	−0.147 (−0.607)	−0.036 (−0.112)	−0.112 (−0.527)
技术类型	*Tec*	−0.017 (−0.104)	0.419* (1.422)	0.087 (0.445)
常数项	*Cons*	3.539*** (9.235)	3.438*** (8.227)	3.061*** (7.762)
观测值		152	116	176
R^2		0.139	0.164	0.142
$adj\ R^2$		0.110	0.127	0.117
F		4.728***	4.363***	5.625***

注：被解释变量为 B；括号内为 T 值；* 表示 $p<0.1$，** 表示 $p<0.05$，*** 表示 $p<0.01$。

第一，就税收政策的激励效果而言，税收政策在除信息教育科学外其他服务业组的回归系数 0.214 在 0.05 水平上显著，在制造业/建筑业组、信息教育科学服务业组的回归系数 -0.105、-0.052 均没有通过显著性检验。表明其他服务业的企业参与职业教育办学受税收政策的影响显著高于其他行业，即验证了税收政策在不同行业分布作用效果存在差异。就财政政策的激励效果而言，财政政策在制造业/建筑业组的回归系数 0.383 在 0.01 水平上显著，在信息教育科学服务业组的回归系数 0.406 在 0.05 水平上显著，其他服务业组的回归系数 0.160 没有通过显著性检验，表明制造业/建筑业企业参与职业教育办学受财政政策影响最为显著，信息教育科学服务业企业次之，其他服务业企业则无显著影响，即验证了财政政策在不同行业分布间激励效果存在差异。

第二，就同属一行业类的企业而言，税收政策与财政政策对参与职业教育办学行为的激励效果同样差异明显。具体而言，制造业/建筑业组样本企业的税收政策回归系数 -0.105 没有通过显著性检验，财政政策回归系数 0.383 在 0.01 水平上显著，且大中型企业比小微型企业具有更高的积极性；信息教育科学服务业组样本企业的税收政策回归系数 -0.052 没有通过显著性检验，财政政策回归系数 0.406 在 0.05 水平上显著，且劳动密集型企业比非劳动密集型企业具有更高的积极性；其他服务业组样本企业的税收政策回归系数 0.214 在 0.05 水平上显著，财政政策回归系数 0.160 没有通过显著性检验。该结果表明，对于制造业/建筑业尤其是大中型企业、信息教育科学服务业企业尤其是劳动密集型企业，财政政策作用效果显著，税收政策影响不显著；对于其他服务业企业，税收政策作用效果显著，财政政策影响不显著。

综上所述，税收政策与财政政策激励不同行业企业参与职业教育办学的效果存在差异，假设 H14 得到验证，并从行业分布角度进一步验证了假设 H13。可以看出，由于各个行业类别的特点、规律各不相同，导致企业参与职业教育办学行为差异较大，如果政府由于有效信息的稀缺，在政策制订过程中基于有限理性对不同行业类型企业简单化“一刀切”，必然削弱财税政策的实施效果，甚至产生与政策目标相悖的效果。①

① 柳光强．税收优惠、财政补贴政策的激励效应分析——基于信息不对称理论视角的实证研究[J]．管理世界，2016（10）：62-71.

二、不同生命周期差异

为检验假设 H15，本研究根据样本企业生命周期分布情况，将其划分为形成期组、成长期组、成熟期组 3 个生命周期对比组，其中 2 个衰退期企业由于样本量过少而未参与分组，将每个企业生命周期分组作为一个研究样本进行考察，依次代入模型 5－1，以检验税收政策、财政政策激励不同生命周期企业作用效果差异（见表 5－11）。

表 5－11　　财税政策激励不同生命周期企业作用效果差异

变量名称	变量符号	(1) 形成期	(2) 成长期	(3) 成熟期
税收政策	*Et*	0.025 (0.128)	0.139 (1.261)	0.030 (0.313)
财政政策	*Ef*	0.296 (1.448)	0.274** (2.330)	0.260** (2.348)
企业规模	*Size*	1.027* (1.944)	0.013 (0.098)	0.338* (1.969)
产权性质	*Soe*	−0.652 (−1.036)	0.133 (0.612)	−0.174 (−0.857)
技术类型	*Tec*	0.257 (0.799)	−0.056 (−0.394)	−0.167 (−0.996)
常数项	*Cons*	3.177*** (4.707)	3.143*** (9.458)	3.626*** (9.736)
观测值		55	208	185
R^2		0.175	0.172	0.120
$adj\ R^2$		0.091	0.152	0.095
F		2.084*	8.409***	4.878***

注：被解释变量为 B；括号内为 T 值；* 表示 $p<0.1$，** 表示 $p<0.05$，*** 表示 $p<0.01$。

第一，就税收政策的激励效果而言，税收政策在样本企业所有生命周期分组均不显著，对各个生命周期企业组的激励效果各有不同，形成期、成长期、成熟期企业组回归系数分别为 0.025、0.139、0.03，验证了税收政策对不同生命周期样本企业激励效果的差异。就财政政策的激励效果而言，成长期企业组激励效果的回归系数 0.274 在 0.05 水平上显著，成熟期企业组回归系数 0.260 在 0.05 水平上显著，而形成期企业组的回归系数 0.296 没有通过显著性检验。该结果表明，处于成长期企业参与职业教育办学积极性受财政政策影响最大，成熟期企业次之，而处于形成期的企业无显著影响，即验证财政政策激励不同生命周期样本企业间激励效果存在差异。

第二，就属同一生命周期组的企业而言，税收政策与财政政策的激励效果差异也较大。具体而言，形成期组样本企业的税收政策回归系数 0.025、财政政策回归系数 0.296 均没有通过显著性检验，且大中型企业比小微型企业具有更高的办学积极性；成长期组样本企业的税收政策回归系数 0.139 没有通过显著性检验，财政政策回归系数 0.274 在 0.05 水平上显著；成熟期组样本企业的税收政策回归系数 0.030 没有通过显著性检验，财政政策回归系数 0.260 在 0.05 水平上显著，且大中型企业比小微型企业具有更高的办学积极性。该结果表明，对处于形成期的企业，规模较大企业具有更高积极性，税收政策与财政政策的激励效果均不显著；对处于成长期的企业、成熟期的企业，尤其是处于成熟期的大中型企业，参与职业教育办学虽然受税收政策影响不显著，但财政政策激励效果较为显著，进一步证明了企业并不是一开始就会通过参与职业教育办学途径获取人力资本的观点，即企业形成期大多是选择一些调整方便、短期、见效快的人力资本经营方式，到成长期、成熟期，企业内部已经形成了某些固定的特征，在此基础上形成长期人才战略规划，这时企业参与办学才有形成的可能。①

综上所述，税收政策与财政政策对不同生命周期企业参与职业教育办学的激励效果存在差异，假设 H15 得到验证，并从企业生命周期角度进一步验证了假设 H13。可以看出，处于形成期的企业对于财税政策与其参与职业教育办学的关系并不敏感，说明处于这一生命周期的企业对于参与办学感知“无能为力”和“没有必要”的尴尬，同时也反映了政府在减轻形成期企业税收负担中义理性的缺失。必须认识到，处于形成期企业抗市场风险能力弱、资金不足、品牌认知度低等特点与企业参与办学市场的不确定性、行为的正外部性和产品的公共性形成明显落差，政府有必要通过精准有效的财

① 吴国存. 企业人力资本投资［M］. 北京：经济管理出版社，1999：48.

税政策“委托—代理”激励，避免由政府行政职能直接替代市场机制产生寻租空间，维系与其他不同生命周期企业在参与职业教育办学中形成公平市场竞争。

三、不同政策目标差异

根据第四章的分析可以看出，财税政策对企业参与职业教育办学行为态度、主观规范、知觉行为控制、需求满足产生显著正影响。为了进一步检验假设 H16，即税收政策与财政政策激励企业参与职业教育办学不同政策目标间效果存在差异，以整体样本为考察对象，对模型 5－4 至模型 5－7 进行实证检验（见表 5－12）。

表 5－12　　财税政策激励不同政策目标作用效果差异

变量名称	变量符号	(1) 行为态度	(2) 主观规范	(3) 知觉行为控制	(4) 需求满足
税收政策	*Et*	0.090* (1.875)	3.028 (1.186)	0.116** (2.322)	0.242*** (4.264)
财政政策	*Ef*	0.257*** (4.822)	0.058*** (6.822)	0.295*** (2.322)	0.259*** (4.076)
企业规模	*Size*	0.143* (1.969)	0.373 (1.352)	0.173** (2.287)	0.118 (1.372)
产权性质	*Soe*	−0.120 (−1.190)	0.100 (0.158)	0.004 (0.038)	0.076 (0.627)
技术类型	*Tec*	0.005 (0.063)	0.016* (1.668)	0.023 (0.304)	0.156* (1.779)
常数项	*Cons*	3.373*** (20.323)	0.126*** (17.787)	2.876*** (16.565)	2.209*** (11.185)
观测值		450	450	450	450
R^2		0.223	0.290	0.264	0.295
adj R^2		0.215	0.282	0.256	0.287
F		25.554***	36.221***	31.880***	30.000***

注：括号内为 T 值；* 表示 $p<0.1$，** 表示 $p<0.05$，*** 表示 $p<0.01$。

第一，就税收政策的激励效果而言，税收政策对企业参与职业教育办学行为态度的回归系数 0.090 在 0.1 水平上显著，知觉行为控制回归系数

0.116 在 0.05 水平上显著，需求满足回归系数 0.242 在 0.01 水平上显著，而主观规范的回归系数 3.028 却没有通过显著性检验，表明税收政策对于促进企业需求满足激励效果最佳，其次是对于增进企业自我效能感和控制力具有较好的激励效果，对于促进企业社会责任感、行业指导和学校配合、同类与标杆企业示范无显著影响。就财政政策的激励效果而言，对所有政策目标均具有 0.01 水平上的显著激励效果。其中，政策效果强度回归系数由大到小依次为知觉行为控制 0.295、需求满足 0.259、行为态度 0.257、主观规范 0.058。可以看出，财政政策对于主观规范激励强度最弱，这可能与当前行业组织与行政机关脱钩，中央财政逐步取消对行业协会支持的改革趋势有关。表明财政政策是增进企业自我效能感和控制力很好的工具，并且对于企业参与职业教育办学支持态度和需求满足具有较强的促进作用，同时也有可能由于挤出效应占用了部分办学资源，对企业参与职业教育办学主观规范的激励效果有所削弱。

第二，对于同一政策目标来说，税收政策、财政政策的激励效果也各不相同。具体而言，行为态度目标组的税收政策回归系数 0.090 在 0.1 水平上显著，财政政策回归系数 0.257 在 0.01 水平上显著，且大中型企业比小微型企业具有更高的积极性；主观规范目标组的税收政策回归系数 3.028 没有通过显著性检验，财政政策回归系数 0.058 在 0.01 水平上显著，且劳动密集型企业比非劳动密集型企业具有更高的积极性；知觉行为控制目标组的税收政策回归系数 0.116 在 0.05 水平上显著，财政政策回归系数 0.295 在 0.01 水平上显著，且大中型企业比小微型企业具有更高的积极性；需求满足目标组的税收政策回归系数 0.242 在 0.01 水平上显著，财政政策回归系数 0.259 在 0.01 水平上显著，且劳动密集型企业比非劳动密集型企业具有更高的积极性。该结果表明，对企业参与职业教育办学的行为态度，尤其是对大中型企业，税收政策具有较弱的激励效果；对主观规范目标来说，尤其是对劳动密集型企业，税收政策激励效果没有显著性，财政政策激励效果较弱；对知觉行为控制目标来说，尤其是对大中型企业，具有较强的税收政策激励效果、更强的财政政策激励效果；对需求满足目标来说，尤其是对劳动密集型企业，具有较强的税收政策激励效果和更强的财政政策激励效果。

综上所述，税收政策与财政政策对企业参与职业教育办学行为态度、主观规范、知觉行为控制和需求满足等不同政策目标的激励效果存在差异，假设 H16 得到验证，并从不同政策目标角度进一步验证了假设 H13。

可以看出，行为态度、主观规范、知觉行为控制、需求满足等政策目标变量虽然都是财税政策激励企业参与职业教育办学的中介变量，但由于每个企业所关注的重点与发展模式各不相同，在信息不对称背景下，企业会根据自身利益最大化的需要对财税政策进行偏好性选择，从而导致政策在企业参与职业教育办学不同政策目标之间的激励效果存在差异。

第四节　本章小结

本章在第四章概念模型验证的基础上，运用样本企业的问卷调查数据，将企业参与职业教育办学行为及行为态度、主观规范、知觉行为控制、需求满足等 5 个变量定义为被解释变量，税收政策、财政政策及其对应的具有代表性的财税政策条款等政策变量定义为解释变量，企业规模、产权性质、技术类型等 3 个变量定义为控制变量，通过建立多个多元线性回归模型，分组对比分析不同类型财税政策对不同规模、产权性质、技术结构、生命周期、行业分布企业，以及不同政策目标之间作用效果的差异，得出以下主要结论。

第一，总体上看，财税政策中的财政政策由于激励效应发挥更为灵活、直接和迅速，与企业参与职业教育办学呈显著正相关，即财政政策激励效应越来越强，企业参与职业教育办学越来越积极；而税收政策对企业的影响并不显著。这一结论在不同产权性质、技术结构特征企业，以及在不同的行业分布、生命周期、政策目标等均得到验证，但对于不同规模企业尤其是小微型企业，税收政策与财政政策两者之间的激励效果差别不大。各代表性财税政策尤其是税收政策，与企业参与职业教育办学的相关性并不高，进一步证明财税政策尤其是税收政策的激励效果有限，大中型企业对以教育费附加为代表的税收政策关注度较高，对有直接彻底兜底特征的政府购买服务及与职工培训、兼职教师薪酬内容有关的财政政策具有较强期待。

第二，对于不同的企业特征分组而言：（1）从企业规模看，相对于大中型企业对参与职业教育办学财税激励政策种类的“爱憎分明”——降低了对事后生产成本补偿税收政策的要求，而对于事前用途明确要素激励财政政策具有较高兴趣，小微型企业一方面期望财税政策支持，另一方面由于在参与职业教育办学中是成本承担还是替代策略摇摆不定，对财税政策“若即若离”。（2）从企业性质看，无论是国有（控股）企业还是民营企业，参与职业教育办学积极性并未受到税收政策影响，相较于国有（控股）企业享受政府政策隐性担保的优越性，民营企业期待通过直接的财政政策支持化解市场失灵。（3）从企业技术结构看，劳动密集型企业仅重视直接明确的事前财政政策，而技术密集型、资本密集型企业除了对财政政策较为敏感外，更关注针对成本补偿的事后税收政策的影响，这符合技能偏好型技术进步理论的预期。

第三，对于政策实施不同条件分组而言：（1）从行业分布看，税收政策仅仅对除信息教育科学以外的服务业企业参与职业教育办学影响显著；财政政策对制造业/建筑业企业影响最为显著，信息教育科学服务业次之，对其他服务业则无显著影响。（2）从生命周期看，税收政策在样本企业所有生命周期均不显著，但激励效果强度各有不同；财政政策激励成长期和成熟期企业效果显著，对形成期企业不显著。（3）从政策目标看，税收政策对促进企业参与职业教育办学需求满足激励效果最佳，其次是对于增进企业自我效能感和控制力，对于促进企业主观规范无显著影响；财政政策是增进企业参与职业教育办学自我效能感和控制力很好的工具，并且对于企业参与职业教育办学支持态度和需求满足具有较强的促进作用。

结合前面分析可以看出，第二章关于我国企业参与职业教育办学现行财税政策激励存在问题的根源，在于办学主体之间信息的不对称，财税激励政策缺乏对企业周期特征、经营特征和行为特征的精准区分。因此，一是在构建激励企业参与职业教育办学的财税政策体系时，要避免“一刀切”，并视企业规模、产权性质、技术类型等不同特征，实施差异化财税政策激励以提高政策效应的精准性；二是在制定激励特定行业或特定生命周期企业的财税政策时，应考虑企业行业或生命周期的特殊性，针对企业参与职业教育办学的影响因素明确具体的激励目标，如企业参与职业教育办学的行为态度、主

表 5 – 13　　本研究部分假设检验结果汇总

假设	内　容	检验结果
H13	税收政策与财政政策激励企业参与职业教育办学的效果存在差异	部分支持
H14	税收政策与财政政策激励不同行业企业参与职业教育办学的效果存在差异	支持
H15	税收政策与财政政策激励不同生命周期企业参与职业教育办学效果存在差异	支持
H16	税收政策与财政政策激励企业参与职业教育办学不同政策目标间效果存在差异	支持

观规范、知觉行为控制和需求满足等。本部分通过我国企业参与职业教育办学现行财税激励政策评价，对本研究概念模型中提出的假设 H13 ~ H16 验证的结果汇总如表 5 – 13 所示。

第六章　财税政策激励企业参与职业教育办学：策略建议

本章首先根据技能形成的模式与特点，选取德国、英国、日本、法国4个具有代表性的典型国家，梳理这些国家企业参与职业教育办学运行机制及财税政策体系构成的基本现状及经验，然后结合第四、第五章实证检验与政策评价结论，提出完善我国财税政策激励企业参与职业教育办学的策略建议。

第一节　典型国家财税政策激励机制分析

根据前面分析可知，政府通过财税激励政策干预手段配置职业教育资源，关键是找到与市场机制配置资源的最优组合，以提高职业教育资源的整体配置效率。如图6-1所示，根据企业参与职业教育办学的不同程度，将技能形成提炼为政府与市场资源配置的四类典型模式：以德国为代表的集体主义模式，以英国、美国为代表的自由主义模式，以日本为代表的分割主义模式，以瑞典和法国为代表的国家主义模式。① 由于该分类过程同时从政府和企业两个维度考量职业教育办学行为，得到学术界的广泛认可。② 基于此，本研究将德国、英国、日本、法国作为企业参与职业教育办学的典型国家，

---

① Busemeyer M, Trampusch C. The Comparative Political Economy of Collective Skill Formation [M]. Oxford, New York: Oxford University Press, 2012: 3-38.

② 李俊，李东书．职业教育产教融合的国际比较分析——以中国、德国和英国为例［J］．高等工程教育研究，2019（4）：159-164.

分析其财税政策激励机制的基本现状及经验。

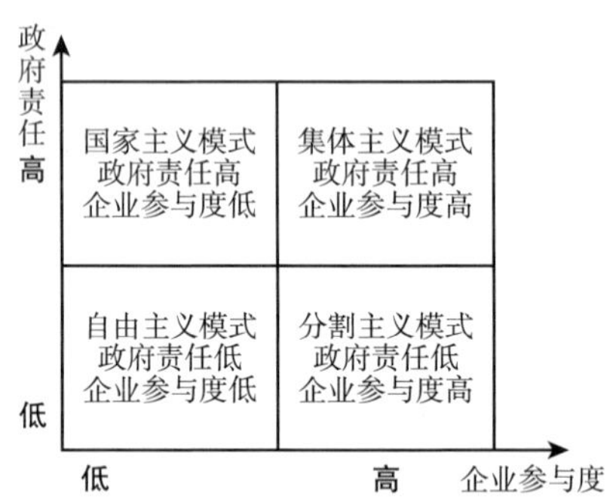

图 6-1 技能形成四类典型模式特点

一、德国“双元制”职业教育财税激励政策

“双元制”职业教育作为德国职业教育体系的核心组成部分，形成于传统学徒制训练与现代职业学校教育的结合，被誉为德国强盛工业发展的秘密“武器”。企业作为双元结构中的重要一元，与传授学生职业有关专业知识的另外一元即公办职业学校合作办学，对学生实施职业技能的专业培训。2018年，德国“双元制”教育企业实际参与职业教育办学比率达 54%，提供学徒岗位超过 57.42 万个，在技能人才培养过程中发挥着积极主导作用。① 德国职业教育的成功得益于政府的权威性、强制性，使合作更加稳定，政府通过立法、设立基金等平衡校企关系。②

（一）企业参与职业教育办学运行机制

1969 年 9 月，德国颁布《联邦职业教育法》，第一次将企业培训的各种分散的法规汇集在一起。1981 年 12 月，德国颁布《联邦职业教育促进法》，对各州所辖职业学校以外的职业教育作出法律规定。2005 年，德国联邦议会对以上两部法律进行合并并加以修订，于 4 月 1 日出台新的《联邦职业教育

① 赵文平．企业作为职业教育的学习地点：德国的经验分析与启示［J］．世界教育信息，2018（12）：82－87.

② 冉红琼，万卫，张颖江．基于政府责任的职业教育校企合作研究［J］．职教论坛，2016（2）：84－89.

法》（后数次修订），对发生在企业及跨企业之间的无论是职业准备教育（die Berufsaus bildungsvorbereitung）、职业教育（die Berufsaus bildung）、职业进修教育（die berufliche fortbildung），或是职业改行教育（die berufliche umschulung），都明确了教育企业在职业教育办学中的主体地位：（1）法律主体。《联邦职业教育法》规定，教育企业根据国家教育职业信息，结合实际情况自主选拔招收学生，通过签订《职业培训合同》确定学徒身份并在企业接受实践技能教育、评价学生考试成绩并颁发学业证和职业资格证。（2）教学主体。根据规定，教育企业需派遣具备人品资质（persÖnliche eingung）和专业资质（fachliche eingung）的教师，通过岗位训练、工场实训、课堂教学等形式，对学生实施占全部受教育时间2/3的企业教育外，还必须督促学生去职业学校学习其余规定学时的理论知识，这个过程中，学生与职业学校并不存在法律契约关系。（3）经费主体。教育企业承担学生在企业产生的全部教育费用，除了负担承建培训场所外，还包括培训设施、器材设备、教材损耗、日常管理及学生津贴、教师工资、社会保险等教育经费。（4）责任主体。《联邦职业教育法》第六部分罚款规则对违反规则的具体行动进行了具体界定，并制定了详尽的惩戒条款，同时接受行业协会组织、指导、监督、考核和管理。①②

（二）财税激励政策体系构成

2015年，经济合作与发展组织发布教育报告《校外技能》（Skills Beyond School），认为以德国为代表的“双元制”职业教育体系在对学生从学校到职场的顺畅过渡对接中发挥了重要作用。③《联邦职业教育法》规定，“双元制”人才培养过程中，联邦政府资金主要用于职业学校部分，企业部分经费完全由教育企业负担，职业教育投入的大量净支出无疑加重了教育企业的负担，逐渐引起了政府的关注。数据显示，教育企业承担了整个“双元制”职业教育70%的经费，仅从学生教育津贴计算，企业平均每年支付的生

① 姜大源，刘立新．（德国）联邦职业教育法（BBiG）[J]．中国职业技术教育，2005（32）：49－57.

② 姜大源，刘立新．（德国）联邦职业教育法（BBiG）[J]．中国职业技术教育，2005（35）：56－62.

③ 刘立新．德国发布《2019年职业教育报告》[J]．中国职业技术教育，2019（11）：75－76.

均补贴超过 18000 欧元，而学生同期为企业创造的价值仅约 12000 欧元。[①②]为弥补企业在职业教育办学中存在的高额成本，鼓励企业更加积极持续参与职业教育办学，德国联邦政府出台了相应的培训补助和税收优惠政策：（1）财政资助。一方面，联邦政府通过州政府、联邦劳动局和联邦职业教育研究所向各类教育企业、跨企业培训中心和职业继续教育机构提供国家财政性资助。例如，为中小企业提供咨询建议的“新入职者 +”项目，自 2006 年启动以来共资助 473 个项目，仅 2017 年 7 月第三轮第 B 项资助额就达 1340 万欧元[③]；企业每接收 1 位等待职业培训超过一年的弱势群体人员，可获得最高 6000 欧元的联邦奖金。[④] 另一方面，通过法律制度的完善鼓励教育企业充实学生生源。例如，2016 年 6 月联邦政府发布《失业保险保护和加强职业进修法》，对再就业进修者提供上限 1500 欧元的补贴。[⑤]（2）基金式筹资。为了平衡教育企业与非教育企业的职业教育投入，德国各部门、行业和区域根据不同的集资对象设立多种类型基金，主要包括中央基金、劳资双方基金、行业基金、区域基金等。根据规定，只有教育企业和跨企业培训中心才有资格按照企业类别、培训职业、培训年限和区域状况获得相应比例的基金分配，详细筹资与分配情况如表 6－1 所示。（3）税收优惠。主要针对企业直接资助和企业外集资设计的税收减免政策。例如，教育企业在双元制人才培养过程中产生的所有费用计入生产成本，以及缴纳给基金会的资金在一定时候可从税款中以一定比例扣除，扣除的范围包括专门扣除款、固定扣除款、补偿款和社会福利优惠款等。

---

① Bundesamt S. Bildungsfinanzbericht ［R］. Wiesbaden：Statistisches Bundesamt（Destatis），2015：62－63.

② 项继发．德国企业的职业教育角色承担［J］. 成人教育，2019（2）：88－93.

③ Bundesministerium für Bildung und Forschung（BMBF），Berufsbildung 4. 0 -den digitalen Wandel gestalten. Programme und Initiativen des BMBF ［EB/OL］.（2018－03－06）［2020－04－11］. https：//www. bmbf. de/pub/Berufsbildung_4. 0. pdf.

④ Kathrin Hoeckel and Robert Schwartz. Learning for Jobs OECD Reviews of Vocational Education and Training for Germany ［EB/OL］.（2015－06－07）［2020－04－11］. http：//www. oecd. org/edu/skills-beyond-school/45668296. pdf.

⑤ 赵文平．企业作为职业教育的学习地点：德国的经验分析与启示［J］. 世界教育信息，2018（12）：82－87.

表 6-1　　德国职业教育筹资基金类型

项目	中央基金	劳资双方基金	行业基金	区域基金
主管机构	联邦财政部	行业工会	行业自行决定	区域自行决定
缴费主体	国内所有企业	加入行业工会的企业	行业内所有企业	某区域内所有企业
缴费比例	企业工人工资总额的0.6%～9.2%	企业工人工资总额的0.5%	行业内协商确定	本区域内协商确定
使用条件	依据企业所处地区、企业规模、行业、培训年限长短等因素。企业培训费用的50%～80%都可以通过中央基金得到补助，如果政府看好该行业前景，那么企业可获得100%的资助	用于赞助大型企业建立培训中心，或者赞助小型企业使用跨企业培训中心的费用	用作本行业的职业教育经费	用作本区域内企业的职业教育经费
特点	由于这笔基金只有参与职业培训的企业才能够获得，因此提高了企业参与培训的积极性	缴纳比例根据经济发展情况不断作出调整，既保证了对不同企业的公平待遇，又保证了基金的基数不会随着经济波动产生大的变化，为培训的正常运转奠定了牢固的经济基础	这种基金形式可以定向鼓励企业参与职业培训，覆盖面比较宽泛，但是容易与国内统一的培训标准相背离	这种基金形式针对性比较强，但不利于区域间职业教育的平衡发展

资料来源：韩凤芹，于雯杰．德国“工匠精神”培养及对我国启示——基于职业教育管理模式的视角［J］．地方财政研究，2016（9）：101－112．

二、英国学徒制职业教育财税激励政策

与“政府责任高、企业参与度高”德国集体主义模式不同，英国则坚持“自愿自助”的自由主义模式，企业参与职业教育办学的深度相对较低。英国自1976年开展教育大辩论以来，深刻认识到职业教育与培训发展水平大大低于当时的联邦德国、日本等其他工业化国家，于是开始逐步深入探索适应于英国工业经济发展的现代学徒制职业教育体系。① 自20世纪90年代初职业教育具体改革计划实施后，英国长期不断健全和完善学徒制，形成了领域覆盖广泛、结构层次分明、资格结合紧密的职业教育发展典型模式。

① 杨进．论职业教育创新与发展［M］．北京：高等教育出版社，2005：148．

（一）企业参与职业教育办学运行机制

1964 年，英国政府颁布第一部国家培训法律《产业训练法》（Industrial Training Act），将训练管理职责从企业移交给政府统筹管理，标志着政府对学徒制职业教育的直接干预。1973 年，为解决经济危机失业增加问题，英国政府颁布《就业与培训法》（Employment and Training Act），组建人力服务委员会，统筹管理企业培训和个人就业。而后，英国政府相继推出“青年机会计划”（youth opportunity program）、“统一职业准备计划”（united vocational preparation）、“青年培训计划”（Youth Training Scheme）等系列培训计划，实质上就是对现代学徒制的尝试，发挥企业在职业教育办学中的主体作用。1993 年，英国政府正式提出现代学徒制计划，《学徒制条例草案》（Apprenticeships Bill）、《学徒制、技能、儿童与学习法案》（Apprenticeships，Skills，Children and Learning Act）、《英格兰学徒制培训规格标准》（Specification of Apprenticeship Standards for England）等系列法律和政策的相继实施，标志英国现代学徒制体系的日臻完善，更加凸显企业在职业教育办学中的重要主体地位：（1）教学培训框架设计主体。英国的现代学徒制项目大多对应一个规范的学习内容和培训标准框架，该框架由企业与行业技能委员会围绕市场需求，兼顾不同行业职业标准联合设计制定，以培养学生的重点能力和核心技能。教学培训框架课程设置主要包括由企业完成的国家职业资格课程，以及由学校完成的技术证书、核心技能课程。企业和学校必须提供框架所含课程才能得到政府拨款，而学生必须达到课程要求才算完成学习。（2）教学实施主体。学校广泛关注并收集企业和学徒的需求，寻找合作企业并与之共同开发培训内容。岗位确定后，企业或学校发布招生广告，学徒随时申请、考试入学。企业完全负责学徒在企业学习的部分，并安排专人协调学徒跟随经验丰富的企业员工学习岗位技能。在成本分担上，企业仅通过学校转付的形式承担学徒培训阶段的薪资，政府通过市场竞争机制向学校拨付学徒的其他培训费用。（3）质量评估主体。2009 年，英国政府成立了学徒制质量评估机构——资格与考试监管办公室，但出于对自由主义市场机制的坚持，英国政府弱化了外部监管而强调市场主体的质量评估，学校或企业对学生的实习、讨论等学习活动进行考核。[①②]

（二）财税激励政策体系构成

长期以来，市场自由主义一直是英国推进职业教育发展的核心理念。但随着现代学徒制战略的制定与实施，英国在坚持市场竞争的同时，也通过法律、政策和国家资格框架等在宏观层面进行干预。[③] 英国政府通过出台《2017 年 5 月起英国学徒基金》（Apprenticeship Funding Apprenticeship funding in England from May 2017）、《学徒基金：雇主的规则和指导》（Apprenticeship funding: rules and guidance for employers）、《学徒基金：如何运作》（Apprenticeship funding：how it works）、《2018 年 8 月起英国学徒基金》（Apprenticeship funding in England from August 2018）等一系列资助措施，有力推动了企业参与现代学徒制职业教育的积极性：（1）财政补贴。对员工不超过 50 人的小规模企业实行豁免共同投资（co-investment waiver）政策，政府承担培训经费标准线以内、对象为 16 ~ 18 岁学徒的所有培训经费，并对过去一年没有招聘学徒的企业另外提供 16 ~ 24 岁学徒 5 个名额以内每人 1500 磅的学徒津贴。[④] 对于承担 16 ~ 18 岁学徒培训的企业，均可以获得政府不超过培训经费 20% 的补贴。对于在分别位居前 10%、10% ~ 20%、后 7% 的贫困地区进行学徒培训的企业，可分别获得政府额外 600 英镑、300 英镑、200 英镑的培训经费奖励。对于科学技术工程与数学专业、护理教育专业等基础性或公共性强的领域，政府实施扶优性补贴。[⑤] 这些财政补贴资金，政府实施第一期 3 个月、第二期 12 个月的分期支付方式。[⑥]（2）政府性基金。2011 年 3 月，

---

① Steedman, H. The state of apprenticeship in 2010 [R]. Apprenticeship Ambassadors Network, 2010: 1 – 40.

② Business D F. Innovation and Skills. Specification of apprenticeship standards for England [J]. BIS, 2013 (12): 1 – 12.

③ 潘海生，曹星星．同源殊途：爱尔兰、英国现代学徒制治理［J］．外国教育研究，2017（11）：115 – 128.

④ Education and Skills Funding Agency. Apprenticeship Funding and Performance-management Rules for Training Providers [EB/OL]. (2017 – 05 – 20) [2020 – 04 – 11]. https://www.gov.uk/government/uploads/system/uploads/attachment_data/file/612159/PROVIDER_V3_1_.pdf.

⑤ Department for Education. Apprenticeship Funding [EB/OL]. (2017 – 05 – 10) [2020 – 04 – 11]. https://www.gov.uk/government/uploads/system/uploads/attachment_data/file/562401/Apprenticeship_funding_from_May_2017.pdf.

⑥ 岑建，楼世洲．英国学徒税政策及其特点［J］．比较教育研究，2017（12）：99 – 106.

英国就业与技能委员会成立增长与创新基金（The Growth and Innovation Fund）、雇主投资基金（The Employer Investment Fund），通过竞争性方式支持企业参与职业教育和培训新项目，要求企业提供一定比例的资金配套，取得了显著成效。[①]（3）税收调节。从2017年4月起，英国政府对员工年工资总额超过300万英镑的企业或者企业联合体开征学徒税，具体税额标准为不超过年工资总额的0.5%。[②] 缴纳学徒税的企业不仅可以获得政府按月支付、总额为1.5万英镑的补贴，还可额外享受每月学徒税10%的补贴。而对于不缴纳学徒税的企业，根据共同资助政策，需支付10%的学徒培训和评估费用，其余90%的学徒培训费用由政府承担，如果超出经费培训标准，超出部分完全由企业承担。这些政府税收调节资助，企业根据学徒资助制度享有充分的经费使用权，但使用仅限24个月，一旦过期，由政府统筹使用。

三、日本企业内培训职业教育财税激励政策

日本是职业教育高度发达的国家，其突出特征是企业的参与程度非常高，甚至比德国还要高，其中企业内培训是日本现代职业教育体系最具特色的组成部分。[③] 以能力开发为导向的日本企业内培训体系，实现了受训员工从入职到退休、从技能到管理、从新入职到管理骨干的培训周期、内容、层次的全覆盖，为日本工业经济发展提供了大量高度匹配的产业技术人才，成功经验被世界所公认。

（一）企业参与职业教育办学运行机制

1958年，日本政府颁布职业教育基本法——《职业训练法》，标志日本以企业终身雇佣制度为前提的企业内培训制度的形成。1985年颁布《职业

---

① UK Commission for Employment and Skills. UKCES Employer Investment Fund [EB/OL]. (2015-06-04) [2020-04-11]. https://www.gov.uk/government/publications/ukces-employer-investment-fund.

② Department for Education. Information on apprenticeship levy: Data broken down by size and sector and the total apprenticeship budget [EB/OL]. (2017-05-12) [2020-04-11]. http://qna.Files.parliament.uk/qna-attachments/632403/original/HL3070%20HL3071%20HL3074%20attachment.pdf.

③ 徐国庆．我国二元经济政策与职业教育发展的二元困境——经济社会学的视角［J］．教育研究，2019（1）：102-110.

能力开发促进法》取代《职业训练法》，强调企业内培训的重要性。同年颁布《职业能力开发促进法实施细则》（后修订），进一步细化职业资格种类、培训师资条件，以及各职业对应具备的能力、培训科目等，使企业可以根据实际需要及规划自主开展职业技能培训。以企业主导的在岗培训（on the job training）、离岗培训（off the job training），与以企业支持的自我开发（self development）共同构成了日本企业内培训体系。随着产业结构更替、技术革新发展，为适应劳动力在产业、企业间的通畅流动，2003 年日本多部门联合制定《青年自立和挑战计划》，以促成企业与不同性质职业院校或机构联合开展人才培训，企业内培训体系的开放性特征逐渐显现，调查显示，日本企业接受合作培训的员工数量占到一半以上。① 企业在开放性的职业教育合作过程中充分体现了办学主体地位。企业可根据实际需求制订培训计划，经过厚生劳动省认定后，按计划以试用工形式招收 15 ~ 35 岁的中高等毕业生作为培训对象，培训周期为半年到两年时间不等，并负责联系合作职业院校或机构；教学内容将在岗培训中工作相关知识技能与离岗培训中通用性实践技能和理论知识相结合；企业主要职责是根据方案或计划提供实训设备，组织实施实践培训，并负责培训结束后的考核，考核合格可能被企业正式录用，而职业院校或机构主要是开展理论知识方面的讲授，两者交替进行，并保证企业顶岗实习和在岗培训的课时超过 50% 。一般情况下，实力雄厚的大企业根据《职业能力开发促进法》自办私立高中，建立企业训练与高中教育功能相统一的培训机构、师资团队和制度体系；而中小企业则基于成本因素考虑，大多以协同开发或任务委托等形式，开展与职业院校或机构的合作，以保障企业内培训的顺利实施。②

（二）财税激励政策体系构成

日本政府先后颁布《独立行政法人雇用能力开发机构法》《人才投资促进税制》等系列举措加强对企业内培训的支持力度。（1）补助金制度。日本企业内培训补助金政策主要包括针对中小企业或其联合组织（商业合作协

---

① 姜大源，王泽荣，吴全全. 当代世界职业教育发展趋势研究——现象与规律（之一）[J]. 中国职业技术教育，2012（18）：7 - 8.

② 李博，薛鹏，丁海萍. 日本企业内职业培训现状分析及经验启示［J］. 职业技术教育，2018（12）：73 - 77.

会、信用合作社、公司联盟、工商协会等）的补助金制度，以及对特定培训项目和一般培训项目的资助。申请补助金的中小企业要求员工至少要参加80%的培训课程，企业在岗培训可获得430日元/培训人数/课时的补助金，被都道府县的雇用能力开发机构资格认定的企业，离岗培训根据培训对象和形式的不同而提供不超过学费50%（上限15000日元）的补助金。对于引进或实施有关制度的中小企业资助47.5万日元，并把企业生产能力是否提高作为评价标准，生产能力达到要求，资助将提升至60万日元。对于符合规定的特定培训项目，按所需经费的30%～45%进行补助，其中具有较高实践性要求的可将比例提高至45%～60%，除此之外，对一般培训项目提供30%的资金资助，生产能力达到要求资助比例上浮15%。（2）税收制度。大企业当年发生培训费超出前两年平均值的部分，可按25%的比例从法人所得税中扣除，并且中小企业的这一扣除比例可以更高。①②

四、法国学徒制职业教育财税激励政策

法国作为典型的中央集权制国家，其学徒制职业教育相比于英国现代学徒制职业教育最大特点是政府直接强力的行政干预，几乎涉及学徒制的组织管理、运行、经费、评估和质量保障等全部流程。近年来，法国在权力下放的政治体制改革大背景下，以政府主导与重视企业作用并重推进学徒制人才培养模式改革，逐渐形成了法国职业教育与培训体系特色，并得以广泛实践应用，成为法国青年升学或进入就业市场的重要途径。

（一）企业参与职业教育办学运行机制

1961年，法国一些企业与工会组织成立第一个学徒培训中心。1971年，法国政府《德罗尔法案》正式将学徒制纳入法国职业教育体系。20世纪80年代，法国政府通过《权力下放法案》《塞甘法案》等系列法律法规，对学徒制进行现代化改造。从20世纪90年代开始，法国政府又陆续出台《第92－

① 东京都能力开发中心．企业人才育成确保［EB/OL］.（2019－04－15）［2020－04－11］. https：//www. hataraku. metro. tokyo. jp/school/ikusei/index. html.

② 王琼艳．日本企业职业培训的发展现状以及对我国的启示［J］. 职业教育研究，2019（11）：92－96.

675号法令》《第93-1313号法令》《第97-970号法令》《社会现代化法案》等法律法规，进一步明确了企业在学徒制职业教育办学中的重要主体地位：（1）管理主体。工商业委员会、手工业委员会、农业委员会等行业组织是除国家相关部门层面和行政大区层面外，法国学徒制的组织与管理机构的组成部分之一，主要职能是学徒制合同的注册备案及具体实施过程的跟踪、协调等。（2）办学主体。学徒培训中心是法国学徒制普通/技术/职业单元等理论课程的实施载体。其中由工会、联盟、企业与地方商会、手工业、职业商会等举办的私立或半公立学徒培训中心，无论是机构规模还是培训规模，均超过了由国家部门及公共机构举办的公办学徒培训中心。（3）教学实施主体。法国学徒制除由学徒培训中心承担的普通/技术/职业单元等理论课程外，其余的专业单元实践课程由企业安排资深员工或管理人员承担教学，这些企业员工师傅必须拥有与学徒制项目相当的资格认证及3年以上工作经验，带领学徒在企业完成学徒制总课时60%～70%的实践课程。①

（二）财税激励政策体系构成

与德国和日本需求引导型企业参与职业教育办学有所不同，法国企业在职业教育办学中的意愿和能力相对较弱，职业教育对社会的吸引力不高，被认为是供给引导型职业教育。② 因此，法国通过国家中央集权制度以政府主导推进学徒制职业教育改革，出台了一系列财税激励政策。（1）财政补贴。企业在第一年招收学徒可获得1600～2000欧元/人的补贴；企业雇用学徒人数占员工总数4%～6%的部分，可以获得每位学徒400欧元的补贴。对于员工数小于250人的中小企业，从第二年开始多招收学徒可以获得上限为1000欧元/人的补贴，其中员工数小于11人的小微企业招收学徒第一年可获得相当于4400欧元/人的补贴，第二年开始多招收学徒可获得上限为2000欧元/人的补贴。（2）税收缴纳。企业主要缴纳学徒税、工学交替制培训税、继续职业培训税三种税收。学徒税是针对招收学徒的企业一次性收取薪资0.8%的税款。对于年纳税基数不超过法定最低年工资6倍且纯以教学为目

---

① 关晶．法国现代学徒制改革述评［J］．全球教育展望，2013（4）：104-111.

② Steedman H. Apprenticeship in Europe："Fading" or flourishing?［R］. London：Centre for Economic Performance，LSE，2005：19，20.

的或农民组成的企业可免缴学徒税，企业招收学徒法定最低工资11%的部分不计税；工学交替制培训税对于是否需要缴纳学徒税的企业征收比例不同，分别按其薪资的0.4%、0.3%缴纳；[①] 继续职业培训税按企业聘用员工数11人及以上和10人及以下分别按其薪资的1.68%、1.23%缴纳。[②] （3）税收抵免。学徒税按1600欧元（残疾学徒和低技能为2200欧元）乘以学徒平均人数抵扣，抵扣数超过应纳税额的部分返还纳税人；工学交替制培训税按每年底小时最低工资额乘以该年的培训时数（不得超过40小时）抵扣，抵扣数超过应纳税额的部分返还纳税人；[③] 学徒社会保障税对员工数少于11人的企业全部豁免，对员工数超过11人的企业学徒与法人的社会保障税分别实施全部和部分豁免[④]。（4）收费调节。学徒教育追加费缴纳按如下规定征收：招收学徒数超过上年10%的企业免收；招收学徒数在总员工数比例不足1%（包括员工数大于2000人、学徒数不足员工人数0.6%的大型企业）、1%~3%和3%~4%的大中型企业（员工数大于250人），分别需按工资总额的0.4%、0.1%和0.05%缴纳。[⑤]

五、典型国家财税政策激励机制经验分析

财税政策激励企业参与职业教育办学是一种典型的政府扶持职业教育发展措施。德国、英国、日本、法国等典型国家政府采用直接补贴、税收优惠、培训征费、专项税收及政府性基金等财税政策激励企业参与职业教育办学，其主要作用在于降低企业所面临的成本和风险，提升企业参与职业教育办学的积极性。他山之石，可以攻玉。总体来说，典型国家财税政策激励机制经验主要体现在以下几个方面。

---

① Devapprent. Apprenticeship in France: Institutional patterns, organization and methods [R]. Strasbourg: University of Strasbourg, 2011: 16.

② 杨进．马卡龙时代的法国教育观察［M］. 北京：高等教育出版社，2019：109-116.

③ 张立彦，孙善学．促进企业参与职业教育的财税政策分析［J］. 职业技术教育，2015（34）：19-23.

④ The European Centre for the Development of Vocational Training. Using Tax Incentives to Promote Education and Training [EB/OL]. (2009-08-15)[2020-04-11]. http://www.cedefop.europa.eu/files/5180_en.pdf.

⑤ 赵长兴．法国学徒制教育研究［J］. 中国职业技术教育，2016（30）：38-45.

（一）政府主导构建制度体系

各典型国家即便是英国这样一个市场高度自由化的国家，都积极通过政府的主导作用，重视行政立法，设立机构统筹管理，加大公共资源的投入与扶持，建立推进职业教育与产业融合发展、校企协同育人的新机制，使行业企业从培养目标、专业设置、课程计划、实践教学、评估标准、实习就业等维度全程化参与教育教学改革，把工作实践的新技术、新工艺和新方法纳入教学内容，有效促进职业教育教学与生产实践、技术推广、社会服务紧密结合，提高学生就业能力。[①] 具体而言：（1）行为导向的财税政策干预。财税政策干预不等于干涉，这些国家的财税政策基本不直接对企业参与职业教育办学的内部事务大包大揽，而是对其行为需求与结果进行引导，通过构建制度体系保障技能市场的高效供应。（2）跳出企业看企业的政策激励。各典型国家政府所实施的财税政策激励机制，重视增强职业教育不同办学主体而非仅限于企业利益关联度基础上的共同参与，如重视商会、行业、协会等办学主体对企业的指导与协调作用。当然，这也需要政府向其他办学主体充分下放权力，包括法国这样高度中央集权制国家，让财税激励政策可以在更为广泛的维度实现办学主体责权利的均衡与统一。（3）循序渐进的制度设计。从典型国家财税政策激励机制形成过程可以看出，职业教育的国家制度并不是以单一形式一蹴而就地形成，而是通过不同领域、不同时段与此相关制度的不断互补、协调，最终实现政策体系的不断完善。

（二）充分体现财税政策激励效应

典型国家对企业参与职业教育办学十分关注，制定了大量的财税政策予以激励支持。（1）税收政策方面主要包括公司所得税、个人所得税和社会保障税的豁免、纳税扣除和税收抵免等。例如，法国以企业参与职业教育办学的深入程度为依据，强制性执行“征税—拨款”税收制度机制，对企业“赏罚分明”，这样不仅提高了企业的积极性，也促使教育培训机构提升教学质量。企业有权通过学徒培训税征收机构，将定额外学徒培训税根据自己的判断支付给某一教育培训机构，随着学徒税分配（当前学徒税用于学徒培训中心和教育培训机构的比例分别为58%、42%）改革深入，这对于分配额度

---

① 杨进．工业4.0对工作世界的影响和教育变革的呼唤［J］．教育研究，2020（2）：124－132.

逐渐减少的教育培训机构来说产生了不小的吸引力。(2) 政府通过机制创新充分发挥财政补贴对企业增加职业教育办学投入的杠杆作用。例如，德国的中央基金、劳资双方基金、行业基金和区域基金一般具有较强的地域、行业、规模指向性，对增加特定类型企业的办学投入，提升参与职业教育办学积极性起到重要作用；英国的增长与创新基金、雇主投资基金采取竞争性申报，要求企业必须提供配套资金，充分发挥了财税激励政策的杠杆导向作用；日本补助金制度将对企业培训补助与其生产性提升指标挂钩，并配套适当上浮的鼓励措施。

(三) 针对具体情况的差异化激励

典型国家均具有较为发达的工业基础，尤其是德国、日本企业在特殊的工业文化背景下，始终将人力资本积累视为提升核心竞争力的主要手段。从第五章分析结果也可以看出，尤其是大中型企业往往能够积极主动地参与职业教育办学，与多元主体共同培养技术技能人才；而规模较小、出资能力相对不足的小微企业，则出于成本考虑往往参与职业教育办学的积极性不高。各典型国家在制定财税激励政策过程中，就充分考虑了不同类型企业的客体情况，采取了差异化激励方式。典型国家对于大中型企业参与职业教育办学惯用的激励方式以税收等间接性激励为主，对于小微企业则充分考虑其利益需求和成本因素，则通过项目性财政补贴进行直接激励，当然这其中也有直接补贴会大幅增加政府财政支出压力考虑。例如，德国将小微企业作为“双元制”职业教育发展的重要支撑，“新入职者 +”项目的资助对象就是缺乏经验或教育负担过重的企业，并为中小企业提供咨询培训服务资助；英国除实施针对经费有限的小型企业的“豁免共同投资”项目外，还对接受年轻学徒或参与教育、健康和关爱计划等成本较高的企业提供专项补贴；日本独立行政法人雇佣能力开发机构专门面向职业培训相对弱势的小微企业，提供一系列的助成金制度支持，通过实施“制造业核心人才的培养和提高”项目在全国多所大学建立传帮带制造中心；[①] 法国的工学交替制培训税仅用来资助员工数

---

① 平力群，林丛，刘苗苗．日本政府对企业人力资源开发支持政策变迁对我国的启示［J］．东北亚论坛，2008（4）：73－78.

50 人以下企业的培训计划，体现了“不均衡的互助化”。[①]

（四）完善财税政策激励的配套措施

各典型国家政府在实施财税政策激励企业参与职业教育办学过程中，不断完善相关配套措施，以增强财税激励政策的整体效果，其共同点可以归纳为以下四点：（1）规范的合同化管理。学生与企业之间通过签订合同以法律方式明确双方的权利和义务，企业可以在试用期、两年半到三年的学习期中充分了解学生，并只需支付大幅低于正式员工工资的成本而获得合适满意的员工。例如，德国学生与企业签订的《职业培训合同》明确规定了技能教育的目标、性质、内容、期限、方式，以及学习期间的报酬等相关内容；法国学徒制合同作为特殊的劳动合同受劳动法保护，合同中明确了学徒在企业特殊雇员的身份，合同期限一般与学徒获得职业资格所需时间相一致。（2）赋予企业充分的经费使用自主权。例如，英国企业在学徒制经费进入账户后，可以根据需要选择培训机构，并与之协商培训费用和支付时间；[②] 法国企业可以通过学徒培训税征收机构，自由选择定额外学徒培训税受益教育培训机构。（3）经费管理信息化建设。例如，英国开发数字服务平台服务学徒制职业教育资助经费管理，企业可以通过平台注册账户缴纳学徒税、支付培训费、接受政府拨款及学徒管理，并且缴纳学徒税的企业可以获得优先使用权。[③]（4）完善师资等其他配套制度。例如，日本配套实施的培训指导师派遣制度，企业培训计划通过人力资源开发中心的审核同意后，政府在培训结束支付 50% 的导师酬金。[④]

第二节 我国现行财税激励政策利用

根据典型国家财税政策激励机制经验，财税政策的制定需要一个长期探

---

① 杨进．马卡龙时代的法国教育观察［M］．北京：高等教育出版社，2019：109－116.

② Build UK. Developing a Trailblazer Apprenticeship Guidance［EB/OL］.（2017－05－10）［2020－04－11］. http：//builduk. org/wp-content/uploads/2017/01/Trailblazer-Guidance-Jan-2017. pdf.

③ 岑建，楼世洲．英国学徒税政策及其特点［J］．比较教育研究，2017（12）：99－106.

④ 王琼艳．日本企业职业培训的发展现状以及对我国的启示［J］．职业教育研究，2019（11）：92－96.

索、循序渐进的过程，既要保证财政深入挖潜应收尽收，又要加大支出保障激励效果。由第三章财税政策的作用机理分析可知，财税政策激励的起点是对企业生产要素成本的补偿。因此，从企业的角度看，构建精准、可操作的财税激励政策体系，首先要准确、科学、创造性地结合企业实际情况，用足、用活、用好我国现行优惠政策，最大限度地发挥已有财税政策对企业参与职业教育办学的激励作用。

一、鼓励企业投资国家重点扶持领域

2017 年，《国务院办公厅关于深化产教融合的若干意见》明确指出了深化产教融合“面向产业和区域发展需求，完善教育资源布局，加快人才培养结构调整，创新教育组织形态，促进教育和产业联动发展”的原则与目标；2019 年，国家发展改革委、教育部印发《建设产教融合型企业实施办法（试行）》的通知，具体提出进入产教融合型企业认证目录的企业，将给予“金融 + 财政 + 土地 + 信用”的组合式激励，并按规定落实相关税收政策。2019 年，国家发展改革委、教育部会同工业和信息化部、财政部、人力资源社会保障部、国务院国资委共同研究制定了《试点建设培育国家产教融合型企业工作方案》，提出在全国带动建设培育制造业转型升级优质企业、急需紧缺产业领域重点企业及养老、家政、托幼、健康等社会领域龙头企业的产教融合型企业，并列出了现代农业、高端装备、智能制造、新一代信息技术等 13 个试点重点领域。2020 年 6 月，教育部职业技术教育中心研究所发布招募第四批职业教育培训评价组织的公告，明确了现代农业、先进制造业、现代服务业、战略性新兴产业，特别是新基建、公共卫生、保障改善民生等重点领域。第五章政策评价分析结果也证实了制造业、信息教育科学服务行业的企业对参与职业教育办学现行财政激励政策具有敏感性，其他服务业对税收激励政策具有敏感性。因此，在企业设立或转型进入新领域时，可以将试点建设培育国家产教融合型企业及职业教育培训评价组织重点领域作为导向进行投资决策，以便企业人力资本投资获取更多财税政策优惠收益。

二、鼓励企业选择试点政策优惠地区

在我国，企业参与职业教育办学越来越得到各级政府的重视，各地方政府通过出台各类优惠政策措施促进企业参与职业教育办学积极性，推动职业教育发展，增强职业教育对区域经济社会发展的贡献程度。从第二章我国现行财税激励政策梳理可以看出，大多数省份已经出台了专门的校企合作文件，并且还有一部分市级及以下行政单位也出台了相关政策，这些政策明确了企业参与职业教育办学可以享受的税收优惠与财政补贴，并对企业所关心的诸如师资管理和待遇、学生实习安全保障等具体问题都做出了相应规定。但是，当前也还有一分部地区尚未出台有关财税激励政策措施，有的地区即便是出台了也存在诸如第二章所列的一些具体问题。因此，从总体上看，不同区域促进企业参与职业教育办学的优惠支持力度差异明显。《职业学校校企合作促进办法》指出，大力鼓励东部地区企业实施跨区域合作，带动贫困地区、民族地区和革命老区职业教育发展；《国务院办公厅关于深化产教融合的若干意见》进一步要求，根据国家区域发展战略和产业布局，支持有较强代表性、影响力和改革意愿的城市开展试点。由此可见，一部分对职业教育发展支持力度大的地区，尤其是随着产教融合型企业激励政策的出台，试点地区将对企业参与职业教育办学有更多的财税优惠政策。因此，对于人力资本有较强依赖性或者长期规划的企业可以考虑选择入驻这些地区。

三、鼓励企业吃透政策，统筹申报

由第二章分析可知，企业参与职业教育办学是一个环节众多、涉及利益主体复杂的系统过程，《职业学校校企合作促进办法》明确了各县级以上地方政府由教育行政部门会同其他职能部门负责本地区校企合作工作。企业在申请财税优惠政策时，不可避免地会遇到跨部门、跨行业甚至跨区域的情况，如第二章我国企业参与职业教育办学财税政策激励存在问题的分析结果，政府职能部门间信息不对称影响了政策的独立性，使财税激励政策在执行过程中存在程序繁杂、执行难度较大的问题，一定程度上抵消了政策的积极效果。例如，建设培育国家产教融合型企业，不仅要求申请认证企业自身已经具备完整的教育功能与扎实的教育要素，而且要求企业加大资本、技术、知识、设施、管理等要素投入。又如职业教育培训评价组织的遴选，必须通过国家发展改革委、市场监管总局的信用审查，以及税务总局的重大税收违法失信审查，遴选结果必须提请部际联席会议或书面审议。企业要吃透政策，弄清楚政策对所属行业、项目内容与期限、投资额度等具体要求，除与财政、税务部门沟通外，还需要与发展改革委、商务、科技、环保等相关部门联系，将与企业业务分散的政策集中起来，分析与企业其他领域财税优惠政策的关联性，实行申请认证动态管理与决策；整个申请认证工作涉及企业人力资源、财务、审计、法务、战略、投资、研发等各个部门，要加强各部门的分工协作，熟悉申请认证工作流程，详细对照各项申报指标要求，翔实准备各项申请认证材料与支撑数据。

四、鼓励企业运营中重视优惠政策筹划

本书在访谈中发现，虽然企业高度认同税务筹划、合理避税及政策运用对于企业经营与发展的重要性，但在实践中却很少有企业熟悉国家和地方有关支持企业参与职业教育办学的财税优惠政策，在具体经营中能够筹划灵活运用的则更为稀少。第五章代表性财税政策条款评价结果表明，税收政策中“企业兴办职业教育投资可按投资额的30%抵免当年应缴教育费附加和地方教育附加”条款（以下简称“条款1”），以及“企业与职业院校合作开展职工教育和培训并取得显著成绩给予奖励表彰”条款（以下简称“条款2”）、“到职业院校任教的企业兼职教师薪酬和培养培训给予资助”条款（以下简称“条款3”）、“对职教集团发展提供政府购买服务支持”条款（以下简称“条款4”）等政策对于企业参与职业教育办学具有显著的激励效果，企业应当在参与职业教育办学过程中应灵活运用上述政策。

条款1出自《财政部关于调整部分政府性基金有关政策的通知》第三条之规定，相应优惠政策筹划建议如下：（1）该条款适用于已纳入产教融合型企业及其下属成员单位（包括全资子公司、控股子公司）。因此，属于集团企业子公司的，不仅要知晓母公司是否纳入试点的相关信息，还要子公司积极参与职业教育办学项目，只有参与投入的子公司才可以享受相关的政策优惠，注意只有“集团企业的下属成员单位（包括全资子公司、控股子公司）对职业教育有实际投入的，可按本通知规定抵免教育费附加和地方教育附加”。（2）条款规定试点企业当年应缴教育费附加和地方教育附加不足抵免的，未抵免部分可在以后年度继续抵免，由于教育费附加是在增值税和消费税的基础上按比例计提的，要结合集团企业整体对增值税和消费税的其他优

惠情况，以及子公司属地地方教育费附加征收率的差异，合法合理统筹调配内部资源，用活用足本政策条款优惠。（3）企业参与职业教育办学过程中，要对相关项目进行详细评估，充分考虑“如果撤回投资和转让股权，补缴已经抵免费用”条款规定的影响。

条款2出自河南省、宁波市、苏州市、唐山市等地方校企合作促进办法，相应优惠政策筹划建议如下：（1）熟悉相关政策的刚性需求，严格按照《中华人民共和国就业促进法》《关于企业职工教育经费提取与使用管理的意见》《关于工资总额组成的规定》等法律法规要求规范提取、使用和管理职工教育经费，明确只有实际发生的教育培训支出才能税前扣除与结转，如果提取数大于实际数，表明未按政策用足经费，多提取部分不可税前扣除。（2）本条款实际是除上述企业职工教育经费税前可抵扣额提高后，对缓解企业尤其是技术密集型企业培训费用不足问题的又一措施，要用活用足职业院校教育培训有关的政策优惠和成本分担优势。（3）由于本条款的奖励、表彰经费源于各级政府整合职业教育相关的专项资金，要加强与合作院校的沟通，明确项目相关的考核标准和要求。

条款3出自《宁波市职业教育校企合作促进条例》，相应优惠政策筹划建议如下：（1）企业要根据经营管理需要，统筹技术人员培训内容和方案，将企业职工技能素质提升系列计划与该支持政策有机衔接起来，实现培训成本分担、合作共赢。（2）本条款政策在实际应用时，要注意专款专用，市和县（市）区人民政府设立职业教育校企合作发展专项资金已明确具体适用范围，企业在使用时应当注意是否严格按照有关规定执行，为了避免超出适用范围，建议企业在设账时另外为该笔专项资金设置台账，从而更加高效使用政策，避免在专项审计中出现问题。

条款4出自《教育部关于深入推进职业教育集团化办学的意见》，相应优惠政策筹划建议如下：（1）职业教育集团尤其是跨区域、跨行业的复合型职业教育集团，不仅是教育资源的整合，更是行业人才的整合、科技研发的整合，企业应该根据自身优势和实际情况积极配合加入集团，利用该平台寻求发展资源所需。（2）加强与合作院校、行业部门、龙头企业的紧密联系，结合《政府购买服务管理办法》有关政策，熟悉政府购买服务支持职教集团化办学的具体要求、标准和内容，同时熟悉并用好用足与之相关配套的国家和地方支持集团化办学的系列教育、财税、土地、金融等优惠政策。(3) 对于参与职业教育办学的企业来说，应充分利用政策中提及的通过强化产教融合、校企合作，以“利益链”为纽带，促进校企双赢发展，利用集团内部产权制度改革和利益共享机制建设，一些可能在资金上不是很充足的企业，如果企业本身有较好地提供给职业院校学生实习的条件，可以积极参与集团，取长补短，实现共赢，在发展职业教育的同时，也可以为自身发展创造契机。

第三节　财税激励政策优化建议

财政税收激励作为处理市场与政府之间利益关系分配的政策工具，如果使用不当，必将导致整个社会资源配置的扭曲。如第三章财税政策激励企业参与职业教育办学的概念模型分析所述，政府利用财税政策工具干预企业参与职业教育办学，不是直接的行政命令干预，而是尊重市场机制在资源配置中的决定性地位，统筹现有财税激励政策，针对企业参与职业教育办学的类型和环节，创新策略给予支持，把增强企业参与职业教育办学动力的韧性和竞争力放在更加重要的位置，通过对企业人力资本投资内部因素的有效协调，从而使企业行为处于高度的激活状态。一方面，要充分发挥优质大中型企业的引领作用，落实好各项惠企稳企政策，持续优化市场环境，支持企业整合参与职业教育办学资源和要素，培育一批具有主导力的企业；另一方面，通过加强对中小企业参与职业教育办学专项资金扶持力度，推动培育一批“专精特新”小巨人企业。

一、理顺管理体制，打通政策激励通道

从第二章我国企业参与职业教育办学现行财税政策激励问题分析可以看出，由于当前我国职业教育管理体制尚未完全理顺，政府各职能部门之间、各办学主体之间客观上存在着信息不对称，导致企业参与职业教育办学的财税政策激励存在效果差异与强度衰减。因此，各级政府部门要深化“放管服”改革，加快推进职能转变，理顺职业教育管理体制，由注重“办”职

业教育向“管理与服务”过渡，逐步深化政府、行业、企业、学校多元主体办学治理结构，消除办学主体之间信息不对称的根本性障碍，打通政府对企业参与职业教育办学的激励通道，提升企业参与职业教育办学的积极性。

（一）整合政府职能，加强统筹协调

第二章在分析财税政策激励存在问题中，政策独立性缺失的根本原因在于政府职能部门之间信息的不对称。基于此，提出如下政策建议：（1）充分发挥国务院职业教育工作部际联席会议制度的统筹协调作用，积极会同国家发展改革委、财政部、人力资源社会保障部、税务总局等单位，围绕校企合作中的关键问题实施制度创新，优化顶层设计、强化制度引领，制定完善“金融＋财政＋土地＋信用”的组合式激励政策，系统构建企业参与职业教育办学的国家制度和机制。（2）按照中央关于政府机构改革和职能转变的要求，进一步深化教育行政部门在职业教育统筹规划、综合协调、宏观管理的职能，加强教育行政部门在各级政府职业教育工作联席会议机制中牵头作用与决策执行力度，减少部门职责交叉和分散，改变教育、人力资源社会保障、工信等部门多头管理局面，充分利用新一轮财税体制改革的有利契机，对企业参与职业教育办学现有财税激励政策进行整合，逐步改变由不同职能部门出台不同政策的局面，而通过资源整合实现共同出台同一政策。（3）进一步加强职业教育工作在省级政府履行教育职责督导评价的权重，各省级及以下政府将职业教育工作纳入地方经济社会发展考核力度。（4）建议省级以下各地方政府积极探索总结职业教育办学的统一归口管理，开展职业教育管理体制改革试点，通过建立从上到下的统一归口管理机构，统辖各级各类职业院校和培训机构，统筹职业学校教育与职业培训资源，统一招生、就业、经费保障及相关政策标准，加强协调管理，从根本上解决因政府职能之间的信息不对称导致的企业不能及时、准确获取优惠政策信息的问题，以提升政府不同职能部门政策对提升企业参与职业教育办学积极性的协同效应和整体效果。

（二）强化行业指导，打通政策激励链条

行业协会是具有相同利益和需求的经济主体结合而成的社会中介组织，集中统一同类企业参与职业教育办学分散的利益诉求，在政府与企业之间产

生桥梁纽带作用，对企业参与职业教育办学产生挤进效应，即政府通过财税政策激励资助行业协会推动有关企业参与职业教育办学，为企业储备社会教育资源，降低企业参与职业教育办学成本，产生办学成果溢出效应，这种优势也在第四章的实证分析结果中得到证实，同时也是典型国家的基本经验。行业组织在职业教育办学中发挥好指导作用，为职业院校解决了人才培养、为企业解决了人力资本投入等核心问题，通过增强行业组织的话语权和影响力，增加了可供行业组织管理层分配的组织租金，这也在一定程度上实现了对行业协会的内部激励。① 由第四章实证检验结果分析可知，虽然财税政策对主观规范具有显著正效应，但主观规范在财税政策与企业行为意向之间的中介作用并不明显，以及第五章政策评价分析得出的财政政策对主观规范政策目标激励的显著性，建议：（1）对各行业组织，尤其是对全国行业职业技术教育教学指导委员会和职业院校教学（教育）指导委员会实施项目化的专项财政经费补贴。（2）不断加大政府向行业组织指导企业参与职业教育办学有关业务的购买力度，明确新增公共服务支出中向行业组织在该方面业务的最低倾斜比例。（3）将符合条件的行业组织全部纳入税收优惠范围，做好非营利组织免税资格认定和公益性捐赠税前扣除资格确认。通过以上政策措施，促进行业组织对企业参与职业教育办学的指导，推进产教对话，提升企业参与职业教育办学积极性。

（三）鼓励多方参与，优化治理结构

由第二章政策梳理可知，学校在参与职业教育办学中具有很高的权利，是关键财税政策作用对象。根据第五章描述性统计分析结果，企业对来自职业院校影响的测量点值在主观规范中为最大值，进一步证实了学校的主动、深度配合对企业参与职业教育办学的重要性，但企业对包括学校在内的其他办学主体配合缺乏控制力，尤其是深度全方位参与不足。在第二章财税政策激励存在问题分析中，职业院校和政府之间存在着严重的依附关系，治理体系未充分体现市场作用。（1）建议进一步推动职业院校成立政府、学校、行业、企业共同参与的理事会或董事会，把包括企业在内的各办学主体吸收到

---

① 徐林清，张捷．我国行业协会的营利倾向与治理困境［J］．南京社会科学，2009（3）：47－52.

学校决策体系中来，把理事会或董事会作为各办学主体参与学校管理的重要制度平台，探索建立理事会或董事会决策制度，落实企业在职业院校人才培养中的实施权力。（2）落实《深化新时代教育评价改革总体方案》，扩大行业企业参与评价，加大职业培训、服务区域和行业的评价权重，以评价体系为基础，推动建立积极的激励机制，保护和激发企业参与职业教育办学的积极性。在培养学生及培训企业员工过程中，关于培养什么样的人、如何培养人、培养达到怎样的标准等全过程，企业要有话语权。（3）消除壁垒和差异，实现职业院校与企业之间的人才对流，共商培养目标、共建课程体系、共订考核方案。在此基础上，还要进一步向企业释放职业教育办学过程中包括制度设计、人事政策、资金使用等重大事项上对等的决策权，落实参与职业教育办学的法定地位、权利及义务，并且还要将职业教育办学决策权与人才培养实施权两者高效统一起来，相互促进、共同作用。

二、加大经费投入力度，发挥财政导向作用

经费投入水平是衡量职业教育战略地位的重要标志，也是保障企业参与职业教育办学的基础。没有充足的经费保障，企业参与职业教育办学激励机制也就无从谈起。鉴于第三章所分析企业参与职业教育办学市场的不确定性、行为的外部性和产品的公共性，以及第二章财税政策激励存在投入总量不足的问题分析，建议要逐步提高财政用于职业教育支出的占比，建立职业教育经费稳定增长机制，形成科学合理、绩效优化的财政性教育资金分配结构。

（一）完善财政体制，加大投入力度

紧紧围绕提高质量发展的战略主题，建立健全财政投入保障机制，形成与职业教育改革发展相适应的经费投入结构，加大职业教育经费在教育经费投入中的比重。将职业教育投入作为公共财政的重点领域予以优先保障，并随着职业教育对经济社会贡献率的提升逐步提高投入力度。（1）进一步明确各级政府对职业教育办学事权和支出责任，建立权责清晰、财力协调、区域均衡的中央和地方财政关系，健全中央财政资金地方配套支持机制，中央财政注重支持改革和加强薄弱环节，地方财政注重保日常运转。提高政策资金落到基层的时效性、资金分配的科学性，使资金管得严、放得活、用得准，力求

“精准滴灌”到需求终端。(2) 国家层面要科学测算职业教育的办学成本和投入缺口，根据我国不同地区经济社会发展水平和职业教育培养成本，科学制定并提出中等、高等职业院校生均经费全国最低标准和达标时限。通过专项投入加快改善中职学校办学条件、补齐高职扩招后的办学资源。加大对地方特别是刚刚脱贫地区的职业教育事业发展转移支付力度，使更多职业院校获得中央财政的支持。通过转移支付平衡地方政府之间的财政支出水平，缩小地区之间的差距。(3) 完善省级以下财政管理体制，加大省级以下的转移支付力度，强化省级财政教育支出统筹责任，减少县级财力差异对职业教育办学投入的影响。(4) 随着职业教育培养模式改革的深化和地方经济的发展和财力的增长，逐步提高各省份职业院校生均拨款标准和拨款水平，明确职业本科和中职生均拨款标准，严禁以学费、社会服务收入冲抵生均拨款，探索基于专业大类的差异化生均拔款办法，体现不同院校、不同专业、不同培养成本的差异化，建立与办学规模、培养成本、办学质量相适应的投入机制。(5) 指导职业院校规范校企合作办学行为，学校因校企合作确需向合作企业支付的办学成本费用，按相关规定纳入学校办学成本，从生均财政拨款或学费收入中支付。

（二）压实地方主体责任，加强经费统筹

由前面政策利用分析可知，地方性政策洼地对于吸引企业通过参与职业教育办学进行人力资本投资的重要性。(1) 各级政府作为加快发展现代职业教育的责任主体，要切实履行统筹规划和政策引导、监督管理、提供服务的职责，根据《职业学校校企合作促进办法》要求，切实把职业教育纳入地区经济社会发展和产业发展规划，制定推动职业教育发展的法规、政策，落实职业教育发展资金财政预算政策，设立支持企业参与职业教育办学专项经费。(2) 依法落实各级职业教育支出责任，建议国务院督导部门将职业教育办学投入纳入对地方政府履行教育职责情况的考核指标，发展改革部门将职业教育投入情况纳入产教融合型城市遴选评审指标，并加大赋分权重。教育部门加快推广职业教育高地经验，加大政策供给。(3) 省级政府及其职能部门要科学制定地区职业教育发展规划和年度计划，科学布局、整合资源、编制项目库，将资金落到具体事项和项目上。结合地方经济社会发展实际与职业教育特点，找准支持重点，避免财政资金使用的随意性和零散化。(4) 各省份应充分调动行业、企业等不同主体经费投入的积极性，按有关规定足额

提取和使用职工教育经费，其中60%以上用于一线职工培训，统筹发挥好企业职工教育经费及就业经费、扶贫和移民安置资金等各类资金在职业教育中的作用，提高资金使用效率。

（三）推进政策落地，建立多元投入机制

梳理校企合作收费方面的政策空白和模糊地带，借鉴山东省完善校企合作办学收费政策促进高等学校创新发展的做法，按照优质优价的原则，逐步完善企业参与职业教育办学有关收费政策，为合法合规推进企业参与职业教育办学提供基础政策保障。（1）推动各地建设一批国家产教融合型城市，培育一批产教融合型企业，加快推进校企深度合作示范项目，全面推广中国特色学徒制，激发企业的内生动力。（2）督促各方严格履行《职业学校校企合作促进办法》等现有规定中的相关职责，加强职业院校校企合作管理机制建设，强化职业教育各个办学主体的法律意识，借鉴德国政府法律规定，企业员工数达到一定规模，就必须承担职业教育的责任，拿出一部分资源为职业学校的学生提供培训岗位。（3）综合运用各类支持政策，拓宽资金来源渠道，在有效防控债务风险的前提下，支持各地发行地方政府专项债券，积极推进股份制、混合所有制职业院校办学校模式改革，清晰界定固有资产和民间资本出资的责权利，继续支持国有企业举办职业教育、办好已有职业院校，落实好教育费附加和地方教育附加抵扣政策。（4）加强信息化平台建设，目前我国尚未建立专门的全国职业院校校企合作信息平台，建议借鉴英国经费管理信息化建设经验，进一步完善高职院校人才培养工作状态数据库，或者建立专门信息平台，为全面了解企业参与职业教育办学、科学制定激励政策提供依据和管理平台。

三、完善财税激励机制，体现政策差异化

面对当前我国经济社会改革发展新情况新问题，要因势利导、统筹谋划、精准施策。[①] 结合第五章政策评价分析，这无疑抓住了提高政府对企业

① 习近平．因势利导统筹谋划精准施策 推动改革更好服务经济社会发展大局［N/OL］.（2019－05－29)［2020－04－11］. http：//www. gov. cn/xinwen/2019－05/29/content_5395854. htm? Tdsourcetag = s_pcqq_aiomsg.

参与职业教育办学干预效果的关键。第二章财税政策激励存在的问题分析中，“一刀切”的宏观财税政策没有抓住市场主体特征，不仅实施效果不理想，还有可能造成政策资源浪费，甚至贻误政府政策干预的时机。同时，针对具体情况的差异化激励也是典型国家促进企业参与职业教育办学积极性的基本经验。因此，结合第四、第五章实证分析结果，通过完善财税激励机制，实施有差异的财税激励政策，以提高激励企业参与职业教育办学的精准性。

（一）综合运用多种财政政策手段

根据第五章政策评价分析结果，相对于税收政策，财政政策对企业参与职业教育办学具有更为显著的激励效果。具体而言，与政府购买形式有关、企业职工培训及企业兼职教师薪酬内容有关的政策条款具有较高显著性。现行财政政策对大中型企业，对民营企业，对劳动密集型企业，对制造业/建筑业、信息教育科学服务业企业，对成长期、成熟期企业，对所有政策目标都具有显著效果，在继续发挥现行政策特点的基础上，借鉴典型国家的基本成功经验，综合运用直接补贴、教育基金、政府采购等多种政策工具，注重各政策工具在突破信息不对称、提升激励效应的作用。

第一，直接补贴方面。（1）将我国现行培训补贴政策享受对象在主要为残疾人，普通本科、中高职院校（含技工院校）毕业年度毕业生，离校 1 年内未就业的高校毕业生，未继续升学的应届初、高中毕业生，以及部分特色企业职工培训等群体的基础上，建议支持民营大中型企业、劳动密集型企业与职业院校开展合作培训，并将培训补贴政策享受对象拓展至在企业工作劳务派遣人员及退役军人、农民工、失业人员、高素质农民等重点群体，如以建立健全农民公益性培养培训制度体系，实施现代农民终身教育项目；支持制造业和信息教育科学服务业企业与职业院校开展合作，加大家政、托幼、养老、医护、电商、快递、手工等与社会民生息息相关的领域开展补贴性职业技能培训。（2）在中央财政资金对国家重点项目的引导下，对各级政府校企合作专项资金的筹集数量、用途分配、使用程序等方面进行分解细化，分接受学生不同年龄阶段、开办不同专业、不同发展规模、取得不同绩效的企业参与职业教育办学，实施不同类型和力度的财政激励政策，总体来讲，补贴资金向困难弱势群体倾斜、向社会重点人群倾斜、向战略性产业和紧缺专业倾斜、向中小企业倾斜、向培训高效率高绩效企业倾斜，如为职业院校学生在企业实习提供工伤保险方面的补助，以减轻企业对学生安全风险的顾虑；鼓励在产业发展资金中安排产教融合转型引导资金，支持产业发展急需的专业、职教集团和实训平台建设。（3）探索将企业对外开展的公共培训纳入“以工代训”的补贴范围，对企业开展的项目制培训，可先行拨付一定比例的培训补贴资金，对特殊紧缺工种开展的项目制培训可适当提高补贴标准。（4）创新各级各类职业技能培训资金的使用方式，畅通培训补贴直达企业的机制，鼓励企业主动开展岗位技能提升培训。

第二，教育基金方面。建议借鉴德国和英国等典型国家职业教育基金制度，构建主要包括国家基金、行业基金和区域基金为主要类型的职业教育基金体系，以平衡参与职业教育办学的企业与未参与职业教育办学企业的职业教育投入。（1）建议从现有教育费附加中提取一定比例建立国家职业教育基金，主管机构为财政部，分别以企业所在地区、规模、行业和培训时间为依据对参与职业教育办学企业进行专项补贴。（2）行业组织在强化职业教育办学指导作用的基础上，对加入行业的企业筹资建立行业职业教育基金，具体筹资方式、比例，以及基金的管理、投向等事宜可以根据行业实际，按有关法律法规由行业内部具体商定。（3）各地方政府负责筹集建立区域职业教育基金，可考虑从地方教育附加费提取一部分，并根据各地经济发展不同情况拓展来源，主管机构为地方财政部门，使用条件与特点要充分体现区域产业发展规划特点。

第三，政府购买方面。结合第四章描述性统计分析，企业对有关政府购买政策作用有较高的认同度，要充分发挥市场导向作用，引导社会力量参与职业教育办学，激发职业教育发展活力，促进职业教育与社会需求紧密对接。（1）积极将企业参与职业教育办学相关领域的公共服务事项纳入政府购买服务指导性目录，支持符合条件的产教融合型企业向社会提供服务。以政府购买服务的形式，按照学生培养成本确定比例，对非营利性民办职业院校拨付生均经费，支持民办职业教育发展。（2）完善培训机构准入机制和奖惩机制，优化监督与评估机制，对社会弱势群体、困难群体及重点人群的职业培训实施政府购买服务的形式委托给相关企业。（3）尝试将“政府和社会资本合作”（PPP）概念下“建设—经营—转让”（BOT）、“建设—转让”（BT）等机制引入职业教育项目，允许企业以资本、知识、技术、管理等要素参与办学并享有相应权利，探索公办和社会力量举办的职业院校相互委托管理和购买服务的机制，增强职业教育发展活力。

（二）丰富拓宽税收优惠形式

根据第五章政策评价分析结果，企业参与职业教育办学的税收政策效果整体上不显著，但针对不同情况也有不同表现，对小微型企业具有较为显著影响，对于技术密集型与资本密集型企业具有非常显著影响，对于除信息教育科学的其他服务行业具有较为显著影响，对行为态度、知觉行为控制等具有较为显著影响，对于需求满足具有显著影响，并且与教育费附加有关的政策条款影响显著。基于此，借鉴典型国家经验，税收政策设计可以从以下几个方面入手。

第一，丰富税收政策优惠方式。通过典型国家对比分析可以看出，我国与典型国家企业参与职业教育办学现行税收激励政策均以企业所得税为主，并主要采取税前扣除的激励方式。在第二章财税政策激励存在问题分析中，尤其是技术密集型与资本密集型企业及服务行业企业，参与职业教育办学投入主要集中于人力成本，这些成本在税收处理时不能作为进项税额抵扣，导致产品增值额较大，因此流转税类税收政策效应更强。另外，在我国大量微利企业存在的背景下，向学生支付实习报酬只是企业参与职业教育办学成本费用很小的一部分，所以，仅仅针对学生实习报酬税前扣除的所得税优惠，对企业参与职业教育办学的持续促进作用也较为有限。基于此，（1）建议借鉴德国经验，在现有政策基础上，企业投入职业教育办学的建设经费和事业费，全额列入企业成本，在计算企业所得税应纳税所得额准予扣除，缴纳的教育基金可以从税款中以一定比例扣除。（2）将企业对内开展的职工培训和对外开展的公共培训支出从企业职工教育经费中列支，探索将企业对外开展的公共培训支出从企业应纳税所得额中加计扣除。（3）增加增值税等流转税税种，尤其是与企业行为态度、知觉行为控制等有关的用于职业教育办学的设备、耗材和仪器购买的增值税优惠。（4）增加与职业教育办学有关固定资产的加速折旧、奖励性折旧，以及亏损结转、投资抵免、费用扣除等间接优惠政策。（5）加快推进职业技能等级证书（X 证书）相关费用支出纳入个人所得税专项扣除项目，简化申办流程。（6）适当提高针对职业教育的社会捐赠的超额纳税扣除。

第二，拓宽税收政策优惠领域。我国企业参与职业教育办学现行有效财税激励政策，优惠对象主要集中在职工教育培训和成本扣除，优惠面相对较窄，激励效果缺乏力度。因此，有必要在加大现有对象的政策优惠力度，保障企业应享尽享外，在政策设计上还应进一步拓宽税收政策优惠领域。（1）基于第四章分析结果，企业对有关教育费附加政策作用认同度低，但教育费附加影响显著，建议地方政府对企业缴纳的教育费附加，按照联合培养在校生规模，以不同比例返还给参与职业教育办学的企业。（2）参照落实《建设产教融合型企业实施办法（试行）》相关规定，明确企业参与职业教育办学的公益性，依法享受相关教育、财税、土地、金融等优惠政策，结合第四章描述性统计分析结果，企业对有关土地、房产税收政策作用的高认同度，建议对企业承担社会公共实训基地建设所需建设用地，在房产税、城镇土地使用税等方面给予一定优惠。（3）基于第四章描述性统计分析、第五章政策评价与第二章政策梳理分析结果，对有关企业兼职教师内容的政策条款企业表现出较高的认同主且具有较高的显著性，而当前政策激励力度与其在校企合作中的地位不符，建议完善“双师型”教师统一认定标准，借鉴日本培训导师派遣制度，安排专项资金支持校企共建“双师型”教育培养制度，落实5年一轮的教育全员培训制度，对于长期承担职业院校专业实践教学任务的企业员工，根据工作量在税收上给予一定减免。（4）探索“以工代训”中的职业技能培训补贴递延缴税。（5）借鉴英国和法国学徒制做法，尝试征收学徒税，政府强制根据不同规模和效益向企业征收一定金额的税款，同时政府也按参与职业教育办学不同程度对这些企业进行补贴。①

第三，设计针对小规模企业的优惠政策。由第五章政策评价分析结果可以看出，税收政策对于企业的不同产权性质、不同生命周期都不具有显著性，对于企业规模和行业具有弱显著性，进一步证实了构建普惠性小规模企业税收优惠政策的必要性，这也是典型国家的基本成功经验。结合第二章财税政策激励存在小企业得不到有效保护的问题分析：（1）建议进一步落实《国家职业教育改革实施方案》《国务院办公厅关于深化产教融合的若干意

---

① 陈明昆，贾铃铃，王耀燕．英国现代学徒制中企业参与激励机制研究［J］．现代教育管理，2020（2）：102－109.

见》中带动中小企业参与职业教育办学的相关要求，设计特别针对小规模企业参与职业教育办学的财政补贴和税收优惠，主要目的是让更多小规模企业有效规避人力资本投资过程中的高成本、高风险，激发小规模企业人力资本生产性要素投入积极性，实现结构性转型与发展。（2）建议在《试点建设培育国家产教融合型企业工作方案》具体执行过程中，可考虑在培育若干国家产教融合型大企业的基础上，将针对试点大企业的优惠政策逐步拓宽至小规模企业，并对养老、家政、托幼、健康等行业领域企业，实施更低税率缴税、延长亏损弥补年限等更加简易的优惠政策。（3）各地方在认定产教融合型企业及有关机构在招募职业教育培训评价组织时，可考虑适当降低门槛，增强优惠政策对小微企业的普惠性，并结合地方产业发展规划制定相应优惠政策。

在优化企业参与职业教育办学财税激励政策的同时，进一步完善发挥其他激励政策配套实施的组合优势，这也是第二章我国现行财税政策激励和上文典型国家财税政策激励机制中所体现出的突出特点和良好经验。例如，引导金融机构依法依规加强对深度参与职业教育办学的企业提供信贷、信保、担保等融资支持；制订具体实施办法，落实落地职业院校通过校企合作、技术服务、社会培训、自办企业等所得收入，按一定比例作为绩效工资来源；积极探索职业院校实习生参加工伤保险办法，加快发展职业院校学生实习实训责任保险和人身意外伤害保险，鼓励保险公司对现代学徒制、企业新型学徒制保险专门确定费率，实现学生实习实训强制保险全覆盖；在调研和汇总案例基础上，借鉴典型国家经验，组织制定学校、实习单位、学生三方实习协议示范文本，明确学徒制学徒身份，规范协议内容和劳动关系，细化企业参与职业教育办学各方权责；通过加大直供、降低价格、减免滞纳金等措施，降低企业用水、用电、用气等生产要素成本，等等。

四、加强宣传力度，提高政策执行效率

根据第三章理论依据分析可以看出，政府通过财税激励政策对企业参与职业教育办学进行引导与干预，就是为了弥补职业教育办学主体之间的信息不对称，尽可能降低企业参与职业教育办学市场的不确定性。也就是说，是否有效解决了信息不对称问题、优惠政策是否具有可操作性，是财税政策激励效果的关键体现。

（一）加强宣传，优化服务

根据第二章对财税政策激励存在的问题分析，现行政策体系构成缺乏科学体系，政策激励难以有的放矢，直接导致优惠政策知晓度和使用率不高，很大程度上妨碍了政策对潜在目标群体的吸引力，导致财税激励政策实施效果欠佳。（1）建议各级政府财税部门尤其是税务部门切实履行“谁征税谁宣传”的主体责任，通过组织企业财会人员业务培训、税务服务大厅发放优惠政策手册、编印政策明白纸、制作播放公益广告、网络媒体平台专题政策解读等方式，加强对企业参与职业教育办学有关财税政策宣传。（2）推出一批行业龙头企业、国有企业、资质信用较好的企业积极参与职业教育办学的典型案例，树立“风向标”，合理匹配企业生产用工需求和学校实践教学资源需求，使典型效应成为群体效应、社会效应。（3）全面落实“放管服”改革要求，以信息化为载体，简化优惠政策申请认证程序，尽可能将资格认证与享受的财税优惠政策合并申报，对各项激励政策抓紧制定详细的配套实施细则，提高政策的可操作性和透明度，体现各类市场主体权利平等、机会平等与规则平等。（4）注重对企业参与职业教育办学现行有效财税激励政策的动态评测，运用科学手段加强政策评估监测，定量分析政策实施的成本与收益，并根据政策针对性和有效性的评价结果，构建财税政策动态调整机制，对无法发挥效用的政策建立退出机制，为完善优化财税激励政策提供实证依据。

（二）强化监督，奖惩结合

根据第三章政府与企业委托—代理关系分析，参与职业教育办学不努力的企业与努力的企业行为绩效之比决定了政府与企业委托—代理双方的收益，而其中不努力的企业起关键作用。结合德国职业教育惩戒体系经验，财税政策设计还需关注约束企业参与职业教育办学不积极、不规范的行为。另外，第五章代表性财税政策条款激励效果检验显示，还存某些条款效果为负的情况，可能有隐瞒实情、虚假申报的情况。为此，提出如下建议：（1）工业和信息化部门要把企业参与职业教育办学情况作为各类示范企业评选的重要参考，教育、人力资源社会保障部门要把校企合作成效作为评价职业学校办学质量的重要内容，国有资产监督管理机构要支持国有（控股）企业参与职业教育办学。(2)将目前以学校为职业教育办学质量的主要监测对象拓展至职业院校、行业企业，以及相关参与产教融合的政府部门，尤其是已经列为国家及各地产教融合型企业要列为重点监测对象。(3)通过运用云计算、大数据等工具不断完善校企合作监测方式和技术，加强与有关部门、行业组织、企业、教育机构之间的联系，共建共享校企合作信息服务平台数据。(4)积极支持社会第三方机构开展效能评价，建立健全以行政为主导、企业与学校为主体、相关部门指导、第三方有效参与的统计评价体系，以加强事前、事中和事后的监管，切实杜绝“重收入、轻支出，重分配、轻管理”问题，提高政策执行效率，如职工培训经费是否按规定比例足额提取，是否进行了专款专用等。(5)借鉴典型国家的基本经验，构建财政项目资金企业配套机制，充分利用财税政策的杠杆效应促进企业加大职业教育办学投入，将生产性指标要求作为财税政策支持力度上浮奖励的标准，同时通过建立惩戒机制对参与职业教育办学履职不力的企业予以相应惩罚。(6)完善企业参与职业教育办学社会监督机制和信用制度，将参与办学行为纳入法人单位、社会公民征信体系。(7)对职业教育培训评价组织实行市场选择、优胜劣汰的动态管理，加强培训过程管理参照“双随机一公开”(随机抽取检查对象，随机选派检查人员，抽查情况及查处结果及时向社会公开)、“四不两直”(不发通知、不打招呼、不听汇报、不用陪同接待、直奔基层、真插现场)等方式加强事中事后监管，对发现存在高收费、考核放水等行为的培训评价组织，采取函询、约谈、通报批评等措施，对于情节和影响恶劣的坚决予以清退。

第四节　本章小结

本章依据技能形成的模式与特点，选取德国、英国、日本、法国 4 个典型国家，分析企业参与职业教育办学运行机制及财税政策体系构成现状和基本经验。可以看出，典型国家政府采用直接补贴、税收优惠、培训征费、专项税收及政府性基金等财税政策激励企业参与职业教育办学，其主要作用在于降低企业参与职业教育办学所面临的风险和成本，提升企业参与职业教育办学的积极性。基本经验为：(1)政府主导构建制度体系。包括行为导向的财税政策干预、跳出企业看企业的政策激励、循序渐进的制度设计。(2) 充分体现财税政策激励效应。税收政策方面主要包括公司所得税、个人所得税和社会保障税的豁免、纳税扣除和税收抵免等；财政政策主要是政府通过财政补贴激励方式对企业增加职业教育办学投入产生杠杆效应。(3) 针对具体情况的差异化激励。对于大中型企业惯用的激励方式以税收等间接性激励为主；对于中小企业则充分考虑其利益需求和成本因素，通过项目性财政补贴进行直接激励。(4) 完善财税激励的政策配套。包括规范的合同化管理、赋予企业充分的经费使用自主权、经费管理信息化建设、完善师资等其他配套制度等。

在总结典型国家基本经验的基础上，结合实证数据分析结果，从财税激励政策利用和优化两个维度，提出完善我国企业参与职业教育办学财税激励政策的相关建议。

政策利用：(1) 鼓励企业投资国家重点扶持职业教育办学领域。(2) 鼓励企业选择具有更多支持企业参与职业教育办学优惠政策的试点地区。(3) 鼓励企业吃透参与职业教育办学现行优惠政策，统筹内部资源积极申报。(4) 鼓励企业在运营中重视针对现行优惠政策的筹划应对措施。

政策优化：(1) 理顺管理体制，打通政策激励通道。包括整合政府职能，加强统筹协调；强化行业协会指导，打通政策激励链条；鼓励多方参与，优化治理结构。(2) 加大经费投入力度，发挥财政导向作用。包括完善财政体制，加大投入力度；压实地方主体责任，加强经费统筹；推进政策落地，建立多元投入机制。(3) 完善财税激励机制，体现政策差异化。包括综合运用直接补贴、教育基金、政府采购等多种财政政策工具，丰富税收政策优惠方式、拓宽税收政策优惠领域、设计针对小规模企业的优惠政策，注重各政策工具在突破信息不对称、提升激励效应的作用。(4) 加强宣传力度，提高政策执行效率。包括加强宣传，优化服务；强化监督，奖惩结合，等等。

第七章　结论与展望

通过前六章的分析与论证，本书已对财税政策激励企业参与职业教育办学的机理、路径与效果，进行了较为系统的理论分析与实证研究。本章将在提炼研究主要创新点的基础上，总结各章节结论，反思研究存在的局限性，对未来进一步研究方向进行思考与设想。

第一节　主要创新点

一、理念创新

第一，将研究视角由学校转向企业，并由纯粹的企业自身行为深入到财税政策激励形成的主观规范，区别当前对职业教育校企合作的政策研究主要针对院校，即使是针对企业，也只是注重企业的自身投入或社会责任的形成。企业是理性经济人，不能把对教育的投入作为增加消费、增进福利的投入，而应当作为对有效的、可以带来回报的资本经济发展、生产力发展的要素性投入。① 本书基于计划行为理论分析财税政策激励企业参与职业教育办学的逻辑框架，深入探究企业参与职业教育办学积极性结构性缺失的真正原因与增加办学投入的真实动机，为构建企业参与职业教育办学财税政策激励机制找准点位。

第二，从职业教育办类型特征出发，探析财税政策激励企业参与职业教

① 杨德广．现代教育理念专论［M］. 北京：人民教育出版社，2004：235.

育办学的作用机制，扩展当前主要集中于优惠政策制定的面上研究。税收政策与财政政策作用效果评价事关财税政策干预效率和精准性，并对于完善市场经济条件下政府与市场职能界定具有重要价值。本书在厘清财税政策对企业参与职业教育办学影响路径和效应的基础上，探讨税收政策与财政政策激励企业参与职业教育办学行为的作用机制，并考虑信息不对称因素对政策激励效果差异性的影响，为政府干预企业参与职业教育办学，提高财税激励政策精准性提供了理论与实证依据。

第三，运用教育学、经济学、心理学、管理学等学科理论和方法进行跨学科、多视角研究，突破现有研究以教育论教育的局限。对企业参与职业教育办学的财税政策激励问题进行系统综合分析，既扩大了企业行为理论的适用性，又开辟了职业教育理论研究的新视角和新方法。

二、观点创新

第一，激励企业参与职业教育办学的积极性，应“由内而外”从企业的核心诉求出发通过分析企业参与职业教育办学的影响因素入手研究，区别于现有研究多“由外而内”的思辨性研究。本书通过引入计划行为理论，探究可能影响企业参与职业教育办学积极性的行为态度、主观规范、知觉行为控制等因素，以及影响因素之间的相互作用，在此过程中，将需求满足与财税政策适时引入系统框架，以满足财税政策激励企业参与职业教育办学在计划行为理论框架中的适应性。

第二，财税政策激励企业参与职业教育办学，首先要搞清楚其激励作用机理，再进行针对性施策。以“拉弗曲线”为代表的供给学派财税激励理论所倡导的供给决定经济增长，财税优惠增加并改善经济供给给本书以启发，将企业参与职业教育办学的行为意向和需求满足作为财税政策作用的传导机制，区别于已有研究在现状和问题分析基础上，提出直接作用于企业“大而全”的财税优惠政策。本书在阐述财税政策激励企业参与职业教育办学理论依据的基础上，构建了财税政策通过影响企业参与办学因素从而影响其行为的概念模型，将财税政策作为外在条件，政府与企业形成了委托—代理的有效协调关系，政府成为职业教育产品供给的委托人，而企业则成为获得报酬行使参与职业教育办学行为的代理人，企业在政府的政策激励下，满足自我需求的同时实现了政府的宏观调控目标。

第三，亟须为制定遵循市场规律，符合企业发展实际的精准、可操作的财税政策制定提供科学范式，力争改变从中央到地方有政策、有措施、有保障，但企业在职业教育办学中的应有主体地位无法根本实现的现状。本书从各国有关网站和资源库中查阅企业参与职业教育办学的财税法案条款，对我国国家和地方层面，以及职业教育发展典型国家的财税激励政策进行系统梳理，综合评价我国企业参与职业教育办学现行财税政策激励的机制与效果，同时，通过多地域的大样本企业访谈、调查，深入了解企业参与职业教育办学的核心诉求，以构建科学有效的企业参与职业教育办学财税激励政策体系。

三、方法创新

第一，行动研究贯穿始终，实现了研究主体的主观能动性。行动研究是一种由实际工作者开展的，将实际工作情境和研究结合，以解决问题、改进实践为目标，通过实践来使自己及他人的想法和理论不断得以检验，进而改进工作并获得专业提升的研究过程。① 笔者多次参与国家职业教育教学质量有关政策研制，以及区域重大财税政策的测算与论证，本研究问题即是笔者在实践工作中长期思考的问题。将行动研究贯穿于研究的全过程，使笔者“在行动中反思”，将思考转换为行动。

第二，使用定量与定性相结合的综合研究，提升了研究内容的科学性和全面性。针对财税政策激励企业参与职业教育办学这样的系统问题，本书首次以理论创新和实证研究相结合，充分收集和梳理企业对职业教育校企合作的意见，改变已有研究中仅提出原则建议而缺乏可行操作方案的现状，并通过描述性统计、探索性因子分析、验证性因子分析、相关性分析、结构方程分析、多元回归模型等统计分析方法进行数据处理和模型构建、检验、解析，在此基础上提出政策建议。

第三，将系统论引入探讨企业参与职业教育办学行为的研究中。本书将财税政策激励企业参与职业教育办学问题放在系统中研究，从整体上、联系

---

① 庄西真．如何做职业教育研究［M］．苏州：苏州大学出版社，2013：119.

上、结构功能上，精确考察研究对象整体与部分（要素）之间、部分与部分之间、整体与外部环境之间的关系，以求获得处理问题的最优解。（1）将企业参与职业教育办学的动力机制放在企业人力资本投资的系统中进行分析，并通过系统解构，揭示财税政策促进企业参与办学行为对于维持整个动力系统的有序平稳循环运动和动态平衡的重要性与必要性。（2）以计划行为理论为基础，将财税政策激励放在企业参与职业教育办学的行为系统中进行分析，通过构建三个层次的概论模型，通过构建分析政府与企业的委托—代理关系，实现财税政策对企业参与职业教育办学行为的有效协调作用。

第二节　主要研究结论

本书通过文献综述与理论分析，明确了当前企业参与职业教育办学行为及财税政策激励研究现状、问题及趋势，建立企业参与职业教育办学的行为动力系统，通过系统解构，观察其内部现象，把现象抽象化，分析我国现行财税政策激励的现状和存在的问题。在此基础上，分析得出企业参与职业教育办学的影响因素，构建财税政策激励企业参与职业教育办学的概念模型，通过问卷调查方法获取相关资料与数据，采用统计分析和结构方程模型对提出的概念模型与相应研究假设进行验证，从而分析财税政策激励企业参与职业教育办学的路径和效应，并对我国企业参与职业教育办学现行财税激励政策效果进行评价，结合德国、英国、日本、法国等 4 个典型国家财税政策激励机制经验及前文实证分析结果，分政策利用和政策优化两个维度，提出完善我国企业参与职业教育办学财税激励政策的相关建议，以求实现“职业教育产品供给达到社会最优水平”的政策目标。本书的主要研究结论可概括为以下几个方面。

结论一：企业参与职业教育办学动力系统内形成了一个具有“马太效应”的由动力源、调节装置、减压装置、加压装置等构成的动力循环。财税政策装置的功能主要是通过降低成本加强动力源向企业参与职业教育办学行为的转化，保障了企业参与职业教育办学行为动力在系统中的良性运转并逐渐增强。

第一，企业参与职业教育办学作为一种企业行为，根据企业理性假设，其本质上是一种市场行为，即追求价值最大化的行为。根据企业参与职业教育办学动力机理系统分析，系统内功能不同的各装置的相互联系、协调配合，保障了办学动力在系统内的畅通循环运行。系统动力源来自企业内在的需求满足，为整个循环系统提供动力；加压装置促进人力资本保值增值，进而对办学动力补充增强，一般与职业教育产品供给质量呈正相关关系；减压装置因客观风险的存在使企业人力资本投资收益外溢，导致企业参与职业教育办学动力流失减弱；调节装置基于企业理性实时调整自身参与职业教育办学行为与方式。在完全竞争市场条件下，动力源可以保障企业参与职业教育办学动力在系统内的畅通循环运行，实现了企业人力资本市场资源配置的帕累托最优。然而在实际运行过程中，由于减压装置的客观存在，帕累托最优的资源配置状态被打破，系统内动力越来越弱，此时系统内的动力循环需要财税政策干预，使系统内动力达到越来越强的良性动态运行。

第二，财税政策装置的功能主要是通过降低企业参与职业教育办学成本，加强动力源的转化，维持整个动力系统的有序平稳循环运动和动态平衡。企业参与职业教育办学动力系统内形成了一个强者愈强、弱者愈弱的具有“马太效应”的动力循环。如果企业参与职业教育办学动力通过财税政策干预得到增强，此时理性的企业在调节装置保证办学收益充足输出的前提下，开始通过增加办学总期数调低动力，增加办学总期数即提升了办学层次，促进了人力资本的更大增值，进一步激活了加压装置，使企业获得更强的需求满足感，则动力源更为强劲。反之，如果财税政策的功能减弱，不能有效实现对动力源的补充，企业在理性驱使下会极力保证的办学收益，而此时风险又客观存在，这种情况下，调节装置只有通过减少办学总期数来调高动力，减少办学总期数意味着加压装置功能降低，企业的持续竞争力受到影响，企业动力源与办学动力进一步减弱。

结论二：财税政策作为企业参与职业教育办学的外在激励条件，并不对企业行为产生直接显著正影响，而是通过在政府与企业之间构建委托—代理协调关系，作用于企业行为影响因素，通过满足企业核心诉求和行为意向提高行为转化效率，间接激励企业参与职业教育办学行为。

第一，财税政策对企业参与职业教育办学行为不产生直接显著正影响。财税政策对影响行为意向的四个因素都具有显著正影响，由强至弱依次为需求满足、知觉行为控制、主观规范、行为态度，并且随着财税政策的引入，行为态度对行为意向的影响力进一步增强，主观规范和知觉行为控制对行为意向的影响力都有不同程度地减弱，行为意向对行为保持显著正影响。然而，财税政策对行为意向的影响不显著，对企业行为呈较为显著的微小负影响，说明财税政策直接作用于企业参与职业教育办学行为时，所产生的替代效应大于收入效应，引起企业行为的调整，企业有可能利用职业教育办学市场的不确定性，将政府资金投入或税收优惠替代自身的投入，使企业目标与政府政策目标产生偏离，对政策效果造成扭曲。

第二，虽然财税政策不能直接影响企业参与职业教育办学，但是可以通过潜变量行为意向和需求满足两条路径间接对其施加影响。具体地，财税政策可通过行为态度、主观规范、知觉行为控制和需求满足间接影响行为意向，通过需求满足和行为意向间接影响行为，即行为态度、主观规范、知觉行为控制、需求满足在财税政策与行为之间起到完全中介作用。其中，行为态度在财税政策与行为意向之间的中介作用最为明显，与其余影响因素拉开较大差距，财税政策通过需求满足对行为意向的中介影响出现负的因子负荷值，说明通过财税政策改善与企业战略规划、组织结构、技术构成等有关的功利性态度，以及与教育情怀有关的情感性态度，能有效提升企业参与职业教育办学积极性。另外，随着财税政策的引入，需求满足对行为意向的直接负影响变得显著，对行为正影响变得更为强烈。可以看出，财税政策激励机制的存在，进一步促进了企业参与职业教育办学行为动机向实际行动的直接转化，财税政策确实加强了企业动力源向参与职业教育办学行为的转化。

结论三：财税政策中不同类型的税收、财政政策对于企业参与职业教育办学激励效果存在差异，并且对不同规模、产权性质、技术结构、生命周期、行业分布企业及对不同政策目标之间也存在差异。

第一，总体上看，财税政策中的财政政策由于激励效应发挥更为灵活、直接和迅速，与企业参与职业教育办学呈显著正相关，即财政政策激励效应越来越强，企业参与职业教育办学积极性越来越高；而税收政策对企业参与职业教育办学的影响并不显著。这一结论在不同产权性质、技术结构特征企业，以及在不同的行业分布、生命周期企业和政策目标等均得到验证，但对于不同规模企业尤其是小微型企业，税收政策与财政政策两者之间的激励效果差别不大。各代表性财税政策尤其是税收政策，与企业参与职业教育办学的相关性并不高，进一步证明财税政策尤其是税收政策对企业的激励效果有限，大中型企业对以教育费附加为代表的税收政策关注度较高，对有直接彻底兜底特征的政府购买服务及与职工培训、兼职教师薪酬等内容有关的财政政策具有较强期待。

第二，对于不同的企业特征分组而言：(1) 从企业规模看，相对于大中型企业对参与职业教育办学财税激励政策种类的“爱憎分明”——降低了对事后生产成本补偿税收政策的要求，而对于事前用途明确要素激励财政政策具有较高兴趣，小微型企业一方面期望财税政策支持，另一方面由于在参与职业教育办学中是成本承担还是替代策略摇摆不定，对财税政策“若即若离”。(2) 从企业性质看，无论是国有（控股）企业还是民营企业，参与职业教育办学积极性并未受到税收政策影响，相较于国有（控股）企业享受政府政策隐性担保的优越性，民营企业期待通过直接的财政政策支持化解市场失灵。(3) 从企业技术结构看，劳动密集型企业仅重视直接明确的事前财政政策，而技术密集型、资本密集型企业除了对财政政策较为敏感外，更关注针对成本补偿的事后税收政策的影响，这符合技能偏好型技术进步理论的预期。

第三，对于政策实施不同条件分组而言：(1) 从行业分布看，税收政策仅对除信息教育科学以外的服务业企业参与职业教育办学影响显著；财政政策对制造业/建筑业企业影响最为显著，信息教育科学服务业次之，对其他服务业则无显著影响。(2) 从生命周期看，税收政策在样本企业所有生命周期均不显著，但激励效果强度各有不同；财政政策激励成长期和成熟期企业效果显著，对形成期企业不显著。(3) 从政策目标看，税收政策对促进企业参与职业教育办学需求满足激励效果最佳，其次是对于增进企业自我效能感和控制力，对于促进企业主观规范无显著影响；财政政策是增进企业参与职业教育办学自我效能感和控制力很好的工具，并且对于企业参与职业教育办学支持态度和需求满足具有较强的促进作用。

结论四：结合德国、英国、日本、法国等典型国家财税政策激励企业参与职业教育办学基本经验，并根据前面实证分析结果，提出完善我国企业参与职业教育办学财税激励政策的相关建议。

第一，典型国家政府采用直接补贴、税收优惠、培训征费、专项税收及政府性基金等财税政策激励企业参与职业教育办学，其主要作用在于降低企业参与职业教育办学所面临的风险和成本，提升企业参与职业教育办学积极性。基本经验为：（1）政府主导构建制度体系。包括行为导向的财税政策干预、跳出企业看企业的政策激励、循序渐进的制度设计。（2）充分体现财税政策激励效应。税收政策方面主要包括公司所得税、个人所得税和社会保障税的豁免、纳税扣除和税收抵免等；财政政策主要是政府通过财政补贴激励方式对企业增加职业教育办学投入产生杠杆效应。（3）针对具体情况的差异化激励。对于大中型企业惯用的激励方式以税收等间接性激励为主；对于中小企业则充分考虑其利益需求和成本因素，通过项目性财政补贴进行直接激励。（4）完善财税激励的政策配套。包括规范的合同化管理、赋予企业充分的经费使用自主权、经费管理信息化建设、完善师资等其他配套制度等。

第二，从财税激励政策利用和优化两个维度，提出完善我国企业参与职业教育办学财税激励政策的相关建议。政策利用：（1）鼓励企业投资国家重点扶持职业教育办学领域。（2）鼓励企业选择具有更多支持企业参与职业教育办学优惠政策的试点地区。（3）鼓励企业吃透参与职业教育办学现行政策，统筹内部资源积极申报。（4）鼓励企业在运营中重视针对现行优惠政策的筹划应对措施。政策优化：（1）理顺管理体制，打通政策激励通道。包括整合政府职能，加强统筹协调；强化行业协会指导，打通政策激励链条；鼓励多方参与，优化治理结构。（2）加大经费投入力度，发挥财政导向作用。包括完善财政体制，加大投入力度；压实地方主体责任，加强经费统筹；推进政策落地，建立多元投入机制。（3）完善财税激励机制，体现政策差异化。包括综合运用直接补贴、教育基金、政府采购等多种财政政策工具，丰富税收政策优惠方式、拓宽税收政策优惠领域、设计针对小规模企业的优惠政策，注重各政策工具在突破信息不对称、提升激励效应的作用。（4）加强宣传力度，提高政策执行效率。包括加强宣传，优化服务；强化监督，奖惩结合，等等。

第三节　不足和对未来研究的建议

企业参与职业教育办学是职业教育人才培养模式发展的必然趋势。企业深度参与职业教育办学全过程的主体功能和地位缺失，其中重要原因在于政府宏观调控机制忽略了企业在职业教育办学中的活跃性及职业教育与之需求的适应性。因此，研究财税政策对企业参与职业教育办学的激励机理、路径与效应，提升企业参与职业教育办学的积极性，将为各级政府相关政策法规的制定提供参考，提高职业教育办学质量。目前，国内外有关财税政策激励企业参与职业教育办学的研究较少，缺乏系统有力参考，因此，本书面临诸多挑战，且受研究者时间和精力、知识范围、能力水平及数据资料所限，本书仍处于持续探索之中，存在如下问题有待后续深入研究。

第一，由于职业教育办学是一个环节众多、涉及利益主体复杂的系统工程，企业参与职业教育办学动力系统，以及财税政策激励企业参与职业教育办学概念模型是在一定假设和条件下构建的，由于笔者自身知识和资料数据的局限性，模型构建与情景分析结果具有一定的不确定性，例如，基于政策环境和产业发展差异，不同区域的企业受财税政策激励影响及效果如何等。另外，本书所提出的完善我国企业参与职业教育办学财税激励政策的相关建议，只是在我国目前的职业教育与产业发展环境下，根据已有理论和实证分析结果提出的，在未来的研究中，可进一步通过面板数据，研究财税激励政策与企业参与职业教育办学行为之间存在的动态影响关系。并且，政府运用财税政策激励企业参与职业教育办学是长期行为，加强政策动态影响研究可在一定程度上解决相应政策与情景分析结果不一致的问题。

第二，本书是基于笔者个人能力开展的问卷访谈工作，且数据获取方式大多通过线上推送形式完成，样本量的选取与相关文献研究基本保持一致，可以作为一个尝试探讨财税政策激励企业参与职业教育办学的一个案例研究，为各级政府管理部门制定精准、科学、可行的政策体系提供参考。未来政府或相关部门可以组织更大规模的问卷调查，或者委托第三方机构进行社会调查，来对研究模型进一步验证，以提升研究成果的适用性，同时研究范围也可由财税激励拓展至“金融+财政+土地+信用”组合式激励，提出更加具有普适性的激励政策和措施。

第三，本书在运用问卷调查方法开展研究过程中，虽然问卷设计参考了大量文献尤其是同类量表研究成果，与职业教育学界专家学者及相关办学主体管理和实践者进行了沟通，并且调查与访谈使用三角验证避免基础信息资料的失真，模型验证结果也较好通过了相关数理检验，即便是这样，还是不能彻底避免笔者与受访者对同一问题关注侧重点的差别，导致通过问卷调查获取的相关资料与数据并不能完全代表受访者的意愿，因此可能会导致研究结果的偏差。在未来研究中，可以考虑从不同角度、不同方法开展分类专题研究，如在条件允许情况下可以考虑采用实验法，对控制变量进行严格操控，深入研究政策目标变量与政策变量之间的相互关系，并将获得的研究结论与本书结论进行比对，从而对财税政策激励企业参与职业教育办学有更为深刻、全面的认知。

附　　录

附录1：财税政策激励企业参与职业教育办学访谈提纲

一、企业参与职业教育办学情况

贵企业与职业院校开展了哪些方面合作办学？计划还会在哪些方面继续深入加强？贵企业通过参与职业教育办学满足了企业哪些方面的需求？

二、企业参与职业教育办学的影响因素

从企业经营发展角度，影响贵企业参与职业教育办学的因素有哪些？从企业负责人情感角度，影响贵企业参与职业教育办学的因素有哪些？这些因素的影响程度如何？

贵企业参与职业教育办学，还受来自企业外部哪些因素的影响？这些因素的影响程度如何？

贵企业对进一步深化参与职业教育办学信心如何？是否有能力对相关因素进行控制？增强企业参与职业教育办学的信心与控制力受哪些因素的影响？

三、财税政策对企业参与职业教育办学的影响

贵企业是否了解国家和地方有关支持企业参与职业教育办学的财税激励政策？贵企业一般通过哪些途径了解这些政策？

请结合贵企业的规模、所有权结构、技术结构特征，以及生命周期、产

业分布、政策目标，具体谈谈现行财税激励政策对企业参与职业教育办学的影响。哪些政策具有更明显的激励强度？税收与财政政策之间的激励效果又有何差异？

现行财税政策激励贵企业参与职业教育办学的主要制约因素是什么？贵企业在实际经营中，是否熟悉运用合法的途径和方法以更大效率地用足用好这些优惠政策？在以后发展中是否会花费更多的精力熟悉相关事宜？

贵企业是否开展过有关财税优惠政策的筹划工作？如开展过，筹划过程中遇到哪些困难？有何应对措施？

贵企业对于政府进一步完善企业参与职业教育办学财税激励政策有哪些建议？

附录2：财税政策激励企业参与职业教育办学调查问卷

尊敬的先生/女士：

您好！首先非常感谢您为职业教育发展研究贡献宝贵的智慧与时间。本问卷旨在研究财税政策与企业参与职业教育办学的关系，为政府出台相关财政支持政策和税收优惠政策提供专业建议。本研究绝不附带任何商业性目的，调查中所涉及的信息除用于学术研究外，绝不向任何第三方个人或组织披露。请根据贵企业的实际情况填写真实意见，我们承诺将对所有信息予以保密。

●贵企业是否与职业院校开展过合作办学（单选题）

□是　　□否

第一部分　企业基本信息

1. 贵企业名称：（可不填）

____

2. 贵企业从业人员数：（单位：人）

____

3. 贵企业近一年营业收入：（单位：万元）

____

4. 贵企业资产总额：（单位：万元）

____

5. 贵企业所在省份：

____

6. 贵企业性质：

□ A. 国有（控股）企业　　□ B.（境）外商投资企业

□ C. 个人独资企业　　□ D. 其他民营企业

7. 贵企业所属行业：

□农林牧渔业　□采矿业　□制造业　□电力/热力/燃气及水的生产和供应业

□环境和公共设施管理业　□建筑业　□交通运输/仓储业和邮政业
□IT 产业　□批发和零售贸易业　□住宿和餐饮业　□金融/保险业
□房地产业　□租赁和商务服务业　□科学研究、技术服务和地质勘查业
□水利/环境和公共设施管理业　□居民服务和其他服务业
□文化/体育/娱乐业　□教育　□卫生/社会保障和社会服务业

8. 贵企业技术类型：

□ A. 劳动密集型　□ B. 资本密集型　□ C. 技术密集型

9. 贵企业当前所处生命周期：

□ A. 形成期　□ B. 成长期　□ C. 成熟期　□ D. 衰退期

第二部分　企业参与职业教育办学行为问项

请您根据实际情况对贵企业参与职业教育办学的各项描述分级打分，"非常不同意""不同意""不太同意""稍微同意""同意""非常同意"依次赋分 1 分、2 分、3 分、4 分、5 分、6 分，在相应的框内标记"√"。

题　项	非常不同意← →非常同意					
	1 分	2 分	3 分	4 分	5 分	6 分
*BI*1：企业愿意积极参与职业教育办学						
*BI*2：企业愿意承担参与职业教育办学的职责和任务						
*BI*3：企业愿意宣传参与职业教育办学的积极作用						
*B*2：企业正逐步加大对参与职业教育办学的投入力度						
*B*3：企业正逐步全面实现职业教育办学全过程参与						
*Ds*1：企业从参与职业教育办学中得到经济收益需求满足						
*Ds*2：企业从参与职业教育办学中得到人才需求满足						
*Ds*3：企业从参与职业教育办学中得到技术需求满足						
*Ds*4：企业从参与职业教育办学中得到社会资源需求满足						

第三部分　企业参与职业教育办学影响因素问项

请您根据实际情况对贵企业参与职业教育办学影响因素的各项描述分级打分，"非常不同意""不同意""不太同意""稍微同意""同意""非常同

意”依次赋分 1 分、2 分、3 分、4 分、5 分、6 分，在相应的框内标记“√”。

题　项	作用非常小← →作用非常大					
	1 分	2 分	3 分	4 分	5 分	6 分
*Aub*1：企业参与职业教育办学有利于落实战略规划						
*Aue*1：落实战略规划对企业非常重要						
*Aub*2：企业参与职业教育办学有利于优化组织结构						
*Aue*2：优化组织结构对企业非常重要						
*Aub*3：企业参与职业教育办学有利于优化技术构成						
*Aue*3：优化技术构成对企业非常重要						
*Amb*1：企业参与职业教育办学过程中花费高昂的成本						
*Ame*1：成本核算对于企业非常重要						
*Amb*3：企业及企业家本人有浓厚的教育情怀						
*Ame*3：教育情怀对企业非常重要						
*Spn*2：企业应该通过参与职业教育办学承担更多的社会责任						
*Spm*2：企业能够做到通过参与职业教育办学承担更多的社会责任						
*Sin*1：行业组织应该大力推动企业参与职业教育办学						
*Sim*1：企业会积极配合行业组织的协调指导						
*Sin*2：职业院校应该主动加强与企业合作开展办学						
*Sim*2：企业会积极响应职业院校合作办学行为						
*Sdn*1：同类企业应该积极参与职业教育办学						
*Sdm*1：如果同类企业参与职业教育办学，本企业也会效仿跟进						
*Sdn*2：标杆龙头企业应该积极参与职业教育办学						
*Sdm*2：如果标杆龙头企业参与职业教育办学，本企业也会效仿跟进						
*Psc*1：专业知识可能影响企业参与职业教育办学						
*Psp*1：企业拥有足够的专业知识应对参与职业教育办学						
*Psc*2：管理能力可能影响企业参与职业教育办学						
*Psp*2：企业拥有足够的管理能力应对参与职业教育办学						
*Psc*3：信息识别、获取能力可能影响企业参与职业教育办学						
*Psp*3：企业拥有足够的信息识别、获取能力应对参与职业教育办学						
*Pcc*1：时间压力可能影响企业参与职业教育办学						

续表

题　项	作用非常小← →作用非常大					
	1 分	2 分	3 分	4 分	5 分	6 分
*Pcp*1：企业能够顺利支配时间保障参与职业教育办学						
*Pcc*2：其他办学主体行为可能影响企业参与职业教育办学						
*Pcp*2：企业能够顺利协调其他办学主体支持其参与职业教育办学						

第四部分　企业参与职业教育办学财税激励政策问项

请您根据实际情况对影响贵企业参与职业教育办学的财税政策的各项描述分级打分，“作用非常小”“作用小”“作用比较小”“作用比较大”“作用大”“作用非常大”依次赋分 1 分、2 分、3 分、4 分、5 分、6 分，在相应的框内标记“√”。

题　项	非常不同意← →非常同意					
	1 分	2 分	3 分	4 分	5 分	6 分
*Et*1：企业兴办职业教育投资可按投资额的 30% 抵免当年应缴教育费附加和地方教育附加						
*Et*2：企业发生校企合作捐赠、报酬支出在计算应纳税所得额时扣除						
*Et*3：企业用于购买捐赠职业院校实训设备的费用作为税前列支						
*Et*4：企业与职业院校设立具有独立法人性质的经营性实训基地免征企业所得税地方分享部分						
*Et*5：企业发生的职工教育经费支出，不超过工资薪金总额 8% 的部分准予扣除，超过部分准予在以后纳税年度结转扣除						
*Et*6：企业举办职业教育机构或设立校内外实习实训、实践基地的，学校自用的房产、土地免征房产税、城镇土地使用税						
*Ef*1：企业与职业院校联合设立产教融合示范园区、职业教育实习实训基地给予资助						
*Ef*2：职业院校参与企业技术改造、产品研发、科技攻关和促进科技成果转化给予资助或奖励						
*Ef*3：企业与职业院校合作开展职工教育和培训并取得显著成绩给予奖励、表彰						
*Ef*4：企业接纳职业院校学生实习发生的物耗能耗给予资助						

续表

题　项	非常不同意← →非常同意					
	1 分	2 分	3 分	4 分	5 分	6 分
*Ef*5：到职业院校任教的企业兼职教师薪酬和培养培训给予资助						
*Ef*6：职业院校从企业引进高端技能人才实施政府购买服务补助						
*Ef*7：企业办学符合职业教育发展规划要求的，通过政府购买服务等方式给予支持						
*Ef*8：对职教集团发展提供政府购买服务支持						

对于财税政策激励企业参与职业教育办学，您还有何其他建议？（可不填）

____

附录3：统计上大中小微型企业划分办法（2017）

国家统计局关于印发《统计上大中小微型企业划分办法（2017）》的通知

各省、自治区、直辖市统计局，新疆生产建设兵团统计局，国务院各有关部门，国家统计局各调查总队：

《国民经济行业分类》（GB/T 4754—2017）已正式实施，现对2011年制定的《统计上大中小微型企业划分办法》进行修订。本次修订保持原有的分类原则、方法、结构框架和适用范围，仅将所涉及的行业按照《国民经济行业分类》（GB/T 4754—2011）和《国民经济行业分类》（GB/T 4754—2017）的对应关系，进行相应调整，形成《统计上大中小微型企业划分办法（2017）》。现将《统计上大中小微型企业划分办法（2017）》印发给你们，请在统计工作中认真贯彻执行。

国家统计局

2017年12月28日

统计上大中小微型企业划分办法（2017）

一、根据工业和信息化部、国家统计局、国家发展改革委、财政部《关于印发中小企业划型标准规定的通知》，以《国民经济行业分类》（GB/T4754－2017）为基础，结合统计工作的实际情况，制定本办法。

二、本办法适用对象为在中华人民共和国境内依法设立的各种组织形式的法人企业或单位。个体工商户参照本办法进行划分。

三、本办法适用范围包括：农、林、牧、渔业，采矿业，制造业，电力、热力、燃气及水生产和供应业，建筑业，批发和零售业，交通运输、仓储和邮政业，住宿和餐饮业，信息传输、软件和信息技术服务业，房地产业，租赁和商务服务业，科学研究和技术服务业，水利、环境和公共设施管理业，居民服务、修理和其他服务业，文化、体育和娱乐业等 15 个行业门类以及社会工作行业大类。

四、本办法按照行业门类、大类、中类和组合类别，依据从业人员、营业收入、资产总额等指标或替代指标，将我国的企业划分为大型、中型、小型、微型等四种类型。具体划分标准见附表。

五、企业划分由政府综合统计部门根据统计年报每年确定一次，定报统计原则上不进行调整。

六、本办法自印发之日起执行，国家统计局 2011 年印发的《统计上大中小微型企业划分办法》同时废止。

附表

统计上大中小微型企业划分标准

行业名称	指标名称	计量单位	大型企业	中型企业	小型企业	微型企业
农、林、牧、渔业	营业收入（Y）	万元	Y≥20000	500≤Y<20000	50≤Y<500	Y<50
工业*	从业人员（X）	人	X≥1000	300≤X<1000	20≤X<300	X<20
	营业收入（Y）	万元	Y≥40000	2000≤Y<40000	300≤Y<2000	Y<300
建筑业	营业收入（Y）	万元	Y≥80000	6000≤Y<80000	300≤Y<6000	Y<300
	资产总额（Z）	万元	Z≥80000	5000≤Z<80000	300≤Z<5000	Z<300
批发业	从业人员（X）	人	X≥200	20≤X<200	5≤X<20	X<5
	营业收入（Y）	万元	Y≥40000	5000≤Y<40000	1000≤Y<5000	Y<1000
零售业	从业人员（X）	人	X≥300	50≤X<300	10≤X<50	X<10
	营业收入（Y）	万元	Y≥20000	500≤Y<20000	100≤Y<500	Y<100
交通运输业*	从业人员（X）	人	X≥1000	300≤X<1000	20≤X<300	X<20
	营业收入（Y）	万元	Y≥30000	3000≤Y<30000	200≤Y<3000	Y<200
仓储业*	从业人员（X）	人	X≥200	100≤X<200	20≤X<100	X<20
	营业收入（Y）	万元	Y≥30000	1000≤Y<30000	100≤Y<1000	Y<100
邮政业	从业人员（X）	人	X≥1000	300≤X<1000	20≤X<300	X<20
	营业收入（Y）	万元	Y≥30000	2000≤Y<30000	100≤Y<2000	Y<100
住宿业	从业人员（X）	人	X≥300	100≤X<300	10≤X<100	X<10
	营业收入（Y）	万元	Y≥10000	2000≤Y<10000	100≤Y<2000	Y<100

续表

行业名称	指标名称	计量单位	大型企业	中型企业	小型企业	微型企业
餐饮业	从业人员（X）	人	X≥300	100≤X<300	10≤X<100	X<10
	营业收入（Y）	万元	Y≥10000	2000≤Y<10000	100≤Y<2000	Y<100
信息传输业*	从业人员（X）	人	X≥2000	100≤X<2000	10≤X<100	X<10
	营业收入（Y）	万元	Y≥100000	1000≤Y<100000	100≤Y<1000	Y<100
软件和信息技术服务业	从业人员（X）	人	X≥300	100≤X<300	10≤X<100	X<10
	营业收入（Y）	万元	Y≥10000	1000≤Y<10000	50≤Y<1000	Y<50
房地产开发经营	营业收入（Y）	万元	Y≥200000	1000≤Y<200000	100≤Y<1000	Y<100
	资产总额（Z）	万元	Z≥10000	5000≤Z<10000	2000≤Z<5000	Z<2000
物业管理	从业人员（X）	人	X≥1000	300≤X<1000	100≤X<300	X<100
	营业收入（Y）	万元	Y≥5000	1000≤Y<5000	500≤Y<1000	Y<500
租赁和商务服务业	从业人员（X）	人	X≥300	100≤X<300	10≤X<100	X<10
	资产总额（Z）	万元	Z≥120000	8000≤Z<120000	100≤Z<8000	Z<100
其他未列明行业*	从业人员（X）	人	X≥300	100≤X<300	10≤X<100	X<10

注：（1）大型、中型和小型企业须同时满足所列指标的下限，否则下划一档；微型企业只需满足所列指标中的一项即可。（2）附表中各行业的范围以《国民经济行业分类》（GB/T4754—2017）为准。带＊的项为行业组合类别，其中，工业包括采矿业，制造业，电力、热力、燃气及水生产和供应业。交通运输业包括道路运输业，水上运输业，航空运输业，管道运输业，多式联运和运输代理业、装卸搬运；不包括铁路运输业。仓储业包括通用仓储，低温仓储，危险品仓储，谷物、棉花等农产品仓储，中药材仓储和其他仓储业。信息传输业包括电信、广播电视和卫星传输服务，互联网和相关服务。其他未列明行业包括科学研究和技术服务业，水利、环境和公共设施管理业，居民服务、修理和其他服务业，社会工作，文化、体育和娱乐业，以及房地产中介服务，其他房地产业等；不包括自有房地产经营活动。（3）企业划分指标以现行统计制度为准。①从业人员，是指期末从业人员数，没有期末从业人员数的，采用全年平均人员数代替。②营业收入，工业、建筑业、限额以上批发和零售业、限额以上住宿和餐饮业以及其他设置主营业务收入指标的行业，采用主营业务收入；限额以下批发与零售业企业采用商品销售额代替；限额以下住宿与餐饮业企业采用营业额代替；农、林、牧、渔业企业采用营业总收入代替；其他未设置主营业务收入的行业，采用营业收入指标。③资产总额，采用资产总计代替。

参考文献

[1] [法] 布尔迪厄，[美] 华康德．实践与反思——反思社会学导引 [M]．北京：中央编译出版社，1998：133－134.

[2] [日] 宫地诚哉，仓内史朗．职业教育 [M]．河北大学日本研究所教育研究室，译．天津：天津人民出版社，1951：91，165－166.

[3] [英] 哈耶克．自由宪章 [M]．杨玉生，冯兴元，陈茅，译．北京：中国社会科学出版社，1999：550－561.

[4] [德] 海因茨·G. 格拉斯．职业教育学与劳动教育学（上、下卷）[M]．陈用仪，陈国雄，刘漠云，译．（内部发行），1985：1－3.

[5] [德] 凯兴斯泰纳．凯兴斯泰纳教育论著选 [M]．郑惠卿，译．北京：人民教育出版社，2004：3.

[6] [瑞] 裴斯泰洛齐．裴斯泰洛齐教育论著选 [M]．夏之莲，译．北京：人民教育出版社，1992（2013 重印）：27.

[7] 安佳．管理经济学 [M]．北京：北京邮电大学出版社，2007：8－9.

[8]《马克思恩格斯选集》第 1 卷 [M]．北京：人民出版社，1972：135.

[9]《马克思恩格斯全集》第 23 卷 [M]．北京：人民出版社，1971：152－153.

[10]《马克思恩格斯全集》第 46 卷 [M]．北京：人民出版社，1972：208.

[11] 陈天祥．人力资源管理 [M]．广州：中山大学出版社，2001：195.

[12] 陈子季．坚定不移实施好教育强国战略 [M]．上海：华东师范大学出版社，2021：216.

[13] 党的十九大报告辅导读本 [M]．北京：人民出版社，2017：176.

[14] 风笑天．现代社会调查方法 [M]．武汉：华中科技大学出版社，

2001：4－5.

［15］高鸿业，吴易风．研究生用西方经济学（微观部分）[M]．北京：经济科学出版社，1997：64－88，461－464，482－483，505－507.

［16］高艳．企业人力资本经营研究［M］．北京：中国经济出版社，2011：61.

［17］高燕，王毅杰．社会研究方法［M］．北京：中国物价出版社，2002：166－176.

［18］华东师范大学教育科学研究所技术教育研究室．技术教育概论［M］．上海：华东师范大学出版社，1985：1－7.

［19］惠丰延．理性与企业行为［M］．上海：上海交通大学出版社，2014：211，215.

［20］姜大源．职业教育学研究新论［M］．北京：教育科学出版社，2007：2－4，9.

［21］姜大源．当代世界职业教育发展趋势研究［M］．北京：电子工业出版社，2012：294.

［22］教育部财务司，国家统计局社会科技和文化产业统计司．中国教育经费统计年鉴2014—2018［M］．北京：中国统计出版社，2015－2019.

［23］教育部教育规划与战略研究理事会秘书处．建设中国特色、世界水平的现代职业教育体系［M］．北京：教育科学出版社，2014：206－207.

［24］教育部教育规划与战略研究理事会秘书处．建设中国特色、世界水平的现代职业教育体系［M］．北京：教育科学出版社，2014：206－207，224.

［25］杰弗里·A. 迈尔斯．管理学与组织研究必读的40个理论［M］．徐世勇，李超平，等译．北京：北京大学出版社，2017：171－177.

［26］靳希斌．教育经济学［M］．北京：人民出版社，1997：68－69.

［27］李秉德．教育科学研究方法［M］．北京：人民教育出版社，2005：302－308.

［28］林荣日．教育经济学［M］．上海：复旦大学出版社，2001：97.

［29］刘世闵，李志伟．质性研究必备工具：NVivo之图解与应用［M］．北京：经济日报出版社，2017：4.

[30] 罗胜强，姜嬿著．管理学问卷调查研究方法 [M]．重庆：重庆大学出版社，2004：11－12.

[31] 马费成．信息经济学 [M]．武汉：武汉大学出版社，2012：20.

[32] 麦可思研究院．2019 年中国大学生就业报告 [M]．北京：社会科学文献出版社，2019.

[33] 潘志恒．主体与存在 [M]．厦门：厦门大学出版社，2015：34.

[34] 冉云芳．企业参与职业教育办学的成本收益研究 [M]．上海：华东师范大学出版社，2019：1－2，39－42，53－54，139－222，319－322.

[35] 尚可文，孟丽．政府、市场与财政 [M]．兰州：兰州大学出版社，2009：14.

[36] 石伟平．比较职业技术教育 [M]．上海：华东师范大学出版社，2001：173.

[37] 孙莹，税收激励政策对企业创新绩效的影响研究 [M]．上海：上海人民出版社，2016：112－117.

[38] 索柏民，王天崇．组织行为学 [M]．北京：北京理工大学出版社，2017：81－86.

[39] 王群勇．STATA 在统计与计量分析中的应用 [M]．天津：南开大学出版社，2007：96.

[40] 吴国存．企业人力资本投资 [M]．北京：经济管理出版社，1999：48.

[41] 吴明隆．结构方程模型——AMOS 的操作与应用 [M]．重庆大学出版社，2010：1－3，9，195－199，320.

[42] 吴明隆．问卷统计分析实务——SPSS 操作与应用 [M]．重庆：重庆大学出版社，2017：158－160.

[43] 吴亚卓，吴英杰．宏观经济调控研究 [M]．北京：北京邮电大学出版社，2005：152.

[44] 杨德广．现代教育理念专论 [M]．北京：人民教育出版社，2004：235.

[45] 杨进．论职业教育创新与发展 [M]．北京：高等教育出版社，2005：3－6，34－44，148，265.

[46] 杨进．职业教育校企合作双主体办学：治理创新与实现路径［M］．北京：高等教育出版社，2019：75－77.

[47] 杨进．马卡龙时代的法国教育观察［M］．北京：高等教育出版社，2019：109－116.

[48] 杨丽．企业科技人才技术创新激励研究［M］．北京：中国经济出版社，2009：27.

[49] 袁国敏．经济政策评价［M］．北京：中国经济出版社，2006：53.

[50] 张维迎．博弈论与信息经济学［M］．上海：格致出版社，2007：237－245.

[51] 张文贤．人力资本［M］．成都：四川人民出版社，2008：205－207.

[52] 赵志群．职业教育与培训新概念［M］．北京：科学出版社，2003：97.

[53] 国家统计局．中国统计年鉴［M］．北京：中国统计出版社，2009－2019.

[54] 周稽裘．教育现代化：一个特定历史时期的描述［M］．北京：教育科学出版社，2009：5，15，28.

[55] 周扬明．中国企业行为的经济分析［M］．北京：经济管理出版社，2002：3.

[56] 诸含彦．社会科学研究方法［M］．重庆：西南师范大学出版社，2016：108－125.

[57] 庄西真．如何做职业教育研究［M］．苏州：苏州大学出版社，2013：119.

[58] 岑建，楼世洲．英国学徒税政策及其特点［J］．比较教育研究，2017（12）：99－106.

[59] 陈丽君，曾雯珍．企业参与职业教育办学的动力分析与政策建议［J］．职业技术教育，2020（13）：34－41.

[60] 陈尚，唐斌．我国高等职业教育经费投入现状及对策［J］．职业教育研究，2008（10）：23－24.

[61] 陈玺名．职业教育校企合作中的计划与市场［J］．现代教育管理，2015（1）：110.

[62] 陈旭东. 中小企业税费负担根源剖析——基于政府行为目标的视角 [J]. 国家行政学院学报, 2013 (2): 99-104.

[63] 楚波. 摈弃"一刀切", 彰显治理精度 [J]. 决策探索, 2019 (1): 11.

[64] 党洁. 欧洲一体化形势下德国双元制发展趋势——访教育部职教中心研究所德国顾问君德·瓦格纳博士 [J]. 职业技术教育, 2002 (15): 58-62.

[65] 董仁忠. 职业教育供给: 在政府与市场之间的选择 [J]. 教育学报, 2009 (4): 123-124.

[66] 段文婷, 江光荣. 计划行为理论述评 [J]. 心理科学进展, 2008, 16 (2): 315-320.

[67] 关晶. 法国现代学徒制改革述评 [J]. 全球教育展望, 2013 (4): 104-111.

[68] 郭建如, 杨钋, 田志磊. 职教 X 证书制度的财政支持政策探析 [J]. 职业技术教育, 2020 (27): 7-12.

[69] 韩凤芹, 于雯杰. 德国"工匠精神"培养及对我国启示——基于职业教育管理模式的视角 [J]. 地方财政研究, 2016 (9): 101-112.

[70] 韩秋黎. 我国职业教育中企业主体缺失的原因及改进策略 [J]. 江西教育科研, 2007 (8): 60-61.

[71] 韩玉敏, 韩莉. 关于主体、客体及其关系的辨析 [J]. 河北师范大学学报: 社会科学版, 1996 (3): 41.

[72] 和震. 建立现代职业教育治理体系推动产教融合制度创新 [J]. 中国职业技术教育, 2014 (21): 138-142.

[73] 胡浩志. 企业组织结构与企业专用性人力资本投资研究 [J]. 求是学刊, 2014 (11): 71-76.

[74] 霍丽娟. 论现代职业教育中企业社会责任的实现 [J]. 中国职业技术教育, 2015 (33): 101-104.

[75] 贾建宇. 职业教育产教融合财政政策的国际借鉴研究 [J]. 职业技术教育, 2019 (27): 27-31.

[76] 姜大源, 刘立新. (德国) 联邦职业教育法 (BBiG) [J]. 中国职

业技术教育，2005（32）：49－62.

［77］姜大源，王泽荣，吴全全．当代世界职业教育发展趋势研究——现象与规律（之一）［J］．中国职业技术教育，2012（18）：7－8.

［78］姜大源．跨界、整合和重构：职业教育作为类型教育的三大特征——学习《国家职业教育改革实施方案》的体会［J］．中国职业技术教育，2019（7）：9－12.

［79］姜大源．职业科学辨析［J］．高等工程教育研究，2015（5）：155－162.

［80］姜大源．职业教育专业教学论初探［J］．教育研究，2004（5）：49－53.

［81］姜大源．基于职业科学的职业教育学科建设辨析［J］．中国职业技术教育，2007（11）：8－16.

［82］匡绪辉．公共财政下教育财政投入模式选择［J］．江汉论坛，2002（12）：13－15.

［83］匡远配，陈红颖，夏金星．农村职业教育的公共产品特征分析［J］．农村经济，2007（2）：115－118.

［84］李博，薛鹏，丁海萍．日本企业内职业培训现状分析及经验启示［J］．职业技术教育，2018（12）：73－77.

［85］李静，刘霞辉，楠玉．提高企业技术应用效率加强人力资本建设［J］．中国社会科学，2019（6）：63－84.

［86］李俊，李东书．职业教育产教融合的国际比较分析——以中国、德国和英国为例［J］．高等工程教育研究，2019（4）：159－164.

［87］西蒙·麦格拉斯，李玉静．关于《2001年技术和职业教育的修订建议》的修订——UNESCO-UNEVOC网络会议报告（一）［J］．职业技术教育，2014（36）：76－80.

［88］梁卿，刘根润，韦玮．促进企业参与校企合作的政策取向：反思与重构［J］．职教论坛，2014（7）：15－17.

［89］廖建华，刘慧娟．高职院校“工学结合”人才培养模式的构建［J］．职业技术教育，2009（16）：48.

［90］刘兵，张世英．企业激励理论综述与展望［J］．中国软科学，

1999 (5): 21 – 23.

[91] 刘立新. 德国发布《2019 年职业教育报告》[J]. 中国职业技术教育, 2019 (11): 75 – 76.

[92] 刘蓉, 祖进元, 王雯. 供给学派理论对当前我国减税政策的启迪 [J]. 税务研究, 2016 (2): 18 – 23.

[93] 刘晓, 黄卓君, 邢菲. 教育中的企业社会责任研究: 述评与展望——基于 2000 年以来国内文献的分析 [J]. 现代教育管理, 2017 (9): 23 – 28.

[94] 柳光强, 杨芷晴, 曹普桥. 产业发展视角下税收优惠与财政补贴激励效果比较研究——基于信息技术、新能源产业上市公司经营业绩的面板数据分析 [J]. 财贸经济, 2015 (8): 38 – 47.

[95] 柳光强. 税收优惠、财政补贴政策的激励效应分析——基于信息不对称理论视角的实证研究 [J]. 管理世界, 2016 (10): 62 – 71.

[96] 鲁瑶, 张万朋. 公共选择理论视角下的职业教育管理 [J]. 职教论坛, 2007 (12): 9.

[97] 陆素菊, 寺田盛纪. 在经济性与教育性之间: 职业教育的基本定位与未来走向——陆素菊与寺田盛纪关于职业教育发展中日比较的对话 [J]. 华东师范大学学报: 教育科学版, 2019 (2): 151 – 156.

[98] 逯铮. 利益相关者视角下高职院校产教融合的必然选择与发展路径 [J]. 成人教育, 2019 (5): 75 – 80.

[99] 罗音. 浅议职业教育校企合作的财税政策规划 [J]. 中国成人教育, 2014 (10): 75.

[100] 马廷奇. 命运共同体: 职业教育校企合作模式的新视界 [J]. 清华大学教育研究, 2020 (5): 118 – 126.

[101] 南海, 陈娟. 我国现阶段职业教育校企合作主体的合作动因分析 [J]. 职教论坛, 2014 (36): 15 – 18.

[102] 潘海生, 曹星星. 同源殊途: 爱尔兰、英国现代学徒制治理 [J]. 外国教育研究, 2017 (11): 115 – 128.

[103] 潘海生, 马晓恒. 职业教育中企业办学主体地位的内涵解读及政策启示 [J]. 职教论坛, 2014 (22): 9 – 10.

[104] 潘海生，赵琳琳．技能偏好型技术进步理论视域下企业参与职业教育的理论分析 [J]．职业技术教育，2016 (31)：39 -44.

[105] 平力群，林丛，刘苗苗．日本政府对企业人力资源开发支持政策变迁对我国的启示 [J]．东北亚论坛，2008 (4)：73 -78.

[106] 祁占勇，王志远．企业作为重要办学主体的机制障碍与政策设计 [J]．高教探索，2018 (10)：22 -29.

[107] 冉云芳，石伟平．德国企业参与学徒制培训的成本收益分析与启示 [J]．教育研究，2016 (5)：124 -152.

[108] 冉红琼，万卫，张颖江．基于政府责任的职业教育校企合作研究 [J]．职教论坛，2016 (2)：84 -89.

[109] 任荣华．企业产权结构对人力资本和非人力资本投资的影响 [J]．制度经济学研究，2006 (3)：200 -212.

[110] 邵腾伟．现代职业教育中的企业主体责任 [J]．职教论坛，2017 (4)：68.

[111] 邵学峰，高源伯，邵华璐．论自然资源类国有企业的收益分享机制——基于状态空间模型化方法 [J]．江汉论坛，2016 (1)：27 -31.

[112] 沈雕．高职教育校企合作面临的问题及对策研究 [J]．教育与职业，2012 (15)：34 -35.

[113] 沈剑光，叶盛楠，张建君．我国企业参与校企合作的现实意愿及影响因素——基于766份样本数据的调查 [J]．职业技术教育，2018 (7)：33 -39.

[114] 寺田盛纪．日本职业教育和训练的研究状况及其课题 [J]．华东师范大学学报：教育科学版，2001 (1)：44 -55.

[115] 冉云芳，石伟平．企业参与职业院校实习是否获利——基于109家企业的实证分析 [J]．华东师范大学学报（教育科学版），2020 (1)：43 -59.

[116] 任占营，童卫军．高等职业教育生均拨款制度实施困境与对策探析 [J]．中国高教研究，2017 (8)：101 -105.

[117] 万柯，王丽慧．政府隐形担保的形式及规范化分析 [J]．特区经济，2009 (11)：249 -251.

[118] 王琼艳．日本企业职业培训的发展现状以及对我国的启示［J］．职业教育研究，2019（11）：92－96.

[119] 王瑞祥．政策评估的理论、模型与方法［J］．预测，2003（3）：7－12.

[120] 王永莲．高职教育中校企合作问题的经济学分析［J］．教育与职业，2009（12）：13－15.

[121] 王震，王新．财政方向关于我国职业教育财政政策及其改革问题的报告［J］．职业技术教育，2008（5）：27.

[122] 吴红宇，杨群祥．影响企业开展校企合作的因素研究——基于910份调查问卷的分析［J］．职业技术教育，2012（16）：15－20.

[123] 吴金铃．企业参与职业教育校企合作的成本构成及补偿机制构建［J］．教育与职业，2020（2）：48－54.

[124] 吴松江，夏金星．职业教育和政府责任［J］．职教论坛，2006（1）：15－17.

[125] 项继发．德国企业的职业教育角色承担［J］．成人教育，2019（2）：88－93.

[126] 徐国庆．我国二元经济政策与职业教育发展的二元困境——经济社会学的视角［J］．教育研究，2019（1）：102－110.

[127] 徐林清，张捷．我国行业协会的营利倾向与治理困境［J］．南京社会科学，2009（3）：47－52.

[128] 杨广俊，周凤华．从企业参与职业教育现状谈产教融合型企业建设——基于广东、浙江等地企业的调查分析［J］．职业技术教育，2020（28）：52－57.

[129] 杨进．工业4.0对工作世界的影响和教育变革的呼唤［J］．教育研究，2020（2）：124－132.

[130] 杨进，张健．职业教育校企双主体合作的问题、博弈与整合对策［J］．中国高教研究，2017（3）：88－89.

[131] 喻忠恩．企业如何成为职业教育的办学主体［J］．职业技术教育，2015（10）：52.

[132] 岳煜群．张謇的实业教育情怀［J］．江苏教育，2014（1）：14.

[133] 张弛. 企业参与职业教育办学的长效机制构建——基于利益需求与利益协调的视角 [J]. 中国职业技术教育，2017 (12): 76-82.

[134] 张健. 高职教育改革：如何涉过“深水区” [J]. 职教论坛，2014 (28): 42-48.

[135] 张立彦，孙善学. 促进企业参与职业教育的财税政策分析 [J]. 职业技术教育，2015 (34): 19-23.

[136] 张利庠，杨希. 企业参与校企合作职业教育影响因素的实证研究 [J]. 中国职业技术教育，2008 (33): 56-59.

[137] 张维迎. 所有制、治理结构及委托代理关系——兼评崔之元和周其仁的一些观点 [J]. 经济研究，1996 (9): 3-15.

[138] 赵文平. 企业作为职业教育的学习地点：德国的经验分析与启示 [J]. 世界教育信息，2018 (12): 82-87.

[139] 赵长兴. 法国学徒制教育研究 [J]. 中国职业技术教育，2016 (30): 38-45.

[140] 本报评论员. 集中力量办好自己的事 打造未来发展新优势——论学习贯彻习近平总书记在企业家座谈会上重要讲话 [N]. 人民日报，2020-07-26 (01).

[141] 邓晖，唐芊尔. 智能制造如何补齐人才缺口 [N]. 光明日报，2019-12-26 (08).

[142] 刘昆. 积极发挥财政职能作用 推动加快构建新发展格局 [N]. 学习时报，2020-12-11 (01).

[143] 张烁. 我国职业教育迈入高质量发展新阶段 [N]. 人民日报，2020-12-09 (14).

[144] 职业教育改革发展面临的主要问题及建议研究报告 [R]. 北京：教育部职业技术教育中心研究所，2015: 16-26.

[145] 钱江晚报. 中国企业普遍处于“亚健康”状态 [N/OL]. (2016-06-20) [2020-04-29]. http://www.Chinadaily.com.cn/interface/yidian/161776/2016-06-20/cd_25768786.html.

[146] 习近平. 因势利导统筹谋划精准施策 推动改革更好服务经济社会发展大局 [N/OL]. (2019-05-29) [2020-04-11]. http://www.gov.cn/xin-

wen/2019 -05/29/content_5395854. htm? tdsourcetag = s_pcqq_aiomsg.

[147] 人力资源社会保障部 .2018 年第四季度部分城市公共就业服务机构市场供求状况分析报告 [R/OL]. (2019 -02 -01) [2020 -04 -11]. http: //www. mohrss. gov. cn/SYrlzyhshbzb/zwgk/szrs/sjfx/201902/t20190201 _310090. html.

[148] 财政部国库司 .2019 年财政收支情况 [EB/OL]. (2020 -02 -10) [2020 - 04 - 29] . http: //www. gov. cn/shuju/2020 - 02/10/content _5476906. html.

[149] 人力资源社会保障部．首份新职业在线学习平台发展报告发布：数字化技能受追捧 [EB/OL]. (2020 -07 -23) [2020 -12 -11]. http: //society. people. com. cn/gb/n1/2020/0723/c1008 -31794624. html.

[150] Ajzen I. From intentions to actions: A theory of planned behavior [M]. Action-control: From cognitions to behavior, 1985: 11 -39.

[151] Ajzen I, Fishbein M. The Influence of Attitudes on Behavior [M]. The handbook of attitudes, 2005: 173 -221.

[152] Busemeyer M, Trampusch C. The Comparative Political Economy of Collective Skill Formation [M]. Oxford, New York: Oxford University Press, 2012: 3 -38.

[153] Freeman R. E. Strategic management: A stakeholder approach [M]. Boston: Pitman/Ballinger, 1984: 11 -33.

[154] Hopp M, Frede W. Handlungsorientiert lernen [M]. Konstanz: Dr. -Ing. Paul Christiani Verlag, 2002: 13.

[155] Wilson R. The Structure of Incentive for Dence-tralization under Uncertainty [M]. L a Decision, 1969: 171.

[156] 小池和男．仕事の経済学 [M]. 東京：東洋経済新報社，1991: 65 -76.

[157] 竹川陽介，小巻之和失岭康次．期待形成の異質性とでクロ経済政策 [M]. 東京：東洋経済新恨社，2005: 56 -76.

[158] Ajzen, Icek. The theory of planned behavior [J]. Organizational Behavior and Human Decision Processes, 1991, 50 (2): 179 -211.

[159] Alchian A A, Demsetz H. Production, Information Costs, and Economic Organization [J]. IEEE Engineering Management Review, 1975, 3 (2): 21 -41.

[160] Bagozzi R P, Yi Y. On the evaluation of structural equation models [J]. Journal of the Academy of Marketing Science, 1988, 16 (1): 74 -94.

[161] Bentler P M. Alpha, Dimension - Free, and Model - Based Internal Consistency Reliability [J]. Psychometrika, 2009, 74 (1): 137 -143.

[162] Business D F. Innovation and Skills. Specification of apprenticeship standards for England [J]. BIS, 2013 (12): 1 -12.

[163] Böttger S. Lernort-Kooperationen-Neues Ausbildungskonzept für Beschichtungsexperten [J]. Jot Journal Für Oberflchentechnik, 2002, 42 (5): 12 -13.

[164] Carroll, Archie B. The Pyramid of Corporate Social Responsibility: Toward the Moral Management of Organizational Stakeholders [J]. Business Horizons, 1991, 34 (4): 39 -48.

[165] Chan K S, Fishbein M. Determinants of College Women's Intentions to Tell Their Partners to Use Condoms1 [J]. Journal of Applied Social Psychology, 1993, 23 (18): 1455 -1470.

[166] Chankseliani M, Relly S J. From the provider-led to an employer-led system: implications of apprenticeship reform on the private training market [J]. Journal of Vocational Education and Training, 2015, 67 (4): 515 -528.

[167] Cheung M Y, Luo C, Chen S H. Credibility of Electronic Word-of-Mouth: Informational and Normative Determinants of On-Line Consumer Recommendations [J]. International Journal of Electronic Commerce, 2009, 13 (4): 9 -38.

[168] Churchill G A, Jr. A Paradigm for Developing Better Measures of Marketing Constructs [J]. Journal of Marketing Research, 1979, 16 (1): 64 -73.

[169] Cialdini R B, Kallgren C A, Reno R R. A Focus Theory of Normative Conduct: A Theoretical Refinement and Reevaluation of the Role of Norms in Human Behavior [J]. Advances in Experimental Social Psychology, 1991, 24 (1): 201 -234.

[170] Conner M, Lawton R, Parker D, et al. Application of the Theory of Planned Behaviour to the prediction of objectively assessed breaking of posted speed limits [J]. British Journal of Psychology, 2007 (98): 429 -453.

[171] Conner M, Sheeran P, Norman P, et al. Temporal Stability as a Moderator of Relationships in the Theory of Planned Behaviour [J]. British Journal of Social Psychology, 2001 (39): 469 -493.

[172] Elliott M A, Armitage C J, Baughan C J. Using the theory of planned behaviour to predict observed driving behaviour [J]. British Journal of Social Psychology, 2007 (46): 69 -90.

[173] Fishbein M. An Investigation of the Relationships between Beliefs about an Object and the Attitude toward that Object [J]. Human Relations, 1963, 16 (3): 233 -239.

[174] Georghiou L. Issues in the Evaluation of Innovation and Technology Policy [J]. Evaluation, 1998, 4 (1): 37 -51.

[175] Green F, Wilkinson M D. Trade Unions and Training Practices in British Workplaces [J]. Industrial and Labor Relations Review, 1999, 52 (2): 179 -195.

[176] Grollmann P, Rauner F. Exploring innovative apprenticeship: quality and costs [J]. Education Training Vol. 49Iss: 6, 1998: 426 -451.

[177] Harhoff D, Kane T J. Is the German apprenticeship system a panacea for the U. S. labor market? [J]. Journal of Population Economics, 1997, 10 (2): 171 -196.

[178] Hart O. Firms, Contracts, and Financial Structure [J]. OUP Catalogue, 1995, 32 (3): 446 -452.

[179] Hogarth T, Gambin L. Employer investment in Apprenticeships in England: an exploration of the sensitivity of employers in the construction sector to the net costs of training [J]. Construction Managementand Economics, 2014, 32 (7 -9): 845 -856.

[180] Jemma, Harris, Martin, et al. Do Basic Psychological Needs Moderate Relationships Within the Theory of Planned Behavior? [J]. Journal of Applied

Biobehavioral Research, 2007 (12): 43 -64.

[181] Jerry A. Jacobs, Jerry A. Jacobs. Commentaries on "The 'What' and 'Why' of Goal Pursuits: Human Needs and the Self-Determination of Behavior" [J]. Psychological Inquiry, 2000, 11 (4): 269 -318.

[182] Kassem N O, Lee J W, Modeste N N, et al. Understanding soft drink consumption among female adolescents using the Theory of Planned Behavior [J]. Health Education Research, 2003 (3): 3.

[183] Kraft P, Rise J, Sutton S. Perceived difficulty in the theory of planned behavior, perceived behavioral control or affective attitude [J]. British Journal of Social Psychology, 2005, 44 (3): 479 -496.

[184] Latham G P, Locke E A. Goal setting: A motivational technique that works! [J]. Organizational Dynamics, 1979, 8 (2): 68 -80.

[185] Lee D Y, Lento M R. User acceptance of YouTube for procedural learning: An extension of the Technology Acceptance Model [J]. Computersand Education, 2013 (61): 193 -208.

[186] Likert R. A technique for the measurement of attitudes [J]. Archieves of Psychology, 1932 (22): 1 -55.

[187] Lindley R M. The Demand for Apprentice Recruits by the Engineering Industry, 1951 - 1971 [J]. Scottish Journal of Political Economy, 1975, 22 (1): 1 -24.

[188] Stevens M. A Theoretical Model of On-the-Job Training with Imperfect Competition [J]. Oxford Economic Papers, 1994, 46 (4): 537 -562.

[189] Mertens D. Schlüsselqualifikationen. Thesen zur Schulung für eine moderne Gesellschaft [J]. Mitteilungen Aus Der Arbeitsmarkt Und Berufsforschung, 1974, 7 (1): 36 -43.

[190] Miles R E, Snow C C. Designing strategic human resources systems [J]. Organizational Dynamics, 1984, 13 (1): 36 -52.

[191] Miyazaki T. The effects of fiscal policy in the 1990s in Japan: A VAR analysis with event studies [J]. Japanand the World Economy, 2010, 22 (2): 80 -87.

[192] Mühlemann, S., Pfeifer, H., Walden, G., Wenzelmann, F. and Wolter, S. C. "The financing of apprenticeship training in the light of labor market regulations" [J]. Labour Economics, 2010, 17 (5): 799 - 809.

[193] Mueller, Ralph O. Structural equation modeling: Back to basics [J]. Structural Equation Modeling A Multidisciplinary Journal, 1997, 4 (4): 353 - 369.

[194] Nunnally J C. Psychometric theory [J]. American Educational Research Journal, 1978, 5 (3): 83.

[195] Orbell S. Personality systems interactions theory and the theory of planned behaviour: Evidence that self-regulatory volitional components enhance enactment of studying behaviour [J]. British Journal of Social Psychology, 2003, 42 (1): 95 - 112.

[196] Patrick V, Kristof D, Sarah S. The relationship between consumers' unethical behavior and customer loyalty in a retail environment [J]. Journal of Business Ethics, 2003, 44 (4): 261 - 278.

[197] Pavlou P A, Fygenson M. Understanding and Predicting Electronic Commerce Adoption: An Extension of the Theory of Planned Behavior [J]. Mis Quarterly, 2006, 30 (1): 115 - 143.

[198] Pittich D, Tenberg R. Development of competences as an integration process that is alternating in the learning venue-current considerations [J]. Journal of Technical Education (JOTED), 2013 (1): 98 - 110.

[199] Rodgers L, Schutte N S, Malouff J M, et al. States reflecting the Big Five dimensions [J]. Personalityand Individual Differences, 2003, 34 (4): 591 - 603.

[200] Schweri J, Mueller B. Why has the share of training firms declined in Switzerland? [J]. Journal for Labour Market Research, 2007, 40 (2/3): 149 - 167.

[201] Siggelkow N. Persuasion with Case Studies [J]. Academy of Management Journal, 2007, 50 (1): 20 - 24.

[202] Smith E, Deissinger T, Hellwig S. Apprenticeships in Germany: modernising the Dual System [J]. Education and Training, 2005, 47 (4/5):

312 – 324.

[203] Thurstone L L. The measurement of values [J]. Psychological Review, 1954, 61 (1): 47 – 58.

[204] Winchester N, Greenaway D. Rising wage inequality and capital-skill complementarity [J]. Journal of Policy Modeling, 2007, 29 (1): 41 – 54.

[205] Zeithaml V A, Parasuraman L L B. The Behavioral Consequences of Service Quality [J]. Journal of Marketing, 1996, 60 (2): 31 – 46.

[206] Ziegler A, Nogareea J S. Environmental management systems and technological environmental innovations: exploring the causal relationship [J]. Research Policy, 2009, 38 (2): 885 – 893.

[207] 中澤正彦，大西茂樹和原日泰．90 年代の財政金融政策と景気動向：VARそデルによる分析 [J]．財務合政策研究所デスカフンョンべーパー，2002 (1): 1 – 38.

[208] 荒井寿光．日本を知时立国世界一へと推進一荒井寿光氏に聞く一 [J]．産学官連携ジャーナル，2007 (2): 9 – 10.

[209] 平松幸男．各国の技術標準化戦略と日本への示唆 [J]．産学官連携ジャーナル，2010 (8): 17 – 18.

[210] 川村降氏．高度イノベーション人材育成の必要性 [J]．産学官連携ッャーナル，2012 (6): 2.

[211] 後藤芳一．大阪大学・共同研究講座産学官連携「第4の潮流」に向けて [J]．産学官連携ジャーナル，2011 (9): 9 – 11.

[212] Brunello G, Gambarotto F. Agglomeration Effects on Employer-Provided Training: Evidence from the UK [R]. CESifo Working Paper, 2004: 1150.

[213] Bundesamt S. Bildungsfinanzbericht [R]. Wiesbaden: Statistisches Bundesamt (Destatis), 2015: 62 – 63.

[214] Devapprent. Apprenticeship in France: Institutional patterns, organization and methods [R]. Strasbourg: University of Strasbourg, 2011: 16.

[215] Mohrenweiser J, Backes-Gellner U. Apprenticeship training-What for? Investment in human capital or substitution of cheap labour [R]. Leading House Working Paper, 2008: 17.

[216] Steedman H. Apprenticeship in Europe: "Fading" or flourishing? [R]. London: Centre for Economic Performance, LSE, 2005: 19, 20.

[217] Steedman, H. The state of apprenticeship in 2010 [R]. Apprenticeship Ambassadors Network, 2010: 1 -40.

[218] Build UK. Developing a Trailblazer Apprenticeship Guidance [EB/OL]. (2017 -05 -10) [2020 -04 -11]. http: //builduk. org/wp-content/uploads/2017/01/Trailblazer- Guidance-Jan-2017. pdf.

[219] Bundesministerium für Bildung und Forschung (BMBF), Berufsbildung 4. 0-den digitalen Wandel gestalten. Programme und Initiativen des BMBF [EB/OL]. (2018 -03 -06) [2020 -04 -11]. https: //www. bmbf. de/pub/Berufsbildung_4. 0. pdf.

[220] Department for Education. Apprenticeship Funding [EB/OL]. (2017 -05 -10) [2020 -04 -11]. https: //www. gov. uk/government/uploads/system/uploads/attachment_data/file/562401/Apprenticeship_funding_from_May_2017. pdf.

[221] Department for Education. Information on apprenticeship levy : Data broken down by size and sector and the total apprenticeship budget [EB/OL]. (2017 -05 -12) [2020 -04 -11]. http: //qna. Files. parliament. uk/qna-attachments/632403/original/HL3070%20HL3071%20HL3074% 20 attachment. pdf.

[222] Education and Skills Funding Agency. Apprenticeship Funding and Performance-management Rules for Training Providers [EB/OL]. (2017 -05 -20) [2020 -04 -11]. https: //www. gov. uk/government/uploads/system/uploads/attachment_data/file/612159/PROVIDER_V3_1_. pdf.

[223] Kathrin Hoeckel and Robert Schwartz. Learning for Jobs OECD Reviews of Vocational Education and Training for Germany [EB/OL]. (2015 -06 -07) [2020 -04 -11]. http: //www. oecd. org/edu/skills-beyond-school/ 45668296. pdf.

[224] Alison Wolf. Review of Vocational Education-The Wolf Report [R/OL]. (2016 -07 -20) [2020 -04 -11]. https: //www. gov. uk/government/uploads/system/uploads/attachment_data/file/180504/DFE-00031-2011. pdf.

[225] Doug Richard. The Richard Review of Apprenticeships [R/OL].

(2016 - 07 - 20) [2020 - 04 - 11]. https: //www. gov. uk/government/uploads/system/uploads/attachment_data/file/34708/richard-review-full. pdf.

[226] HM Treasury Stationery Office. Leitch Review of Skills: Prosperity for all in the global economy-world class skills (Final Report) [R/OL]. (2016 - 05 - 10) [2020 - 04 - 11]. http: //webarchive. national archives. gov. uk/ + /http: / www. hm-treasury. gov. uk/independent_reviews/leitch_review/review_leitch_index.

[227] Sekretariat der staendigen Konferenz der Kultusminister der Laender in der Bundesrepublik Deutschland. Gemeinsames Ergebnisprotokoll betreffend das Verfahren bei der Abstimmung von Ausbildungsordnungen und Rahmenlehrplänen im Bereich der beruflichen Bildung zwischen der Bundesregierung und den Kultusministern (-senatoren) der Länder1) [EB/OL]. (1972 - 05 - 30) [2020 - 04 - 11]. http: //www. kmk. org/fileadmin/veroeffentl-ichungen_beschluesse/1972/1972_05_30-Ergebnisprot-Ausbildungsord-rlpl. pdf.

[228] The European Centre for the Development of Vocational Training. Using Tax Incentives to Promote Education and Training [EB/OL]. (2009 - 08 - 15) [2020 - 04 - 11]. http: //www. cedefop. europa. eu/files/5180_en. pdf.

[229] UK Commission for Employment and Skills. UKCES Employer Investment Fund [EB/OL]. (2015 - 06 - 04) [2020 - 04 - 11]. https: //www. gov. uk/government/publications/ukces-employer-investment-fund.

[230] Harris R M, Deissinger T. Learning cultures for apprenticeships: A comparison of Germany and Australia [C] //11th Annual International Conference on Post- compulsory Education and Training, "Enriching learning cultures". 2003: 23 - 33.

[231] Neubäumer R, Bellmann L. Ausbildungsintensität und Ausbildungsbeteiligung von Betrieben: Theoretische Erklärungen und empirische Ergebnisse auf der Basis des IAB- Betriebspanels 1997 [A]. Beer D, Frick B, Neubäumer R, Sesselmeier W (Eds). Die wirtschaftlichen Folgen von Aus-und Weiterbildung [C]. München: Hampp, 1999.

[232] 东京都能力开发中心. 企业人才育成确保 [EB/OL]. (2019 - 04 -

15)[2020 -04 -11]. https://www.hataraku.metro.tokyo.jp/school/ikusei/index.html.

[233] 富山和彦. 我が国の产业构造と労働市场のパラダイムシフトから见る高等教育机関の今后の方向 [EB/OL]. (2014 -10 -07)[2020 -4 -11]. http://www.mext. go.jp/b_menu/shingi/chousa/koutou/061/gijiroku/__icsFiles/afieldfile/2014/10/23/1352719_4.pdf.

[234] 厚生劳动省. 人才开发助成金 [EB/OL]. (2017 -04 -01)[2020 -04 -11]. http://www. mhlw. go.jp/stf/seisakunitsuite/bunya/koyou_roudou/shokugyounouryoku/training_employer/index.html.

[235] 中央教育审议会. 今后の学校におけるキャリヤ教育. 职业教育に在り方について [EB/OL]. (2011 -07 -21)[2020 -4 -11]. http://www.mext.go.jp/component/b_menu/shingi/giji/ics Files/afieldfile/2011/02/22/1302048_1.pdf.

后　记

疫情过后，就是春天！经过三年多时间的调查与研究、一年多时间的反复打磨，尤其是疫情期间宅在家中集中专研，终于完成了书稿。此时此刻，却突然发现自己已没有当初期待的那份兴奋，反而对这段刻骨铭心的奋斗历程感慨良多，这对于我的研究工作具有重要意义，甚至给我的一生都会留下清晰的记忆。

在我已走过的十余年的职业经历中，较长一段时间在江西省财政厅和教育部职业技术教育中心研究所借调锻炼，开展全省财政重大改革政策的研究与推广工作，协助完成全国教育规划重点招标项目和公益基金项目的研究工作。当时虽然自己也做了一些有关财税政策与职业教育校企合作办学方面的研究，但由于涉及面太散，所以总是感觉自己对问题钻研得不深、研究不聚焦。当与我的导师杨进教授聊起自己的研究困惑，并试图寻求合适的选题方向时，他从当前我国职业教育发展趋势和现实问题出发，综合考虑我的工作经历和知识结构，希望我能从财税政策激励企业参与职业教育办学的角度开展一些实证性研究。听到导师的分析和指点，我顿时茅塞顿开、兴奋不已，感觉这个选题就是自己想要做的内容，于是便很快投入到文献梳理与资料收集之中。然而，随着问题研究的深入，才发现并没有当初想象得那么简单，已有研究成果相对较少、缺乏基础统计数据、国内外研究视角差异较大等，都是一个个极富挑战性的困难。当时虽然有些灰心丧气，但通过与导师的不断交流，尤其是多次参加导师的学术会议，使自己的思路慢慢打开，对一些问题也慢慢有所体悟，这样我也顺利完成了研究的开题。

还记得，在开题答辩会上，专家们针对我的研究设计提出了很多非常好的建议，让我意识到问题的研究思路和框架确实还存在很多缺陷。导师告诉我，要找准问题、理顺思路，唯一有效的办法就是到实践中去，走进企业、深入实践！之后的一年多时间里，我一直利用所有可能的机会，同参与过职业教育办学的企业进行接触，尤其是2019年暑期，在宁波高温天气下连续开展了近两个月的自驾访谈。访谈过程的确辛苦！吃了不少闭门羹不说，为了节约时间，中午时常顾不上回家吃饭，就在工业园区的路边摊对付一口，在车上小眯一会儿继续工作，有时好不容易约到一家想要访谈的典型企业，专程驱车几十公里赶到却被告知临时改期……但是，在访谈整个过程中，也让我领略到很多企业家博大的教育情怀，如宁波市宁海县的一家模具生产企业负责人，与我深入讨论了有关企业参与职业教育办学的实际问题，他的一句话令我至今记忆犹新：很多人认为职业院校的学生不是读书的料，但是他们一定是动手的料，我就是要为这些学生提供更多更适合他们的教育训练环境，让他们也有人生出彩的机会！这也是我暗下决心克服困难继续坚持，力争出好成果的一个重要动因。

我要感叹，没有那些为我指点迷津的师长、真挚情谊的朋友、默默付出的家人，我是万万不可能顺利完成这一切的！

在众多想要感谢的人当中，最应该感谢的是我的导师杨进教授。记得2014年的暑假，第一次在齐齐哈尔聆听杨老师“学习的本质”的学术讲座，他把抽象的概念、核心的问题讲得生动具体，显示出一位出色演讲者的风采和优秀学者的底蕴。后来，拜杨老师门下学习的梦想真的得以实现。“我感觉这个方面研究得不够深入，需要补充，明天约个时间详细讨论。”“上次建议你们读的几本书，读后有何感想和思考。”“这是国外的相关研究文献资料，供学习参考。”……几乎每天早晨起床，我都要看看手机，杨老师虽远在国外但会定时通过微信远程指导我们的学业。老师每天只有结束一天繁忙的公务后，才能静下来指导我们的课程和论文。杨老师学识渊博、治学严谨、目光敏锐、潇洒从容，不仅教会了我如何做学问，更教导了我如何为人处世。微意何曾有一毫，空携笔砚奉龙韬；自蒙半夜传衣后，不羡王祥得佩刀。学生定当牢记恩师的谆谆教诲，砥砺前行，让学习和思考伴随终身！

感谢本科期间吉宏教授把我带入学术之门。2003年，我在选修课上认识了吉宏老师，每次课后我都跟着他请教问题，从教室跟到办公室，再到公交车站……他后来说是我的锲而不舍打动了他，成为他的科研助手。其间，

“不懂装懂”的苦闷、周末一日三顿方便面的辛酸、图书馆—资料室—自习室三点一线的枯燥、被误解的痛楚……成为我永久甜美的回忆。

感谢闫广芬教授对我学业与工作的教导。至今还清晰记得一起在江西实地调研的情景，她对学识孜孜不倦的追求和做学问严谨的态度时刻感染着我。

感谢在我职业教育研究之路中给予我启发和指导的老师和领导们。他们是教育部职业技术教育中心研究所姜大源研究员、宁波市职业技术教育学会沈剑光会长、国家统计局湖北调查总队刘凡副总队长、职业技术教育杂志社社长于志晶教授、统计与决策杂志社社长李明星教授等。

感谢石伟平教授、曾天山教授、王蓉教授、周志刚教授对本书的指导！

感谢苏州大学的冉云芳博士为我提供了很多学习资料，她对科研的执着追求让我体会到榜样的无穷力量。

感谢在数据分析上给予我协助的张声雷老师、王兆华老师。

感谢为本研究提供帮助和指导的潘海生教授、马廷奇教授、孙颖教授、茹宁教授、郄海霞教授、杨院教授。

感谢在企业访谈和问卷调查过程中，给予我帮助的老师、领导和朋友们。他们是上海市银行同业公会马强常务副会长，浙江金融职业学院党委书记周建松教授，浙江舟山群岛新区旅游与健康职业学院党委书记姚奇富教授，江苏省交通运输厅李进副处长，江西省教育厅彭桂生副处长、邓小红副处长，职业技术教育杂志社副总编辑李玉静博士、董衍美老师，职教论坛杂志社社长肖称萍教授等，还有江西财经职业学院、浙江工商职业技术学院的领导、同事，以及被我打扰的其他朋友们。

感谢同门薛鹏、惠转转，好友朱正浩、叶盛楠、陶军明、谢元海、付达杰、郑琼鸽、孙彬彬等，经常性的学术讨论与精神鼓励一直支撑着我努力下去。

感谢接受我访谈的125家企业和填写问卷的529家企业，让我获得了非常宝贵的一手研究资料和数据，并成为研究的核心部分，保障了本书的顺利完成。

我的家人也给予了很大的支持。正因为有了他们，使我的科研道路走得更加踏实、更加从容。首先感谢已在“天堂”的母亲，感谢她把我带到了这个世界。然而，在我可以自食其力的时候，她却离开了我。虽然她一字不识，但一句“即使砸锅卖铁我也要送你读书”的誓言永远鞭策着我努力攻克难关。

感谢父亲对我的疼爱，每次聊天通话必定会叮嘱“不要太累”，他默默承受着一切，处处设身处地为我着想，因为有他的坚守，我才没有进入中国第一批留守儿童的行列，他是我心中最伟大的人。

感谢我的爱人阿婕，她心直口快、懂事明理、勤快能干、尊老爱幼，她包揽了家里的大事小情。正因为有她，我感觉自己是这个世界上最幸福的男人。

感谢喜欢思考问题的宝贝许诺，聪明的小脑袋时常冒出奇思妙想，为我的思考增添了不少灵感，努力成为他的学习榜样也是我挑灯夜读的动力。

文字太贫乏，多少句“感谢”也无法表达我此时此刻的感谢之情，唯有铭记在心……

本书在撰写研究过程中，得到浙江工商职业技术学院科研创新团队项目（KYTD202102）的资助。

最后，再次强调的是，由于笔者自身时间和精力、知识水平的局限，肯定存在诸多疏漏和不足之处，恳请广大读者朋友不吝赐教、批评指正。

2021 年 7 月

谨记于宁波维科馨院